Hällristarnas hem
Gårdsbebyggelse och struktur i Pryssgården under bronsålder

RIKSANTIKVARIEÄMBETET ARKEOLOGISKA UNDERSÖKNINGAR SKRIFTER 42

Hällristarnas hem

Gårdsbebyggelse och struktur i Pryssgården under bronsålder

Hélène Borna Ahlkvist

Riksantikvarieämbetet

Riksantikvarieämbetets förlag

Box 5405, 114 84 Stockholm

Tel. 08-519 180 00

Fax 08-519 180 83

E-post bocker@raa.se

www.raa.se

Riksantikvarieämbetet Arkeologiska undersökningar Skrifter 42

Omslagsbild: Norrköpingsbygden med sjön Glan i bakgrunden. Foto: Avenagruppen.

Digitala planer och kartor: Lars Östlin

Formgivning: Anna Åström

© 2002 Riksantikvarieämbetet

1:1

ISSN 1102-187X

ISBN 91-7209-241-6

Tryck: Daleke Grafiska, Malmö, 2002

Vadstena

Motala ström

Svartån

Skänninge

Linköping

Stångån

Hästholmen

Norrköping

Pryssgården

Söderköping

Figur 1.

Förord

VAD ÄR DET som är så fascinerande med en viss plats – i mitt fall Pryssgården – som gör att man i närmare nio år av sitt liv ägnar sig åt den mer eller mindre på heltid?

Så här i efterhand ter det sig egentligen ganska märkligt. Någon gång under vintern 1991–1992 blev jag ombedd att vara med i projektet. Till en början var jag mycket tveksam till om jag ville vara med, eftersom jag just då var involverad i ett tvärvetenskapligt projekt som behandlade hur markutnyttjandet och bebyggelsen förändrades under perioden från slutet av vikingatid till mitten av 1800-talet i Linköpingstrakten. Norrköpingsbygden med alla dess fornlämningar kändes mycket fjärran, då jag helst av allt ville fortsätta med att fördjupa mig i Linköpings förhistoria.

Till sist lyckades min kollega Ulf Stålbom övertyga mig om att det var en bra idé att deltaga i projektet i Pryssgården och att det här var en fantastisk plats med oanade möjligheter och utmaningar. Han fick rätt.

VAD ÄR DET DÅ som gör denna plats så fantastisk? Nu är det ju inte bara just Pryssgården utan snarare hela miljön kring Motala ströms utlopp med alla dess fornlämningar och avtryck från olika tidsepoker som är fängslande. Precis som våra förfäder gärna valde att uppehålla sig och vistas i denna miljö känns den lockande för oss. Redan i fält, trots vardagens strapatser, kändes platsen i sig och landskapet runt omkring magisk och speciell. Trots att närmiljön har förändrats efter motorvägsbygget infinner sig en alldeles särskild känsla när jag idag kör söderut på vägen, på sluttningen från Östra Eneby kyrka och på bron över Motala ström.

Norrköpingsbygden utgör ett av Sveriges största hällristningsområden och det var en utmaning att få möjlighet att genomföra en stor utgrävning mitt i detta område. Inte mindre spännande blev det när vi redan på ett tidigt stadium i fält bland annat kunde konstatera att vi funnit en mycket stor bronsåldersbosättning med rikligt fyndmaterial och ett antal huslämningar. Är det månne här de människor bott som har ristat på hällarna och deltagit i olika festceremonier i Himmelstalund, Ekenberg/Leonardsberg och andra platser i bygden?

HUR KOMMER DET SIG att jag kom att ägna mig åt hus och bronsålder? Var det bara tillfälligheterna eller slumpen som avgjorde? Till viss del kan det vid en första anblick te sig så, men hus har alltid fascinerat mig. Vid närmare eftertanke har jag sedan barnsben varit nyfiken på bronsåldern, även om jag inte alltid har varit helt medveten om det. När jag var liten brukade min mor berätta sagor ur den grekiska mytologin. En av mina favoriter var en saga som handlade om monstertjuren Minotauros i labyrinten i Knossos.

Även om jag som sextonåring inte längre trodde på skrönan, var det en fantastisk upplevelse att få komma till Kreta och få veta lite mer om den minoiska kulturen. En resa som några år senare inspirerade mig att skriva ett specialarbete om den minoiska kulturen på Kreta, även om jag vid den tidpunkten i mitt liv inte hade någon som helst tanke på att bli arkeolog – men nyfikenheten var väckt.

Ett annat starkt ungdomsminne är alla skogsvandringar, där min bästis Marianne och jag gärna valde att stanna upp vid ett av de stora bronsåldersrösen som det finns så rikligt av i Växjötrakten. Vi satte oss gärna på en av stenarna och filosoferade över hur det kunde ha varit att leva där under bronsålder och vad det var för slags människor som lade ned så mycket energi på att bygga dessa gigantiska stenrösen mitt inne i skogen – det tedde sig onekligen stolligt.

UNDER GRÄVNINGEN I PRYSSGÅRDEN kändes det som en utmaning att försöka ta sig an bronsåldershusen. Inte mindre sporrande blev det eftersom flera kollegor bestämt hävdade att bronsåldershus inte kunde se ut på det viset, de var ju bl.a. alldeles för smala för att kunna vara från bronsålder och sådana där avsmalnande hus hade man ju inte sett förut – var det verkligen frågan om hus?

En annan utmaning var när vi i en härdgrop mitt bland alla bronsåldershus på boplatsen fann den lilla lerfigurinen, som finns avfotograferad i figur 31 (sidan 121). Här uppe i Norden fanns helt plötsligt någonting som ingen av våra kollegor på Riksantikvarieämbetet eller Statens Historiska museum tidigare kände till från Sverige. Däremot förekommer liknande lerfiguriner i Centraleuropa och i de sydöstra delarna av Europa.

På Kreta, hösten 1995, besökte jag ett litet lokalmuseum i trakterna kring Ágios Nikólaos. En av montrarna fångade genast mitt intresse. Där stod flera små lerfiguriner, ganska enkelt utförda. Anletsdragen var stiliserade, några hade en hårfläta på ryggen. Figurinerna påminde om den vi hade funnit i Pryssgården. Kunde det måhända vara så att den lilla figurin som vi hade funnit långt upp i norr haft en influens från östra Medelhavet? Svaret får vi aldrig reda på, och det är väl just det som är så inspirerande med att vara arkeolog. Vi vet aldrig när något oväntat dyker upp, något som gör att allting plötsligt tar en helt annan vändning än vad man hade kunnat föreställa sig.

FÖR MIN DEL hade det aldrig blivit en doktorsavhandling om det inte vore för Ulf Säfvestads "spark där bak" när han uppmanade oss att söka in på forskarutbildningen. Tack också för faktagranskning och värdefulla synpunkter under manusarbetet.

Ett stort tack vill jag framför allt rikta till min käre make, Lasse, för allt, alla kloka råd under mitt arbete med avhandlingen, för outtröttlig korrekturläsning av en massa manusutkast och översättning av slutordet till engelska.

Jag har varit mycket lyckligt lottad som har haft turen att få en så fantastiskt inspirerande handledare som Debbie Olausson. Under de sex senaste åren har hon ständigt stöttat och sporrat mig i min forskning. Under vissa perioder har jag inte alltid varit så flitig – då har Debbie tagit mig i örat och sagt nå – när blir det något? Under projektets inledande år var även Mats Larsson handledare och jag vill tacka för engagemanget under de åren.

Jag riktar även ett mycket stort tack till Berit Wallenbergs Stiftelse för ett stipendium som utgjort ett viktigt och välkommet ekonomiskt stöd för min forskning. Tack också till Riksantikvarieämbetet för det moraliska stödet i form av utmärkelsen "Årets bästa rapport" 1999 till mig och mina medförfattare Ulf Stålbom och Lena Lindgren-Hertz för "Pryssgården från stenålder till medeltid".

Tack Inga Ullén för att jag har fått tillgång till ännu ej publicerat material om Apalle. Tack Carolina Andersson för all hjälp.

Tack till alla chefer som på olika sätt stöttat och givit möjlighet till min forskning. Ett särskilt tack till Anders Löfgren och min närmaste chef Mats Mogren som även har banat väg för den slutliga produktionen av avhandlingen. Under denna tid har också Lars Larsson, Märta Strömberg och Elisabeth Iregren kommit med många kloka goda råd och förslag på förbättringar på mitt manus. Tack till min redaktör Anna Åström för ett bra och kreativt samarbete, till Lars Östlin för välgjorda digitala ritningar, till Staffan Hyll för fina teckningar och till alla som bidragit med illustrationer.

Slutligen vill jag tacka mina kollegor som under årens lopp på olika sätt har stöttat och sporrat mig i min forskning.

Härmed sätter jag även punkt för min tid som arkeolog i Östergötland.

Hélène Borna-Ahlkvist

"... the constructed environment is more than a backdrop to action and is locked in a reflexive relationship with lived experience of the world."

(Parker Pearson and Richards 1994:xi)

I SAMBAND MED ETT MOTORVÄGSBYGGE av E4:an vid Pryssgården utanför Norrköping påträffades en av Sveriges största kända förhistoriska boplatser. Här har människor bott och varit verksamma i 4 000 år, från slutet av stenålder fram till idag. Platsens fornlämningar var helt okända. Förklaringen till den rika bebyggelsen kan vara att Pryssgården låg som ett nålsöga där vattenvägarna mellan havet och Östergötlands bördiga inland möttes. Den materiella kulturen och byggnadstraditionen visar att platsen har legat i en zon som tagit upp influenser från flera samtida nordeuropeiska kultursfärer.

Den stora undersökningen som skedde vid Pryssgården under åren 1993 och 1994 har givit oss helt ny arkeologisk kunskap om Östergötland, fig. 1. Undersökningen är den hittills mest omfattande bebyggelsearkeologiska undersökning som utförts i Östergötland. Ansvariga för utgrävningen i Pryssgården var Hélène Borna-Ahlkvist, Lena Lindgren-Hertz och Ulf Stålbom.

Norrköpingsbygden utvecklades redan under bronsålder till ett av Östergötlands viktigaste områden. Pryssgården ligger i utkanten av de stora kända hällristningsområdena vid Himmelstalund och Ekenberg/Leonardsberg.

De arkeologiska resultaten från undersökningen visar att det har funnits en omfattande bosättning med tyngdpunkt under bronsålder och äldre järnålder. På boplatsen fanns även lämningar från stenålder, yngre järnålder–medeltid, där totalt ett 90-tal hus kunde identifieras. Resultaten från undersökningen har sammanställts i rapporten *Pryssgården från stenålder till medeltid* (Borna-Ahlkvist, Lindgren-Hertz och Stålbom 1998). Materialets omfattning medförde att vi inte hade några möjligheter att redovisa allt framtaget material i denna rapport.

Den omfattande storleken på undersökningen bedömdes kunna ge ett lämpligt underlag för en helhetssyn på hur en boplats kunde vara disponerad. Detta föranledde att projektet redan i ett initialt skede inriktades mot denna fråga. Den ursprungliga huvudmålsättningen för projektets genomförande formulerades enligt följande:

Foto: Hélène Borna-Ahlkvist, Riksantikvarieämbetet.

"Syftet med undersökningen är att presentera en differentierad bild av boplatsens rumsliga organisation för att med denna som grund föra en diskussion kring den yttre ramen för människans sociala liv" (Stålbom 1998d:8).

"Syftet är att göra materialet tillgängligt genom en tolkad redovisning av boplatsområdets sammansättning, samt att presentera en differentierad bild av boplatsernas rumsliga organisation utifrån olika infallsvinklar" (Stålbom 1998d:8).

Utifrån denna målsättning avsåg vi att analysera strukturerna i boplatsernas disposition, hur olika områden på boplatsen tagits i anspråk och vilka förändringar som skedde under nyttjandetiden. Under hela fältarbetets gång koncentrerades vårt arbete på att se till helheter framför detaljer. De olika gårdsbildningarna sågs som de centrala studieobjekten och de enskilda husen utgjorde byggstenar i analysen. Avsikten var att varje gårdsenhet skulle studeras genom dess relationer mellan hus, anläggningar och andra strukturer, samt innefatta en analys av hur dessa gårdsbildningar förändrades över tid. Under den första fältsäsongen hade vi en ambition att försöka belägga gårdarnas yttre strukturer. Syftet var att försöka ta fram gårdarnas markutnyttjande samt deras relation till gravar, odlingssystem, utmarker men även deras avgränsning till andra gårdar i området.

Redan på ett tidigt stadium i fält visade det sig att fornlämningens beskaffenhet var mycket mera omfattande än vad vi hade föreställt oss, vilket innebar att ambitionsnivån och arbetssättet modifierades. På boplatsen fanns ett stort antal huslämningar som låg mycket tätt. Därmed ansåg vi det vanskligt att under fältarbetet försöka ta fram olika gårdsstrukturer, utan en mera djupgående analys. De yttre strukturerna var dessutom svåra att få fram eftersom det saknades gravar i anslutning till husen. Genom makrofossilanalyser och markkemiska analyser kunde fossil odling beläggas, men det gick inte att avgränsa de olika förhistoriska odlingsytorna. Istället inriktades nu arbetet mot att försöka lösa komplexiteten genom att ta fram de enskilda husen. Målsättningen omformulerades enligt följande:

I rapporten redovisades den första delen av ovanstående målsättning, med en tonvikt på boplatsernas kronologi (Borna-Ahlkvist et al. 1998). Målsättningen för min bearbetning av husmaterialet i rapporten var att upprätta en lokal kronologi och typologi för boplatsen i Pryssgården. Tyngdpunkten för analysen låg i yngre bronsålder–äldre järnålder. Denna skulle sedan utgöra en grund för en mera djupgående bearbetning av olika gårdsstrukturer, bosättningsmönster, bebyggelseutveckling och omvärldsanalyser. Den fördjupade analysen av materialet var planerad som tre fristående specialstudier, med en övergripande målsättning enligt följande:

"... att studera den rumsliga dispositionen och organisationen av boplatserna i ett lokalt eller regionalt perspektiv" (Stålbom 1998d:9).

Ursprungligen var det tänkt att två av specialstudierna skulle behandla organisationen av den yngre bronsålderns boplatser utifrån husmaterialet respektive fyndmaterialet. Dessvärre blir det ingen samlad bearbetning av fyndmaterialet, men vissa delar av det har publicerats i olika separata artiklar (Stålbom 1998a, 1998b och 2001). Till en del blir fyndmaterialet översiktligt genomgånget i det föreliggande arbetet, som utgör den fördjupade analysen av husmaterialet från bronsålder. På sikt finns det även en plan för ett tredje fristående arbete som skall handla om bebyggelseutvecklingen under järnålder och medeltid i Norrköpingsbygden.

1.1 Syfte

Det övergripande syftet med denna avhandling är att försöka förstå bronsålderns samhälle och ideologi utifrån bebyggelsens inneboende struktur, utformning och symbolik på boplatsen i Pryssgården.

I alla samhällen utgör hushållet den minsta sociala enheten. Hushållen (tregenerationsfamilj) har bott i olika slags boningshus. Tillvaron organiserades i symbios med den övergripande kosmologin och ideologin. Genom en mikroanalys av boplatsen försöker jag att fånga detta genom att knyta samman förhållandet mellan det enskilda hushållet och lokalsamhället och regionen. Utifrån de avskalade lämningar som fanns kvar på boplatsen vill jag befolka och besjäla den för att försöka förstå samhällets värderingar. Dessutom gör jag en komparativ analys med andra bronsåldersbosättningar samt sätter in resultaten från Pryssgården i ett mera övergripande resonemang om bronsålderns bebyggelse och struktur.

Mina frågeställningar
– till det enskilda huset är:
- hur organiserades husen och varför?
- vilket förhållningssätt hade människorna till husen?
- vilken symbolisk roll spelade huset i samhället?
- hur har olika ritualer och föreställningar påverkat husens disposition?

– till gården är:
- hur var en bronsåldersgård organiserad?
- vilka är de bakomliggande faktorerna till att gårdarnas utformning förändras över tid?

– till relationen mellan gårdar är:
- går det att diskutera och belägga samtidighet respektive icke samtidighet på en förhistorisk boplats?
- har det funnits samtida gårdar?
- vilka är orsakerna bakom bebyggelsens utformning – har det varit ensamgårdar, kringflyttande gårdar, stationär bebyggelse eller bybildning?

– till de tre bronsåldersbosättningarna i Apalle, Fosie IV och Pryssgården:
- hur var en gård organiserad på boplatserna?
- bestod bebyggelsen av en stationär eller av en rörlig struktur?
- skedde det förändringar av bebyggelsens inre struktur under bronsålder på de olika boplatserna och i såfall varför?

– till fysisk och rituell kommunikation:
- hur har olika ritualer, kosmologin, ideologiska och sociala värderingar påverkat människornas utformning av boplatsens inre struktur och hur har dessa påverkat människornas förhållningssätt till omvärlden?
- vilken betydelse hade boplatsens strategiska läge?
- var begravdes de döda anfäderna?
- hur förhåller sig hällristningarnas läge i landskapet till bebyggelse och kommunikationer?

En fråga som naturligen kommer är om det är möjligt att studera bebyggelseutvecklingen och få fram ett bosättningsmönster på en boplats:
- som utnyttjats under större delen av förhistorien
- där majoriteten av de olika husen inte har legat överlagrade och där det dessutom saknas inhägnader av de olika gårdarna
- som har varit uppodlad under flera tusen år och där lämningar har blivit omrörda av jordbruket.

Frågan är då hur skall man förhålla sig till ovanstående situation. Skall man bara nöja sig med att upprätta en grov kronologi eller försöka gå vidare och göra ett förslag på en tolkning av förhållandena på boplatsen? Jag har valt det senare alternativet.

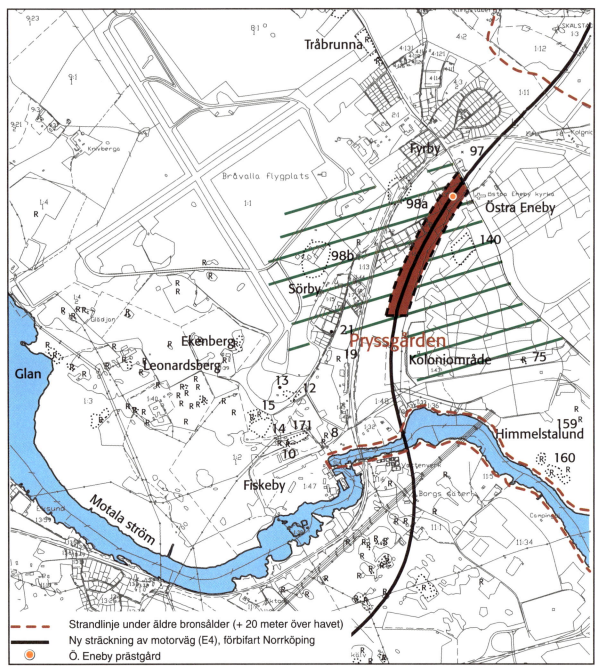

Fig. 2. Kartan visar läget för undersökningsområdet och nutida bebyggelse i Pryssgården. De kända fornlämningarna är markerade med R. Fornlämningar som ligger närmare undersökningsområdet är markerade med RAÄ-nummer. Det markerade området utgör en uppskattning av den förhistoriska bebyggelsens utbredning under bronsålder. Den streckade linjen visar strandlinjen under äldre bronsålder (+20 m ö h). Utdrag ur ekonomiska kartan förminskad till skala 1:25 000.

Legend within figure:
– – – Strandlinje under äldre bronsålder (+ 20 meter över havet)
—— Ny sträckning av motorväg (E4), förbifart Norrköping
● Ö. Eneby prästgård

1.2 Presentation av platsen

Idag har vi ingen kunskap. om hur stort det sammanhängande boplatsområdet vid Pryssgården egentligen kan ha varit. Boplatsen ligger på en svag sydsluttning av en ås, ned mot Motala ström. Sluttningen består av flacka terrasser och jordmånen är finkornig sand. Det stora flertalet av husen var treskeppiga långhus, men det fanns även småhus i form av fyrstolpehus, hyddor och grophus. Bosättningen sträcker sig i tid från senneolitikum till medeltid, men domineras av en bebyggelse från yngre bronsålder och äldre järnålder. Husen låg i olika koncentrationer som fanns utspridda över hela undersökningsområdet. Detta omfattade en yta på ca 90 000 m², med ett huvudschakt som var 80–90 m brett och ca 800 m långt.

Platsen har varit uppodlad under lång tid och på de historiska kartorna över Eneby by ser vi att de kända delarna av boplatsen ryms inom byns inägomark. På den södra delen av åsen finns det inga tydliga topografiska eller geologiska faktorer som anger begränsning av boplatsens utbredning i östlig eller västlig riktning. Utifrån olika mindre undersökningar, schaktkontroller och muntliga uppgifter från boende i området kan vi konstatera att fornlämningsområdet vid Pryssgården omfattat ett vidsträckt område, åtminstone bestående av större delen av sydsluttningen mellan Bråvalla, Östra Eneby kyrka och Himmelstalund, ned till Motala ström, se fig. 2.

Söder om boplatsen närmast Motala ström var marken mera sank och har delvis bestått av kärr och grunda vikar, områden som delvis har kunnat nyttjas för bete och foderinsamling. I söder begränsas således boplatsen av sankområdena vid Motala ström. Där markunderlaget övergick till lera upphörde fornlämningen, vilket konstaterades genom upptagande av långa sökschakt både mot söder och sydväst. Nästa bosättning fanns förmodligen inte förrän området norr om Fiskeby, där marken återigen stiger. I detta område har även några smärre arkeologiska undersökningar förekommit varvid kulturlager, ugnar och andra anläggningar har påträffats (Claréus

1993, Kaliff och Nielsen 1993 och Nielsen 1993). Dessvärre finns inga dateringar från dessa platser.

Norr om åsen stupar landskapet ganska brant ned mot Kvillingeslätten. Under bronsålder var slätten en del av Bråviken, fig. 46. Mot norr har vi således en begränsning av boplatsens utbredning, även om det är troligt att den branta norrsluttningen ned mot Bråviken ingick i boplatsens resursområde. Efter den stora undersökningen i Pryssgården har det skett några mindre arkeologiska undersökningar i området. Dessa undersökningar har visat att boplatserna utanför det stora undersökningsområdet har haft en likartad struktur som på den stora boplatsen. De har daterats till bronsålder (Nielsen 1995, Gruber 2001).

Mot väster finns indikationer på att den förhistoriska boplatsen fortsätter, åtminstone fram till järnvägen. Dessa är av samma karaktär som påträffades inom den stora undersökningsytan och har kunnat dateras till bronsålder och järnålder med en tonvikt på bronsålder. Området väster om järnvägen i norra delen av Bråvallaområdet (gamla flygflottiljen F13) har varit föremål för en större arkeologisk utredning (Nilsson, P. 1996). I detta område kunde inga boplatslämningar identifieras, vilket kan innebära att utbredningen av bosättningen tenderar att upphöra ungefär vid järnvägens sträckning i väster.

Begränsningen av bosättningen är åt öster okänd. Idag finns där ett villaområde. Dessvärre gjordes inga arkeologiska undersökningar inför byggnationen av området. Under de senaste åren har ett par mindre undersökningar utförts i anslutning till villaområdet varvid förhistoriska boplatslämningar med dateringar till bronsålder och äldre järnålder påträffades (Nilsson 1974 och Gruber i tryck).

Pryssgården ligger i närheten av Sveriges största hällristningsområden. Boplatsen ligger dessutom i ett mycket strategiskt geografiskt läge, i ”nålsögat” mellan Östersjökusten och vattendragen med hela Östergötlands inland. Platsen var en strategiskt mycket viktig punkt i landskapet att ha kontrollen över, en kommunikationsknutpunkt och mötesplats för olika kulturer, fig. 1.

Den undersökta yta som grävdes ut på grund av motorvägsbygget utgör endast ett tvärsnitt genom boplatsen och är förmodligen bara ett litet utsnitt av något som har varit mycket större. En bedömning av området är att Pryssgården under yngre bronsålder har varit tätt bebyggt. Eftersom vi endast har gjort mindre nedslag på ömse sidor om undersöknings-området går det inte att närmare precisera omfatt-ningen av den ursprungliga bebyggelsen. Det kan inte uteslutas att motorvägen råkade gå rakt igenom den centrala delen av boplatsen, men det kan ju även vara frågan om att det har funnits flera "central-områden" och att vi nu har råkat stöta på ett av dem.

1.3 Metod

Fältmetod

Detta arbete bygger på fördjupade analyser av de ar-keologiska resultaten från den stora undersökningen i Pryssgården under åren 1993 och 1994. Fältarbetet skedde under 16 månader. Under några vintermåna-der december till mars låg fältarbetet nere. Inför mo-torvägsbygget skedde specialinventering och området fosfatkarterades. Den kända fornlämningsbilden kring Pryssgården antydde inte förekomsten av ett av Sveriges största fornlämningskomplex från brons-ålder till medeltid. Inventeringen gav endast få indika-tioner på en förhistorisk bosättning på platsen. Men vid denna noterades att det i området kunde finnas goda förutsättningar för boplatser från stenålderns slutskede. Förutom inventeringen var fosfatkartering-en det viktigaste instrumentet vid prospekteringen in-för motorvägsbygget. Inom en stor del av undersök-ningsytan skedde en fosfatkartering för att försöka lo-kalisera eventuella boplatslämningar. Denna visade på förhöjda värden vid Östra Eneby Prästgård och i ett par stråk i åkermarken söder därom. Analysen visade inte på några extremt förhöjda värden. För en närma-re redovisning av resultaten från fosfatkartering hän-visas till rapporten (Lindgren-Hertz och Stålbom 1998a:14ff och 1998b:156ff). Sammanfattningsvis var det endast i det som sedan betecknades som del-

områden A och E som fosfatkarteringen gav indika-tioner på bosättning, medan den större delen av bo-sättningen inte gav något utslag, se fig. 4. Efter fosfat-karteringen skedde en provundersökning som var uppdelad i två områden, där det ena området var vid Östra Eneby prästgård och det andra var ute i åker-marken väster om villabebyggelsen. Resultaten från provundersökningen visade att det i Pryssgården fanns ett mycket stort sammanhängande fornläm-ningsområde med boplatslämningar bestående av här-dar, stolphål och kulturlager. Detta sträckte sig från prästgården i norr och ned till lermarken, en kilometer söderut (Nilsson 1989, Helander, Kaliff och Stålbom 1990, Stålbom 1998d:14ff).

Slutundersökningen inleddes med att hela områ-det avsöktes med metalldetektor. Tyvärr visade det sig att åkermarken var fylld med recenta metallföre-mål som gjorde det arbetet omöjligt att genomföra. Inga fornfynd påträffades med hjälp av metalldetek-torn. Ploglagret ansågs inte ha något specifikt infor-mationsvärde, utan avbanades skiktvis ned till orörd marknivå. Under fältarbetets gång undersöktes mat-jorden i anslutning till fyndförande kontext för att pröva om den tidigare hypotesen var riktig. Vid provgrävningarna av matjorden fanns endast sönder-plöjda små fragment av keramik och bränd lera.

Själva slutundersökningen inleddes med att ett antal långa sökschakt upptogs i området för att er-hålla en bättre kännedom om fornlämningens ut-bredning och karaktär. Detta gjordes för att vi på ett bättre sätt skulle kunna göra prioriteringar och lägga upp en strategi för fältarbetets genomförande. Den första fältsäsongen koncentrerades arbetet till ett område i söder och ett i norr, enligt uppdragsgivarens önskemål. Dessutom undersöktes en långsmal yta i östra delen av exploateringsområdet inför anläggan-det av en transportväg för motorvägsbygget. Den andra säsongen undersöktes den resterade ytan vilket innebar att detta arbete skedde under en stark tids-press. Tidspressen berodde till stora delar på att våra fältsäsonger av politiska skäl kortats ned från de pla-nerade två och en halv till endast två. Detta dilemma lyckades vi till viss del eliminera genom att anställa flera amanuenser och förlänga fältsäsongerna. Dessa

Fig. 3. Översikt över delar av undersökningsytan. Östra Eneby prästgård och kyrka skymtar bakom träden.
Foto: Anna Bergmark.

åtgärder räckte emellertid inte fullt ut. Detta innebar att vi tvingades till att göra ytmässiga prioriteringar vilket medförde att anläggningarna i det sist avbanade området, delområde B, huvudsakligen endast blev karterade. De flesta anläggningar i området blev dock snabbsnittade med ett spadtag för att i möjligaste mån göra en bedömning av anläggningstyp. De hus som kunde identifieras i fält dokumenterades på sedvanligt sätt.

Vid utgrävningen mättes anläggningarna och konstruktioner in med totalstation och hela registreringen skedde digitalt i Riksantikvarieämbetets FFD-system. I de flesta fall grävdes endast ena halvan av anläggningen, fyllningen torrsållades och profil ritades. De mera komplicerade anläggningarna och de som innehöll mycket fynd undersöktes i sin helhet, oftast med stående kryssprofiler. I samband med fältarbetet lades mycket tid på att bedöma de framtagna resultaten och ge dem en kontext. Kulturlager grävdes rutvis i meterstora rutor. Ett urval av äldre odlingslager provgrävdes på likartat sätt och dokumenterades i kvarlämnade profilbänkar. Fyndmaterialet fördes till sina respektive kontext och mättes endast i undantagsfall in med totalstation. De i fält identifierade huslämningarna undersöktes som egna enheter med en sammanhållen dokumentation. I samband

17

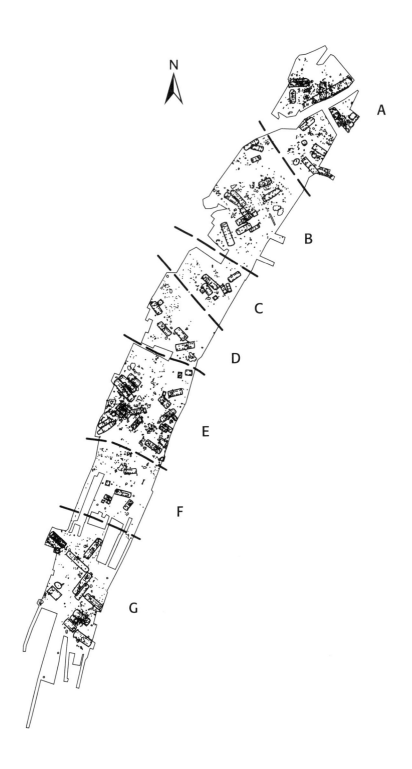

N

A

B

C

D

E

F

G

18

med fältarbetet tvättades majoriteten av fyndmaterialet och fynden registrerades digitalt i en översiktlig registrering.

Under det första årets fältsäsong lades mycket tid på att avgränsa äldre odlingslager och att försöka skilja ut förhistoriska åkrar. Till detta arbete tog vi hjälp av Miljöarkeologiska laboratoriet vid Umeå universitet. Dessvärre visade det sig vara omöjligt att skilja ut äldre åkermark genom arkeologiska iakttagelser eller genom analyser, varför detta arbetssätt övergavs. Området har varit uppodlat åtminstone sedan yngre bronsålder och fram till idag. Det är förmodligen därför som det inte finns några bevarade iakttagbara åkerbegränsningar kvar. Genom den omfattande odlingen har den förhistoriska åkermarken utraderats och därför går det inte att få fram relationen mellan de förhistoriska husen och åkrarna. Med denna insikt övergavs vår ursprungliga målsättning att försöka begränsa förhistoriska åkersystem. Istället fokuserades projektet mot att urskilja och analysera boplatslämningarna inom undersökningsområdet.

Metod i rapportarbetet

Redan under fältarbetet inriktades undersökningen mot tre huvuddelar; hus, gropar och fynd. Denna indelning kom sedan att utgöra rapportens tre huvudavsnitt samt även grunden för den sammanfattande presentationen av bebyggelseutvecklingen i rapportens avslutande kapitel (Borna-Ahlkvist et al. 1998). I rapportarbetet valde vi således att inte dela upp materialet kronologiskt eller fördela olika delar av undersökningsområdet mellan oss. Istället arbetade vi var för sig med tre olika infallsvinklar på materialet, nämligen hus (jag själv), gropar (Lena Lindgren-Hertz) och fynd (Ulf Stålbom). I rapporten har var och en ansvarat för och skrivit om de olika delarna (Borna-Ahlkvist et al. 1998).

Bearbetningen av husmaterialet i rapportarbetet inleddes med en översyn av fältdokumentationen och dittills gjorda analyser av materialet. Hela dokumentationen genomgicks och reviderades där så behövdes. Samtliga anläggningar sågs över och digitala spridningskartor upprättades över olika anläggningskategorier. De olika husen fick separata beskrivningar. Dessa finns redovisade i en huskatalog (Borna-Ahlkvist 1998c:167ff). De hus som identifierades först i samband med rapportarbetet är, så när som ett långhus, hus 239, framförallt småhus från bronsålder.

Vid analysen av olika stolpkonstruktioner skedde en restriktiv bedömning i avgörandet om de fick registreras som hus eller inte. Detta innebär att det säkerligen på boplatsen har funnits långt fler hus än vad som är medtaget i rapporten. Självklart har man på boplatsen även haft stolpar i andra konstruktioner än just för huskonstruktioner, t.ex. för inhägnader och för upphängningsanordningar av olika slag. Rapportens bearbetning av husmaterialet koncentrerades till att identifiera, bedöma och beskriva olika hus, samt att upprätta en typologi och kronologi över Pryssgårdens husbestånd. Det gjordes även en del komparativa analyser med hus från andra boplatser i södra delarna av Skandinavien. Bearbetningen i rapportarbetet kan kortfattat beskrivas som en uppsortering och strukturering av husmaterialet, ett arbete som ligger som grund för den fördjupade analysen. För en närmare redovisning av bearbetningen av husmaterialet hänvisas till rapporten (Borna-Ahlkvist 1998a:28ff och 1998c:167ff).

Fig. 4. Kartan visar hela undersökningsområdet vid Pryssgården, med samtliga hus och anläggningar utsatta. Kartan visar även de olika delområdena A–G. Dessa delområden har tillkommit för att underlätta en orientering på boplatsen. Redan i fält framträdde förtätade områden med flera anläggningar och huskonstruktioner. Mellan dessa fanns det ytor som innehöll betydligt färre anläggningar. Gränserna mellan de olika delområdena lades i de områden som mer eller mindre saknade anläggningar. Avgränsningen i de sju delområdena motsvarar dock endast i undantagsfall olika gårdskomplex.

Metod i den fördjupade analysen

I denna mera utförliga studie av husmaterialet har mitt arbete inletts med en fördjupad materialpresentation, därefter har materialet bearbetas i ytterligare fem olika huvudkapitel. I respektive avsnitt sker en närmare redovisning av den valda arbetsmetoden. I ett av de avslutande kapitlen görs en komparativ analys mellan boplatsen i Pryssgården, och de två stora bronsåldersbosättningarna Fosie IV i Skåne och Apalle i Uppland.

De olika huvudkapitlen i avhandlingen är följande:

Presentation av husen: Detta är en introduktion till husmaterialet och platsen som sådan. Den framtagna huskronologin och typologin presenteras kortfattat. Det förs en diskussion kring innebörden av de olika långhustypernas spridning på boplatsen. I analysen redovisas vilken metod som använts för att ange och avgränsa olika gårdar under bronsålder. I detta kapitel beskrivs olika småhustyper och dess förekomst på boplatsen. Avsnittet avslutas med en genomgång av de hus som fanns i respektive delområde.

Det enskilda huset: En viktig grund för mitt arbete är symbiosen mellan olika symboliska, funktionella och ekonomiska aspekter på hur människorna har valt att utforma sina hus, sina gårdar och sitt lokalsamhälle. För att försöka förstå olika delar i bronsålderssamhället görs en analys av hur man har organiserat det enskilda huset, rumsindelning och funktioner i de olika husen samt innebörden av dessa faktorer. Andra frågor som behandlas är de bakomliggande faktorerna till att det på boplatsen finns olika storlekar och hustyper, att rumsdispositionen varierar mellan husen, att fyndspridning och förekomst av fynd skiftar mellan husen. I avsnittet görs en mera övergripande diskussion kring huset som social agent. Vilken symbolisk roll kan husen ha spelat för människorna under bronsålder? En modell som genomgående präglar mitt arbete är Gerritsens modell *Husens kulturella biografi* (Gerritsen 1999). I det avsnittet görs en redogörelse för hur jag tillämpar modellen på materialet från Pryssgården. Fyndmaterialet används framförallt för att försöka belägga husoffer och andra deponeringar i husen. Det förs även en diskussion om när i hushållens och i husens livscykel som det kan ha skett offer. På boplatsen har man ägnat sig åt odling och boskapsskötsel vilket även föranleder en diskussion kring olika agrara frågor, som odlingssystem och människornas förhållningssätt till sina djur.

Gården: Avsnittet inleds med en forskningshistorik om gårdsbegreppet. Det görs en definition av gårdsbegreppet på boplatsen i Pryssgården. Det förs en diskussion kring hur stor den minsta sociala enheten kan ha varit för att kunna betecknas som en gård, samt om det har skett några förändringar under loppet av bronsålder. Andra frågor som diskuteras är hur många hus det har funnits på en gård från denna tid och hur de olika delarna av gården har fungerat.

Relationen mellan olika gårdar: Det förs en diskussion kring problematiken med ensamgårdar/ bybildning och stationära/kringflyttande gårdar. Avsnittet inleds med en forskningshistorik och fortsätter med en komparativ analys med situationen i Pryssgården. Det förs en diskussion kring hur de olika gårdarna kan urskiljas på boplatsen. En annan fråga som har intresserat mig är om det går att belägga sociala skillnader mellan de olika gårdarna.

Tre bronsåldersbosättningar i ett jämförande perspektiv: I detta kapitel görs en analys mellan de tre bronsåldersbosättningarna i Apalle i Uppland, Fosie IV i Skåne och Pryssgården. De frågor som framförallt diskuteras, är hur var en bronsåldersgård organiserad på boplatserna, var den stationär eller rörlig och slutligen finns det några iakttagbara förändringar av bebyggelsens inre struktur under bronsålder på de olika boplatserna.

Fysisk och rituell kommunikation: Boplatsen sätts i relation till närområdet, regionen och mera översiktligt till omvärlden. En viktig del i analysen är att se hur olika ideologiska och sociala värderingar har påverkat människornas utformning av boplatsens inre struktur, men även vilket förhållningssätt man haft till sin omvärld. Pryssgården ligger i ett av Sveriges största hällristningsområden vilket måste ha präglat människornas vardag på olika sätt. Platsens strategiska läge i övergången mellan hav och inland har gett invånarna goda möjligheter till sociala kontakter och utbyten, kanske även till och med att ha kontroll över området.

1.4 Källkritik

Mitt arbete grundar sig på resultaten från den stora utgrävningen i samband med byggandet av en ny förbifart för E4:an vid Norrköping. Som tidigare framgått har vi inte haft möjlighet att avgränsa hela fornlämningen. Begränsning av den finns i söder och norr. Att begränsa den i öst–västlig riktning har inte rymts inom vårt uppdrag. I samband med vägbygget skedde ett par mindre kabelnedläggningar och kompletterande vägbyggen vilka har gett oss större kunskap om fornlämningens beskaffenhet och utbredning. De mindre undersökningarna visar att bosättningen fortsätter ut på ömse sidor om undersökningsområdet. Vi har även kunnat se att det spridningsmönster av konstruktioner som vi fick fram inom den stora undersökningsytan tenderar att upprepas även utanför exploateringsytan. Det gör att vi på goda grunder kan antaga att vi endast har undersökt en mindre del av en betydligt större bosättning. Dessvärre är inte allt material från dessa undersökningar ännu tillgängligt.

Boplatsen ligger i fullåkersbygd och på det äldre kartmaterialet framgår det att den ligger på inägomarken till byn Östra Eneby, fig. 5. Boplatsen ligger således i gammal åkermark som har varit uppodlad sedan lång tid tillbaka. Ett av resultaten från undersökningen är att vi har fått belägg för att det på

platsen har funnits odling sedan mellersta och yngre bronsålder (Viklund och Linderholm 1996:11). Odlingen som har pågått under flera tusen år har förstört mycket av de ursprungliga lämningarna på boplatsen. Det vi har funnit är endast nedre delen av konstruktioner och lämningar. Delar av den materiella kulturen har påverkats av sentida odling och försvunnit från sin ursprungliga kontext.

Boplatsen ligger på sandig jordmån och på väldränerad mark. Det har varit ett bra läge för en bosättning, men jordmånen har varit olämplig för bevarande av metallföremål och organiskt material. Det medför att vi har fått ganska magra resultat från den osteologiska analysen och de makrofossila analyserna. Därmed har det inte gått att närmare bedöma bosättningens kosthåll och olika näringsformer. De naturvetenskapliga analyserna får snarare användas för att kunna ge olika belägg för aktiviteter på boplatsen, men går inte att använda för att göra beräkningar av omfattningen av dessa aktiviteter.

För en mera utförlig redovisning av arbetssättet i fält hänvisas till rapporten (Lindgren-Hertz och Stålbom 1998a:16f). En av svårigheterna med att försöka studera en bebyggelseutveckling på en plats är att ^{14}C-metoden ger mycket vida dateringar som dessutom är förknippade med flera källkritiska problem. Inte minst är den problematisk under yngre bronsålder då kalibreringskurvan gör ett flertal oregelbundna rörelser vilket innebär att ^{14}C-dateringarna blir svåra att använda. Kurvan består av flera plana intervaller som resulterar i en "platåeffekt" åtskilda av tvära kast vid ca 800 och 400 f.Kr. Dessa medför dateringssvårigheter för bronsålderns period V och VI samt den tidiga järnåldern (Stuvier och Reimer 1993, Lindgren-Hertz och Stålbom 1998b:163).

Min utgångspunkt i detta arbete är att vi bara har undersökt en mindre del av en betydligt större bosättning. Mina bedömningar och antaganden utgår helt och hållet från det synsättet. Trots svårigheterna med källmaterialet ser jag som en styrka att vi har kunnat arbeta med ett så stort material att vi ser tendenser och upprepningar. Det har gett oss goda möjligheter att erhålla en ökad förståelse för platsen.

8G 9d FISKEBY 8693

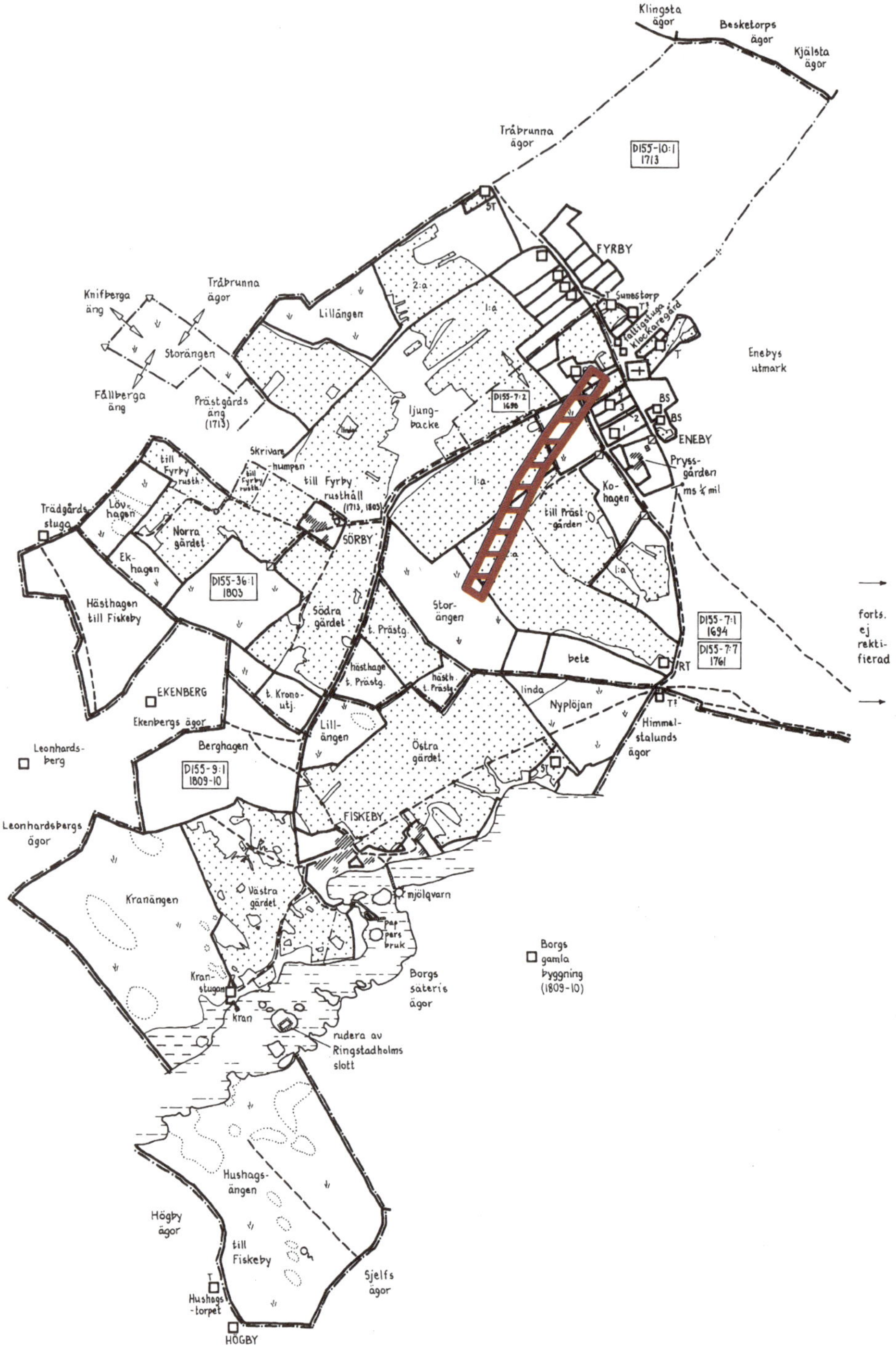

1.5 Definitioner och teckenförklaringar

Några i texten mera återkommande begrepp definieras. I övrigt ges en beskrivning över använd terminologi i respektive sammanhang.

Hela undersökningsområdet har delats in i sju delområden, A–G, fig. 4. Dessa delområden har tillkommit för att underlätta en orientering på boplatsen.

Som hus definieras spår efter klenare och grövre timmerkonstruktioner, vilka bedömts ha burit upp tak samt oftast haft väggar. I det tidigare analysmaterialet delade jag in husmaterialet i lång- eller småhus. Med långhus avses samtliga hus som har en total längd som överstiger tio meter. Övriga hus benämns som småhus av någon form. Denna indelning av husmaterialet skedde i samband med bearbetningen av materialet (Borna-Ahlkvist 1998c:168). Småhusen har inte uppfattats vara boningshus, eftersom de oftast saknade härdar och ansågs vara för små. Dessa hus har förmodligen istället haft en funktion som förråd eller verkstadshus. Inledningsvis har jag valt att använda mig av de mer neutrala benämningarna långhus och småhus, men tar senare ställning och benämner dem som boningshus, förrådshus etc. Denna beskrivning är en förenkling då boningshuset inte enbart har fungerat som bostad utan även innehållit förråd och arbetsytor av olika slag. Det stora flertalet långhus kan enligt min uppfattning ha bestått av en bostadsdel och en ekonomidel. I bo-

stadsdelen fanns oftast ett större spann mellan de takbärande stolpparen där mittskeppet även var som bredast. I denna del av huset ligger även en stor härd. Ekonomidelen i husen har ansetts ha en funktion som en förrådsyta, verkstad eller arbetsyta. I mitt arbete har jag föredragit att använda mig av benämningen ekonomidel framför stall eller fähus, eftersom vi inte har några säkra arkeologiska belägg för sådana på boplatsen.

I min bearbetning användes fyra olika variabler för att dela in hela husmaterialet i olika grupper. För en fullständig redovisning över husen och hur dessa har bedömts hänvisas till rapporten (Borna-Ahlkvist 1998c:167f), se även kap. 2.2. Nedanstående hänvisningar till hus avser fig. 6. Variablerna är följande:

Den takbärande konstruktionens form:
Rak: samtliga stolphålsnedgrävningar ligger på en linje dragen från mittpunkten i stolphålen i respektive rads ände (t.ex. hus 187)
Krokig: stolphål fanns på båda sidor om stolpradslinjen (t.ex. hus 201)
Konvex: stolphål fanns utanför stolpradslinjen som bildade en konvex form (t.ex. hus 232)
Konkav: stolphål fanns innanför stolpradslinjen som bildade en konkav form (-)
Divergerande: stolphålsraderna går isär och bockarna är bredare i den ena änden av huset (t.ex. hus 210).

Fig. 5. Historiskt kartöverlägg över området kring Pryssgården. Kartan bygger på de historiska uppmätningarna av byarna Eneby, Fyrby, Sörby och Fiskebys marker. Kartan är upprättad av Elisabeth Essen, UV Stockholm (Borna-Ahlkvist et al. 1998).

Avstånden och rytmen i stolpsättningen i den takbärande, inre konstruktionen:

Regelbunden: fler än hälften av avstånden mellan bockparen är densamma med en avvikelse om maximalt 10% (t.ex. hus 170)

Oregelbunden: om fler än hälften av avstånden mellan stolparna är olika (t.ex. hus 210)

Symmetrisk: om husplanen viks på mitten sammanfaller samtliga stolphåls nedgrävningskanter med varandra (t.ex. hus 166) (Björhem & Säfvestad 1993:84).

Konstruktionen av de takbärande stolparna i husets längdriktning:

Tvåskeppig byggnad: avses en konstruktion som har en rad med takbärande stolpar i husets längdriktning, s.k. mesulakonstruktion, (t.ex. hus 153)

Treskeppig byggnad: avses en konstruktion som har två parallella rader med takbärande stolpar, s.k. sidsulekonstruktion, (t.ex. hus 170).

Lång- eller småhus:

Långhus: avses hus som har en total längd som överstiger tio meter (t.ex. hus 189)

Småhus: övriga hus som är kortare än tio meter. Till gruppen småhus har förts mindre stolpbyggda hus av olika slag samt grophus, (t.ex. hus 232).

Hushållet förutses ha utgjort den minsta sociala och ekonomiska enheten på boplatsen. De olika hushållen har tillhört och identifierat sig med olika gårdar. För en mera utförlig definition av gårdsbegreppet se kap. 4. När jag talar om hus avses den fysiska konstruktionen, de olika husen har tillhört olika gårdar. Husen kan sägas utgöra en del av en gård. Intill huslämningarna på en gård fanns det rester av aktivitetsytor med härdar, kokgropar och förrådsgropar etc. Detta område benämnes gårdstun. Ofta kan vi följa en gårds utveckling under flera husgenerationer. Med en husgeneration avses livslängden på ett långhus.

Boplatsen har under yngre bronsålder utifrån keramikmaterialet delats in i en A- och B-fas. Den tidigare fasen svarar mot period IV–V och den senare mot period V–VI. Denna indelning gjordes redan i samband med rapportarbetet och är inspirerad av Nils Björhems fasindelning av keramikmaterialet från Fosie IV utanför Malmö (Björhem & Säfvestad 1993:41ff). I samband med rapportarbetet testade Stålbom om det gick att göra en liknande indelning av keramikmaterialet som den i Fosie IV. Målsättningen var att försöka dela in keramikmaterialet i en tidig och sen fas av yngre bronsålder som kunde motsvara en liknande stilförändring i keramiken som Fosieundersökningens A- och B- fas uppvisade. I keramikmaterialet från Pryssgården var ledelement för hushållskeramiken kärl med knoppar under mynningen, rabbiga kärl med s-formig kärlprofil, delrabbade kärl, strimmig ytbehandling eller djupa gräsintryck på kärlytan samt grov, osorterad eller fin, sorterad rabbning. Förutom den fina sorterade rabbningen synes övriga ledelement ha tillhört fas A, enligt Stålbom. Hushållskeramiken under den senare delen av yngre bronsålder, fas B, förefaller ha varit mera anonym till sin karaktär. Det gick inte att särskilja och föra flera kronologiska variabler till denna fas (Stålbom 1998c:126 f).

I bearbetningarna av materialet från Pryssgården har boplatsen från yngre bronsålder således delats in i en tidig och sen fas, kallad för A respektive B-fas. Fas A motsvarar period IV–V och B svarar mot period V–VI. Husmaterialet från yngre bronsålder har därmed förts antingen till fas A eller fas B och i endast undantagsfall har periodbenämningarna använts.

1.6 Forskningshistorik

Föreliggande arbete är en fristående fördjupad bearbetning av delar av det framtagna materialet från den stora undersökningen i Pryssgården, som är inriktad mot att analysera bronsåldersbosättningen. I detta sammanhang vill jag även lyfta fram att fornlämningen i Pryssgården innefattar mycket mera än bronsålder. På boplatsen fortsätter bebyggelsen i förromersk järnålder och in i medeltid. De olika husen och gårdarna finns kvar i flera av delområdena och det förefaller ha funnits en kontinuerlig bosättning från slutet av äldre bronsålder till medeltid. Mitt arbete baseras till vissa delar på det framtagna materialet i rapporten vilket medför ofta förekommande hänvisningar (Borna-Ahlkvist et al. 1998). I rapportarbetet gjordes komparativa analyser av hus och bronsåldersbosättningar från olika delar av södra Skandinavien och dessa utgör en del av forskningshistoriken till föreliggande arbete (Borna-Ahlkvist 1998a:28–38, 1998b:53–56 och 63–65). I inledningen till de olika huvudkapitlen finns en forskningshistorik som svarar mot det aktuella temat för respektive kapitel. För en mera allmänt hållen forskningshistorik rörande bronsålder hänvisas till Mats Larssons avsnitt i rapporten (Larsson, M. 1998:20ff).

Presentation
av husen

kapitel 2

VID UNDERSÖKNINGEN I PRYSSGÅRDEN kunde ett nittiotal huslämningar identifieras, från slutet av senneolitikum till medeltid. I samband med den grundläggande bearbetningen av materialet lades mycket tid på att identifiera och bedöma de olika huslämningarna på boplatsen. Målsättningen i rapporten var således att upprätta en lokal kronologi och typologi för boplatsens husmaterial (Borna-Ahlkvist 1998a:28-38, 46–52). Husen från bosättningens olika tidsepoker presenterades. Det stora materialet ställdes samman i en huskatalog där varje hus fick en beskrivning och illustrerades med en ritning (Borna-Ahlkvist 1998c:167ff). En stor del av tiden ägnades åt att göra komparativa analyser av hus från andra boplatser i södra Skandinavien (Borna-Ahlkvist 1998b:53ff och 63ff). Orsaken till denna prioritering var att vår kunskap om förhistoriska hus från Östergötland var bristfällig och att jag ville göra regionala jämförelser.

De framtagna resultaten från Pryssgården visar att det har funnits en mångfald i husens utformning på boplatsen. Husen har under hela yngre bronsålder

varit olika stora och storleken synes inte vara kronologiskt betingade utan kan ha haft andra orsaker.

I grundbearbetningen av materialet gjordes endast en mera översiktlig tolkning av de olika hustypernas funktion och rumsliga indelning (Borna-Ahlkvist 1998b:53ff och 1998c:167ff). I föreliggande arbete utvecklas mitt resonemang kring husens funktioner och hur de har disponerats. En viktig utgångspunkt för mina frågeställningar är även diskussionen kring husens symbolik och symbolvärde i bronsålderssamhället.

2.1 Huskronologi

Vid den grundläggande bearbetningen av materialet upprättades en lokal kronologi över husen i Pryssgården, fig. 6. Kronologin bygger på resultaten från ^{14}C-analyserna och fynden. I huskronologin har, förutom några enstaka småhus, enbart långhus tagits med (Borna-Ahlkvist 1998b:65ff). På boplatsen identifierades 21 långhus och 12 småhus med dateringar till bronsålder, samt två hyddlämningar som eventuellt

Foto: Rita Stridh, Ekehagens forntidsby.

27

kan dateras till bronsålder. Boplatsen från yngre bronsålder har utifrån keramikmaterialet delats in i en A och B-fas. Till den tidigare fasen kan, utifrån huskronologin, knytas 11 långhus och till den senare kan 8 långhus föras, se fig. 8.

Upprättandet av kronologin över husen i Pryssgården försvårades av att husen inte låg överlappande utan istället en bit från varandra. Något som också komplicerade bilden är att utvecklingen under yngre bronsålder i Pryssgården inte förefaller ha varit så enkel som att den gått från bredare till smalare hus. Utifrån resultaten i Pryssgården kan man ifrågasätta den allmänna uppfattningen att utvecklingen under bronsålder har gått från bredare till smalare mittskepp (Borna-Ahlkvist 1998a:34ff och 1998b:65ff). Flera forskare har påtalat att just avståndet mellan raderna av de takbärande stolparna har mycket stor betydelse vid upprättandet av kronologier. Andra viktiga variabler är de takbärande stolparnas placering inom raderna och formen på de takbärande raderna (Karlenby 1996:106 och anf.litt.). På boplatsen i Pryssgården förefaller det dessutom som om det under yngre bronsålder "samtidigt" har funnits såväl långa som korta hus. Det har funnits äldre hus med smalare mittskepp och yngre hus med bredare mittskepp. Men det har även "samtidigt" funnits hus som haft en mera divergerande inre takbärande konstruktion såväl som hus med en mera rak konstruktion. Hus med smalare östlig ände har tidigare uppfattats som yngre än hus med en mera jämn bredd på den inre konstruktionen (Tesch 1993:165).

På boplatsen i Pryssgården framträder istället ett mönster med en stor variation för husstorlekar och utformningen av den inre takbärande konstruk-

tionen. Detta förhållande var tydligast för yngre bronsålder, vilket tidigare har redovisats i rapporten (Borna-Ahlkvist 1998a:28ff). Redan på ett tidigt stadium i min analys frågade jag mig vad denna variation i husmaterialet betydde.

Vid upprättandet av den lokala kronologin var viktiga variabler förutom ¹⁴C-resultaten och fynden: om stolphålen i husen var stenskodda, storleken på stolphålens diameter (som var större under bronsålder än under förromersk järnålder), den inre stolpsättningen med tätare satta stolppar i husens östra ände och formen på den inre stolpsättningen. Riktningen på husen har också varit en variabel (husen från bronsålder ligger samtliga inom intervallet VNV–OSO till helt öst–västligt). De flesta hus från bronsålder hade större mittskepp än under järnålder. Traditionen med att bygga divergerande långhus på boplatsen kan ha upphört under början av förromersk järnålder. Hus med stenskodda stolphål förekom under hela bronsålder och under äldre förromersk järnålder (Borna-Ahlkvist 1998a:31ff och 43f).

Den upprättade huskronologin har i efterhand stämts av med av fynden i husen. I stort sett har fyndmaterialet och den föreslagna huskronologin stämt väl överens. De flesta husen dateras till intervallet 900–700 f.Kr. vilket gör kronologin relativt grov och gör det svårt att få fram de exakta relationen mellan husen. Den framtagna huskronologin över husen i Pryssgården, bör ses som en sannolik bedömning av materialet.

På boplatsen är bebyggelsen under äldre bronsålder mera diffus och svårtolkad än under senare tidsperioder. Det äldsta långhuset i Pryssgården, hus 153, var ett stort tvåskeppigt långhus som har fått

Fig. 6. Förslag på huskronologi för bronsåldershusen i Pryssgården. Kronologin är baserad på ¹⁴C-analyser och fyndmaterialet i långhusen. Drygt hälften av proverna för ¹⁴C-dateringar har i huvudsak tagits från nedre delen av härdarna i husen, medan resterande har tagits i nedre delen av ett stolphål efter en takbärande inre stolpe. Två av bronsåldershusen har daterats med kol taget från en förrådsgrop respektive en källargrop. För en närmare precisering var de olika proverna för ¹⁴C-dateringar har tagits i de olika husen hänvisas till rapporten (Borna-Ahlkvist 1998c:169ff).

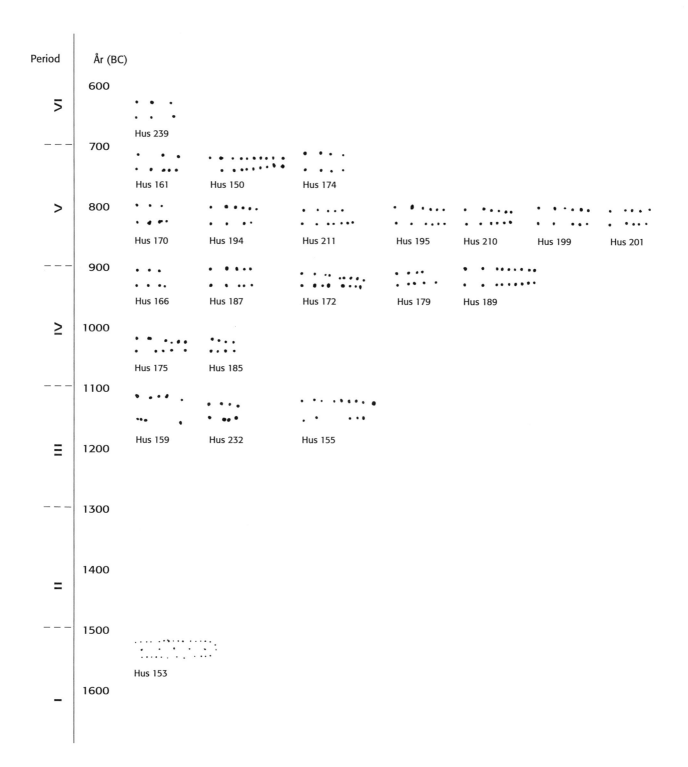

Period | År (BC)

VI — 600

Hus 239

700

Hus 161   Hus 150   Hus 174

V — 800

Hus 170   Hus 194   Hus 211   Hus 195   Hus 210   Hus 199   Hus 201

900

Hus 166   Hus 187   Hus 172   Hus 179   Hus 189

IV — 1000

Hus 175   Hus 185

1100

Hus 159   Hus 232   Hus 155

III — 1200

1300

II — 1400

1500

Hus 153

I — 1600

en datering till 1677–1517 BC cal (Ua-6420). Detta hus är det enda långhus som har en tvåskeppig konstruktion. Byggnaden låg i VNV–OSO:lig riktning. Det utgjorde också ett av de större husen på boplatsen och var närmare 32 m långt och 6 m brett. Den takbärande konstruktionen hade bestått av fem kraftiga stenskodda stolpar. Dessa stod på ett inbördes avstånd mellan 5,6 och 7,0 m, där avståndet mellan de två västligaste stolparna var störst. Även väggstolparna förefaller ha varit kraftigt dimensionerade och stenskodda. Senare under äldre bronsålder fanns det två mindre treskeppiga hus, hus 159 och 232. Husmaterialet var betydligt bättre bevarat från yngre bronsålder, från denna tid har 19 långhus kunnat identifieras och ett tiotal småhus.

2.2 Typologi över långhusen från bronsålder på boplatsen

Vid den typologiska bearbetningen av materialet från boplatsen delades långhusen från yngre bronsålder in i tre olika huvudtyper, hustyp A till C, fig. 7. Indelningen grundades på längden och på utformningen av stolpsättningen av de inre takbärande stolparna, om husen varit tudelade eller haft en mera jämnt placerade takbärande stolppar (Borna-Ahlkvist 1998a:29ff). I Köpingeområdet har Tesch gjort en indelning av ett husmaterial, där långhusen från bronsålder har delats in i tre olika grupper enligt följande:

1. långa långhus utan någon klar tudelning av den inre takbärande konstruktionen (husen var över 20 m långa och var drygt 8 m breda, varav mittskeppet var ca 4 m brett)
2. medellånga långhus med en tydlig uppdelning i två sektioner av den inre takbärande konstruktionen (husen var 12–16 m långa och 6,5–8 m breda, mittskeppet var 2,9–4,0 m brett)
3. medellånga långhus bestående av 3–4 stolppar utan någon uppdelning av den inre takbärande konstruktionen (husen var 11–14 m långa och 5,8–7,5 m breda).

De två första grupperna har ansetts vara bostadshus, med en eventuell stalldel i östra delen. Den tredje gruppen har uppfattats antingen som bostadshus med eller utan stall eller kan ha fungerat som ett slags uthus (Tesch 1993:162ff).

I min analys av husmaterialet använde jag Teschs gruppering som en grund för att strukturera materialet. Denna användes för att underlätta jämförelser med andra bronsåldersboplatser men framförallt för att kunna upprätta en lokal kronologi och typologi över husmaterialet i Pryssgården. Vid min genomgång av materialet krävdes en något modifierad tillämpning av Teschs indelning, vilken illustreras i fig. 7. I Pryssgården delades långhusen från yngre bronsålder in i tre hustyper enligt följande:

Hustyp A: bestående av långa hus som varit tudelade. Med tudelade hus avses hus som har tätare satta stolppar i husens östra del och glesare i den västra. Dessa hus var 16–24 m långa.

Hustyp B: bestod av mellanlånga hus som var tudelade och var något kortare dvs. 10–16 m långa.

Hustyp C: bestod av mellanlånga hus som var 10–13 m långa och saknade en indelning i den inre takbärande stolpsättningen.

En del av hustyperna i Pryssgården är direkt jämförbara med Teschs indelning medan andra inte är det. Både i Köpingeområdet och i Pryssgården fanns det tudelade hus som var medellånga (dvs. husgrupp 2 i Teschs indelning och hustyp B i Pryssgården). På båda ställena fanns även medellånga hus som saknade en indelning i den inre takbärande konstruktionen (dvs. husgrupp 3 i Teschs indelning och hustyp C i Pryssgården). Men det fanns även skillnader i husens utformning mellan de båda områdena. I Pryssgården saknades helt husgrupp 1 i Teschs indelning, dvs. långa hus utan någon klar tudelning av den takbärande inre konstruktionen. Samtidigt fanns det i Pryssgården en hustyp som saknades i Köpingeområdet, nämligen de långa tudelade husen (hustyp A).

I detta sammanhang görs endast en mera kortfattad redovisning av den typologiska indelningen av husmaterialet i Pryssgården. För en mera utförlig genomgång av materialet hänvisas till rapporten (Borna-Ahlkvist 1998a:28ff och 34ff).

Hustyp A – långa tudelade hus

Till denna grupp har förts sju hus, nämligen husen 150, 155, 172, 175, 189, 199 och 211. De hade en variation av längden mellan 16 och 24 m och en bredd på drygt 6 m, undantaget hus 155 som var 8 m brett. Husen fanns i stort sett över hela undersökningsområdet, utom i den norra delen, men med en viss koncentration mot söder, se fig. 8. Husen hade en balanserad eller en överbalanserad konstruktion. I en balanserad konstruktion var taktyngden jämnt fördelad mellan väggstolparna och de inre stolparna. I en överbalanserad konstruktion låg istället en övervägande del av taktyngden på de inre stolparna. De inre stolparna var stenskodda och hade en genomsnittlig diameter på 0,40 m. Husen hade mellan 6 och 10 stolppar. En skillnad mot husen i Köpingeområdet var att bostadsdelen i en del av husen från Pryssgården var större och ofta kunde denna del bestå av tre stolppar, istället för två stolppar som annars var det vanliga (Tesch 1993:164 och Borna-Ahlkvist 1998a:31f). Samtliga hus hade en indelning bestående av tätare satta stolppar i östra delen och glesare i västra. I den västra delen fanns ofta en härd och i den östra fanns i några av husen en stor grop som bedömts vara en källargrop, se kap. 3.1.

Delas husen in efter bredden på mittskeppet utkristalliseras två undergrupper, där den ena består av smala mittskepp som ej översteg 3,6 m och den andra med bredare mittskepp som låg kring 4 m, se fig. 9.

Beaktas istället formen på den inre takbärande konstruktionen framträder en annan gruppering, se fig. 10. Inom denna hustyp fanns det fyra hus som hade en divergerande inre stolpsättning i den takbärande konstruktionen, där den östra delen av huset var avsmalnande. Det fanns två hus som hade en rak takbärande inre konstruktion och slutligen ett hus som hade en krokig inre konstruktion, hus 155.

En del av husen har daterats med ¹⁴C-metoden, tabell 1, och utifrån dessa framgår det att de äldsta långhusen hade smala mittskepp. Men det gick även att konstatera att husen med en divergerande inre

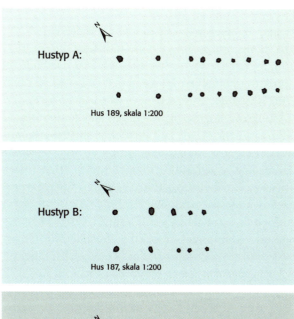

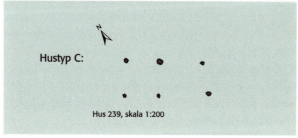

Fig. 7. Figuren visar en schematisk skiss över de olika hustyperna i skala 1:200. Indelningen i de olika hustyperna grundas på utformningen av stolpsättningen av den inre takbärande konstruktionen. Med tudelade hus avses hus som har en uppdelning av den inre takbärande konstruktionerna. Hus 189 utgör ett exempel på ett divergerande hus medan hus 187 hade en rak inre takbärande konstruktion.

takbärande konstruktion hade funnits på boplatsen från och med det äldsta skedet av yngre bronsålder. Slutligen framgick det att det "samtidigt" hade funnits raka och divergerande hus på boplatsen. Dessa resultat var anmärkningsvärda och gick stick i stäv med tidigare uppfattning inom den bebyggelsearkeologiska forskningen (Björhem & Säfvestad 1993:82ff och Tesch 1993:165).

31

Hustyp B – mellanlånga hus som var tudelade

Till denna grupp hör 8 hus, nämligen husen 161, 174, 179, 187, 194, 195, 201 och 210. De hade en uppskattad längd på 10–16 m och en bredd på drygt 7 m. Husen låg utspridda över större delen av undersökningsområdet se fig. 8. De hus som hade stolphål efter väggarna visade att taken hade varit överbalanserade. De inre takbärande stolparna var stenskodda, med en genomsnittlig diameter på 0, 40 m. I flera av husen var även väggstolparna stenskodda. Samtliga hus hade en indelning bestående av tätare satta stolppar i östra delen och glesare i västra, här benämnd ekonomidel respektive bostadsdel. Husen hade fyra till sex stolppar, där bostadsdelen innehöll två stolppar. De flesta husen har förutom hus 179 uppfattats som mindre boningshus. Liksom i hustyp A låg ofta en härd i husens västra del, medan endast ett par av husen hade en källargrop i östra delen, se kap. 3.1.1.2.

Delas husen in efter bredden på mittskeppet utkristalliseras tre undergrupper, där en bestod av smala mittskepp som ej översteg 3,5 m, en med mellanbreda mittskepp som var 3,5–4 m och slutligen en med mycket breda mittskepp som översteg 4 m, se fig. 9.

Beaktas den inre formen på den takbärande konstruktionen framträder istället en annan gruppering, se fig. 10. Inom denna hustyp fanns det tre hus som hade en rak inre konstruktion, fyra hus som hade en mera divergerande inre form och slutligen ett hus som hade en krokig inre konstruktion, hus 201.

Flera av husen har daterats med ^{14}C-metoden, tabell 2, och utifrån dessa framgår det att de äldsta husen kunde ha såväl smala som breda mittskepp, samt att ett av boplatsens bredaste hus hörde hemma i slutet av yngre bronsålder. De divergerande husen kunde vara samtida med hus som hade en rak inre takbärande konstruktion.

Hustyp C – mellanlånga hus som saknade indelning

Till denna grupp hör tre hus, husen 166, 170 och 239. De hade en uppskattad längd på drygt 11 m och var 6,7–7,8 m breda. Husen låg samlade inom delområde E, fig. 8. Taktyngden har förmodligen vilat på de inre stolparna, dvs. en överbalanserad kon-

struktion. I husen var de inre takbärande stolparna stenskodda och dessa var generellt sett något klenare i sin dimensionering än i de båda andra hustyperna. Husen hade tre till fyra relativt regelbundet satta stolppar. Benämningen hus utan indelning är egentligen missvisande då placering av härd och källargropar i dessa hus visar att de har haft en sådan, även om det inte framgår av stolpsättningen. Husen har ansetts vara mindre boningshus (Borna-Ahlkvist 1998a:33). Jämfört med husen från Köpingeområdet förefaller husen i Pryssgården haft fler stolppar, medan längden på husen har varit ungefär densamma. Husen i Pryssgården tenderar dock till att vara något bredare (Tesch 1993:167ff och Borna-Ahlkvist 1998a:33).

Delas husen in efter bredden på mittskeppet har två hus smala mittskepp dvs. mellan 3,5 och 4,0 m. Ett var bredare, med mittskepp som varierade mellan 4,0 och 4,4 m, se fig. 9. Formen på den inre

Tabell 1. Hustyp A ^{14}C-dateringar, kalibrerade

Hus	BC	Ua nummer
150	809–550	6415
172	1035–827	6636
175	1112–867	6642
189	971–811	7182
211	900–798	7189

Tabell 2. Hustyp B ^{14}C-dateringar, kalibrerade

Hus	BC	Ua nummer
174	812–550	6643
179	999–842	7465
187	894–797	7866
187	1002–808	7867
194	904–804	7873
195	827–770	7183
210	816–769	7188

Tabell 3. Hustyp C ^{14}C-dateringar, kalibrerade

Hus	BC	Ua nummer
166	994–809	6634
170	904–802	7178
170	904–804	7467

takbärande konstruktionen kunde antingen vara rak eller divergerande, se fig. 10.

De båda husen som daterats med ^{14}C-metoden hade en rak takbärande konstruktion. Hus 166 hade något smalare mittskepp än hus 170.

De flesta långhusen från yngre bronsålder på boplatsen hade en tydlig indelning av den inre stolpsättningen, med tätare stolppar i husens östra del. Under förromersk järnålder fortsatte traditionen med att bygga långa och breda hus på boplatsen. De äldsta förromerska långhusen låg inom delområde E och således förefaller det som att det har funnits en kontinuitet på bosättningen. På boplatsen fanns bl.a. ett långhus från förromersk järnålder som hade en spegelvänd stolpsättning i förhållande till yngre bronsålderns hus. Längre fram i förromersk järnålder förändrades den inre stolpsättningen och husen fick mera jämnt satta stolppar utan någon förtätning. En annan iakttagen förändring var att man under förromersk järnålder synes ha upphört med att bygga divergerande långhus. Husen byggdes också med klenare virke än under tidigare perioder (Borna-Ahlkvist 1998a:37f). Bebyggelsen upphörde inte under förromersk järnålder utan istället fanns den kvar på boplatsen under hela järnålder och in i medeltid.

2.3 De olika långhustypernas spridning på boplatsen

– ett försök att urskilja gårdsenheter i Pryssgården

Utifrån den typologiska indelningen i olika hustyper och dess undergrupperingar framträdde ett komplicerat mönster vars innebörd till en början tedde sig svårförklarad. Det hade varit enklare om bebyggelseutvecklingen under yngre bronsålder i Pryssgården hade gått från större och bredare hus till mindre och smalare, liksom om variationen av bredden på mittskeppen kunde förklaras som ett kolonisationsförlopp inom undersökningsytan. Men ingen av dessa förklaringar föreföll att hålla när de testades. Istället började jag överväga om det komplicerade mönstret på bosättningen kunde ha någonting att göra med

olika gårdar och gårdsbildningar. I figurerna 8–10 och tabell 4 sorteras husmaterialet på olika sätt för att försöka illustrera det komplicerade mönstret och för att försöka identifiera olika gårdar. I det följande hänvisas till indelningen av boplatsen i sju delområden, område A–G, se fig. 4. I nedanstående text kommer husen endast att kortfattat omnämnas, för utförliga beskrivningar hänvisas till rapporten (Borna-Ahlkvist 1998a:28ff). I mitt försök att testa om det går att urskilja olika gårdar på bosättningen har följande variabler valts ut; dimensionen på den takbärande konstruktionen, längden på husen, bredden på mittskeppen och slutligen formen på den takbärande konstruktionen.

Vilken är orsaken till att det ibland inom de olika delområdena finns likheter mellan husen?

Kan denna bero på att husen som är belägna nära varandra, såväl kronologiskt som rumsligt representerar olika faser på en gård? Har det inom en gård funnits en tradition i husbyggnationen, där man har byggt ungefär lika långa boningshus i de olika "husgenerationerna", där längden på husen följer olika husgenerationer på en gård? Varför skiljer delområde E ut sig med ett annat mönster och synes ha ett blandskick? Dessa frågeställningar diskuteras närmare i kap. 2.3.1.

Dimensionen på den takbärande inre konstruktionen

Under yngre bronsålder skedde en successiv övergång till husbyggnation med klenare timmer. I varje hus har ett genomsnittligt medelvärde på stolphålen räknats ut efter de inre takbärande stolparna. Utifrån de framtagna medelvärdena för de olika husen har jag sedan räknat ut medianvärdena inom respektive fas. Eftersom det finns avvikelser i materialet blir tendensen tydligare med medianvärdena än vad den blir med medelvärdena.

Längden på långhusen

Under yngre bronsålder har det samtidigt funnits olika långa hus på bosättningen. Det förefaller inte heller som att husen successivt blev kortare mot slutet av yngre bronsålder (Borna-Ahlkvist 1998a:34ff). Hur de olika hustyperna låg utspridda inom undersökningsområdet illustreras av fig. 8.

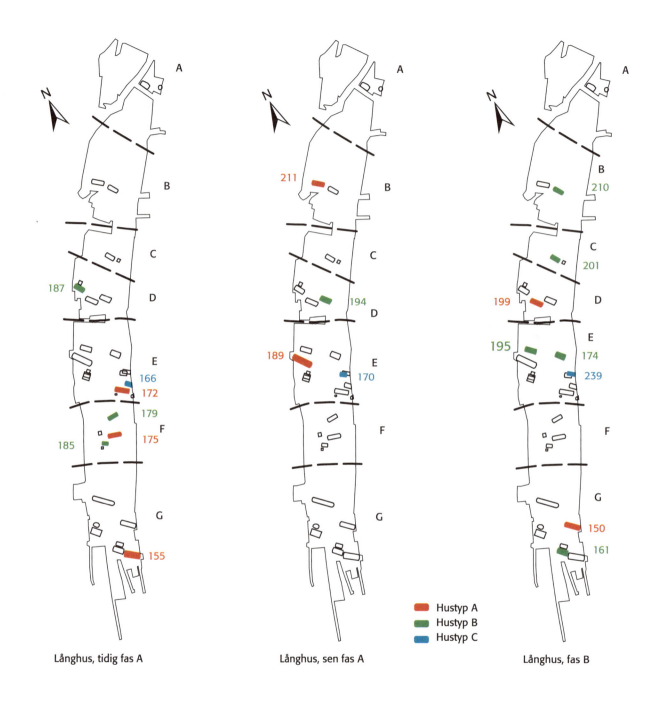

Fig. 8. Hustyperna A och B finns spridda över samtliga delområden, utom i delområde A. Båda hustyperna har funnits under större delen av yngre bronsålder, vilket innebär att man "samtidigt" har valt att bygga såväl längre som kortare långhus. Över tiden varierar däremot byggnadsskicket inom respektive delområde, dvs. om man har valt att bygga långa eller kortare hus. Denna utveckling går således inte entydigt mot ett byggnadsskick bestående av kortare hus. Representanter för hustypen C ligger alla samlade inom en liten yta på delområde E. Eftersom husen ligger i kanten av undersökningsområdet är det omöjligt att veta om det har funnits flera hus av denna typ. Hus 185 var endast delvis bevarat och därmed är det oklart om det skall tillhöra hustyp A eller B.

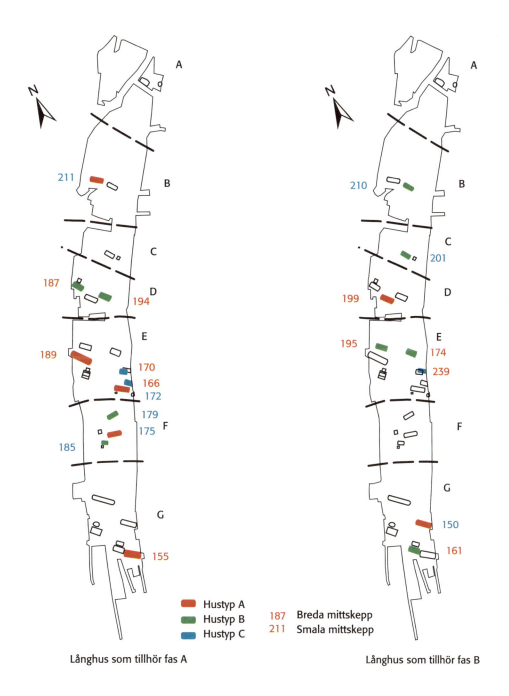

Fig. 9. På boplatsen förefaller det som om det samtidigt har funnits en tradition med att bygga hus med breda mittskepp och med smala mittskepp. Det finns ett mönster med tydliga koncentrationer där hus med lika breda mittskepp ligger väl samlade. I den södra halvan av undersökningsområdet finns de mycket smala husen (under 3 m). I norra delen finns ett par smala hus (3-3,5 m) och i den mellersta delen finns såväl breda (3,5–4,0 m) som mycket smala hus. I delområde G finns ett par mycket breda (över 4 m) och ett mycket smalt hus. I den fortsatta analysen delas husen in i två grupper, smala respektive breda hus. Hus 185 kan ha tillhört hustyp A eller B.

Bredd på mittskeppen

Liksom längden på husen har kunnat variera inom bosättningen har bredden på mittskeppen gjort det. I Pryssgården förefaller det inte som att husens mittskepp successivt har blivit smalare under yngre bronsålder. Istället synes det som om det samtidigt har funnits såväl mycket breda som smala hus på bosättningen. Hur husen med de olika breda mittskeppen låg på bosättningen framgår av fig. 9.

Bredden på husens mittskepp har kunnat variera under yngre bronsålder och i Pryssgården förefaller det inte som att bronsåldershusen tenderar till att bli smalare mot slutet av yngre bronsålder (Borna-Ahlkvist 1998a:34ff). Bredden synes således inte ha något direkt att göra med dateringen av respektive hus, utan bör snarare svara mot någonting annat. Frågan

är bara vad? Har bredden något att göra med den praktiska funktionen av huset, eller avspeglar den en tradition hos en släkt, är det en statusskillnad eller är det bara frågan om slumpen, t.ex. virkestillgång? Även dessa frågor diskuteras i kap. 2.3.1.

Formen på den inre takbärande konstruktionen

I Pryssgården har det som jag tidigare har visat funnits en mångfald i hur husens inre takbärande konstruktion kunde vara utformad. På boplatsen har det "samtidigt" funnits hus med en rak, krokig eller en divergerande konstruktion. Hur dessa olika former på hus har legat utspridda på bosättningen framgår av fig. 10.

Det finns ingen lika tydlig korrelation mellan den inre takbärande konstruktionens form och hus-

Tabell 4. Utifrån sammanställningen går det att se att stolphålens diameter tenderar till att successivt bli mindre under yngre bronsålder. Ser vi till medianvärdena minskar diametern från tidig fas A till sen fas B med 8 centimeter, från ett värde på 0,44 till 0,36 m. I delområde E och G ser vi att stolphålens diameter har skiftat. I delområde G kan detta förklaras med att där har det funnits en gård vid olika tidpunkter. I delområde E finns det mycket olika hustyper och förmodligen har det inom området funnits två olika samtida gårdar. Hus 189 har fått en missvisande ^{14}C-datering genom provtagning i en osäker kontext. Förmodligen är det yngre och har utifrån fyndmaterialet daterats till övergången av fas A och B. Se även kap. 2.5 och 5.2.2.1.

Hus nr	Hustyp	Diameter (m)	Datering BC cal med ett sigma	Fas	Delområde
153	Långhus	0,49	1677–1517 (Ua-6420)		G
159	Långhus	0,38	1307–1116 (Ua-7871)		G
155	A	0,31		A	G
175	A	0,43	1112–867 (Ua-6642)	A	F
172	A	0,42	1035–827 (Ua-6636)	A	E
187	B	0,44	894–797 (Ua-7866) 1002–808 (Ua-7867)	A	D
179	B	0,44	999–842 (Ua-7465)	A	F
166	C	0,45	994–809 (Ua-6634)	A	E
185	A/B?	0,44		A	F
170	C	0,35	904–802 (Ua-7178) 904–804 (Ua-7467)	A	E
194	B	0,42	904–804 (Ua-7873)	A	D
211	A	0,36	900–798 (Ua-7189)	A	B
189	A	0,48	971–811 (Ua-7182)	A/B	E
195	B	0,41	827–770 (Ua-7183)	B	E
199	A	0,44		B	D
210	B	0,38	816–769 (Ua-7188)	B	B
174	B	0,36	812–550 (Ua-6643)	B	E
150	A	0,37	809–550 (Ua-6415)	B	G
161	B	0,43		B	G
201	B	0,34		B	C
239	C	0,35		B	E

generationerna på en gård. Ibland synes det finnas en tydlig tradition som går igen i flera långhus på en gård, medan det på andra gårdar inte gör det. För utformningen av den inre takbärande konstruktionen tycks det snarare vara husets funktion som har avgjort om man har föredragit att ha ett rakt eller ett mera divergerande mittskepp.

2.3.1 Har det funnits en byggnadstradition på de förhistoriska gårdarna?

Min teori för husen i Pryssgården är att de som har tillhört olika husgenerationer på en gård har varit uppförda på ett likartat sätt. Dessa hus har varit ungefär lika långa och haft samma bredd på mittskeppen. En annan likhet är att de synes ha varit uppbyggda av ungefär samma dimensioner i den inre bärande konstruktionen. Men det finns fler likheter som går igen i de olika husgenerationerna på en gård, där de tenderar till att ha ungefär lika stora bostadsrum och ekonomiutrymmen, som illustreras av figurerna 11 och 12. Utifrån ovanstående sammanställningar förefaller det som att husbyggandet var traditionsbundet och knutet till en gård. Den äldre generationen på gården har lärt den yngre hur man skall bygga hus. Man har "ärvt en kunskap" och fört den vidare till nästa generation. Det yngre huset på gården kom på många sätt att likna det äldre.

Med syftet att försöka tydliggöra likheter respektive skillnader såväl mellan som inom de olika områdena har uppgifter om de olika långhusen från yngre bronsålder ställts samman för respektive delområdena

Tabell 5 Delområde B

Hus	Datering	Hustyp	Bredd mittskepp	Form på inre konstruktion	Medelvärde stolphålen	Längd på bostadsdel	Längd på ekonomidel
210	816–769 BC	B	3,0–3,5	Divergerande	0,38	6,5	5,0
211	900–798 BC	A	3,0–3,5	Rak	0,36	6,5	6,5

De båda husen ligger inom delområde B och har ansetts utgöra två husgenerationer på en gård. Längd- och bredduppgifterna avser den inre takbärande konstruktionen. Måttuppgifter anges i meter.

Tabell 6 Delområde C

Hus	Datering	Hustyp	Bredd mittskepp	Form på inre konstruktion	Medelvärde stolphålen	Längd på bostadsdel	Längd på ekonomidel
201		B	3,0–3,5	Krokig	0,34	4,5	5,5

Längd- och bredduppgifterna avser den inre takbärande konstruktionen. Inom delområdet har bara ett hus kunnat identifieras tillhörande yngre bronsålder. Måttuppgifter anges i meter.

Tabell 7 Delområde D

Hus	Datering	Hustyp	Bredd mittskepp	Form på inre konstruktion	Medelvärde stolphålen	Längd på bostadsdel	Längd på ekonomidel
187	1002–808 BC 894–797 BC	B	4,0–	Divergerande	0,44	4,0	6,0
194	904–804 BC	B	3,5–4,0	Divergerande	0,42	4,0	6,0
199		A	3,5–4,0	Rak	0,44	4,0	9,0

Längd- och bredduppgifterna avser den inre takbärande konstruktionen. De tre husen inom delområdet har ansetts utgöra tre husgenerationer på en gård från yngre bronsålder. Måttuppgifter anges i meter.

B–G, se tab.5–10. I delområde A har endast ett små-hus från denna tid kunnat identifieras. Indelningen av boplatsen i delområden motsvarar inte alltid olika gårdar, ett förhållande som kommenteras under respektive tabell. Samtliga ^{14}C-dateringar är kalibrerade.

Det finns vissa särdrag i husbyggandet som tyder på en traditionsbundenhet inom delar av bosättningen, som enligt min uppfattning kan motsvara de olika gårdarna. Byggandet av nya hus på bosättningen har för-modligen varit förknippat med ceremonier och ritualer för att säkra husets, gårdens, hushållets framtid och ställning inom lokalsamhället. Husen har varit det centrala i människornas liv och har fungerat som viktiga symboler för att uttrycka människornas position och rättigheter i det lokala samhället. En gård har legat kvar på ungefär samma plats under ett par hundra år och har bestått av olika husgenerationer. De olika husgenerationerna på gårdarna visar på upprepningar som jag ser

Tabell 8 Delområde E

Hus	Datering	Hustyp	Bredd mittskepp	Form på inre konstruktion	Medelvärde stolphålen	Längd på bostadsdel	Längd på ekonomidel
166	994–809 BC	C	3,5–4,0	Rak	0,45	-	-
170	904–802 BC 904–804 BC	C	4,0–	Rak	0,35	-	-
172	1035–827 BC	A	–3,0	Divergerande	0,42	3,5	13,0
174	812–550 BC	B	4,0–	Divergerande	0,36	4,0	6,0
189	* 971–811 BC	A	3,5–4,0	Divergerande	0,48	8,0	10,0
195	827–770 BC	B	3,5–4,0	Divergerande	0,41	4,0	8,5
239		C	3,5–4,0	Divergerande	0,35	-	-

* ^{14}C-dateringen av hus 189 har ansetts vara felaktig, utifrån fyndsammansättning bör huset istället höra till sen fas A under bronsålder. Längd- och bredduppgifterna avser den inre takbärande konstruktionen. Måttuppgifter anges i meter. Inom delområdet har det funnits flera olika slags hustyper under yngre bronsålder. Denna utgör en av bosättningens mest utnyttjade områden. En förklaring till denna variation är att det inom området kan ha stått två olika gårdar. Det kan även inom delområdet funnits hus från olika delar av yngre bronsålder. En annan förklaring till mångfalden är att det inom ytan även har funnits den speciella hustypen C. Hus 172 urskiljer sig från de övriga i sin starkt divergerande form och att det är mycket smalt hus. Detta hus kan enligt min uppfattning höra till en husgeneration som tillhört gården inom delområde F.

Tabell 9 Delområde F

Hus	Datering	Hustyp	Bredd mittskepp	Form på inre konstruktion	Medelvärde stolphålen	Längd på bostadsdel	Längd på ekonomidel
175	1112–867 BC	A	–3,0	Divergerande	0,43	3,0	9,5
179	999–842 BC	B	–3,0	Rak	0,44	-	-
185		A/B *	*	Divergerande	0,44	*	*

Längd- och bredduppgifterna avser den inre takbärande konstruktionen. Måttuppgifter anges i meter. * Hus 185 var endast till hälften bevarat. Hus 179 har ansetts vara en ekonomibyggnad på en gård. Husen 172, 175 och 185 har ansetts utgöra olika husgenerationer på en gård.

Tabell 10 Delområde G

Hus	Datering	Hustyp	Bredd mittskepp	Form på inre konstruktion	Medelvärde stolphålen	Längd på bostadsdel	Längd på ekonomidel
150	809–550 BC	A	–3,0	Divergerande	0,37	8,0	12,5
155		A	4,0–	Krokig	0,31	8,0	10,0
161		B	3,5–4,0	Rak	0,43	-	-

Längd- och bredduppgifterna avser den inre takbärande konstruktionen. Måttuppgifter anges i meter. Inom delområdet framträder ingen tydlig tendens i husmaterialet. Men inom delområdet finns husen under olika skeden under yngre bronsålder, där hus 155 utifrån fyndmaterialet har daterats till övergången mellan äldre och yngre bronsålder, dvs. en tidig fas A. Hus 161 har utifrån fyndmaterialet ansetts höra till den senare delen av fas B under yngre bronsålder. Hus 150 har fått mycket långt dateringsintervall med ^{14}C-metoden. Huset har delvis en något annorlunda inre stolpsättning än den gängse för yngre bronsålderns långhus vilket kan innebära att det snarare bör höra till ett av de yngsta bronsåldershusen på bosättningen. Härdens placering har i huset förskjutits mot den mellersta delen av huset.

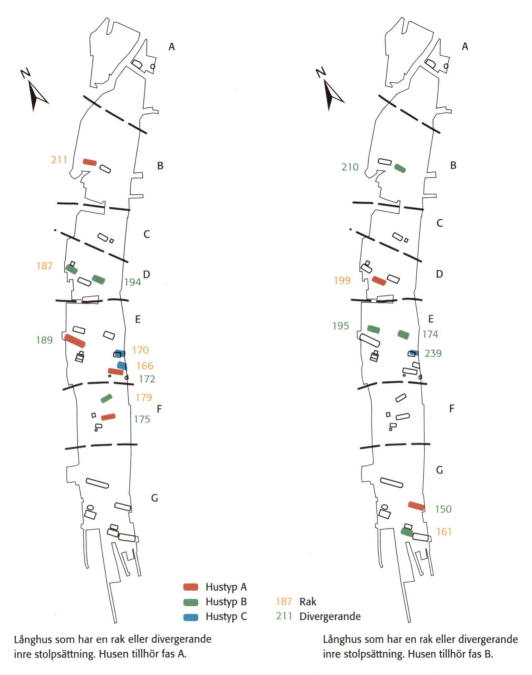

Hustyp A
Hustyp B
Hustyp C

187 Rak
211 Divergerande

Långhus som har en rak eller divergerande
inre stolpsättning. Husen tillhör fas A.

Långhus som har en rak eller divergerande
inre stolpsättning. Husen tillhör fas B.

Fig. 10. Den inre takbärande konstruktionen var antingen divergerande eller rak. Den förra var vanligast på boplatsen. Hus med en divergerande inre stolpsättning har ett smalare mittskepp i ena änden och ett bredare i den andra, dvs. en något "strutformad" konstruktion. Det är också tydligt att de båda varianterna har funnits över hela undersökningsområdet och att det inte finns några tydliga koncentrationer inom boplatsen. I rapporten över Pryssgården framgår det att båda formerna har funnits parallellt på boplatsen under hela yngre bronsålder. Tvärtemot tidigare forskning synes det som om den divergerande inre takbärande stolpkonstruktionen t.o.m. kunde vara något äldre än den raka (Borna-Ahlkvist 1998a:36). Detta strider helt mot tidigare uppfattningar av huskonstruktionernas utveckling under bronsålder (Tesch 1993:165). Hus 155 och 201 hade krokig inre takbärande konstruktion och är därför ej medtagna i figuren.

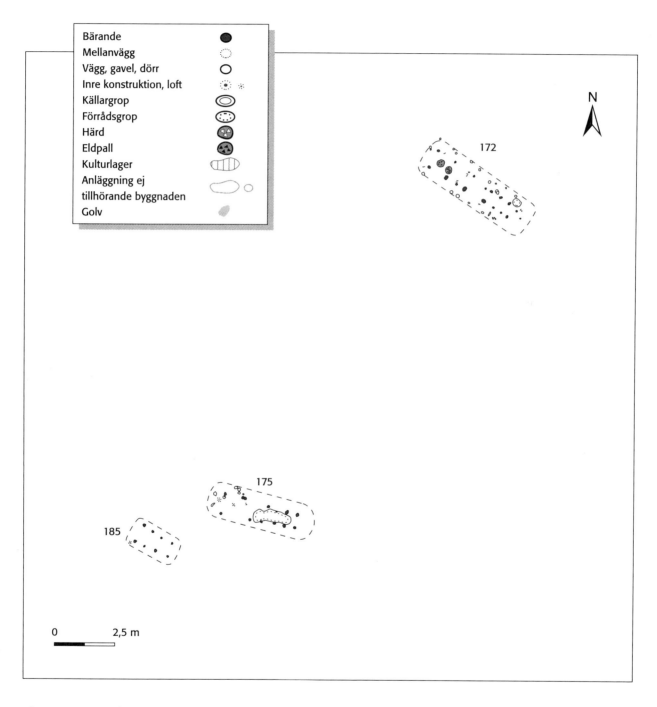

Bärande
Mellanvägg
Vägg, gavel, dörr
Inre konstruktion, loft
Källargrop
Förrådsgrop
Härd
Eldpall
Kulturlager
Anläggning ej
tillhörande byggnaden
Golv

N

172

175

185

0   2,5 m

Fig. 11. De tre näraliggande långhusen, hus 185, 175 och 172 i delområde E och F uppvisar likheter i sin utformning. Hus 175 har en datering till 1112–867 BC cal (Ua-6642) och hus 172 har en datering till 1035–827 BC cal (Ua-6636). Skala 1:600.

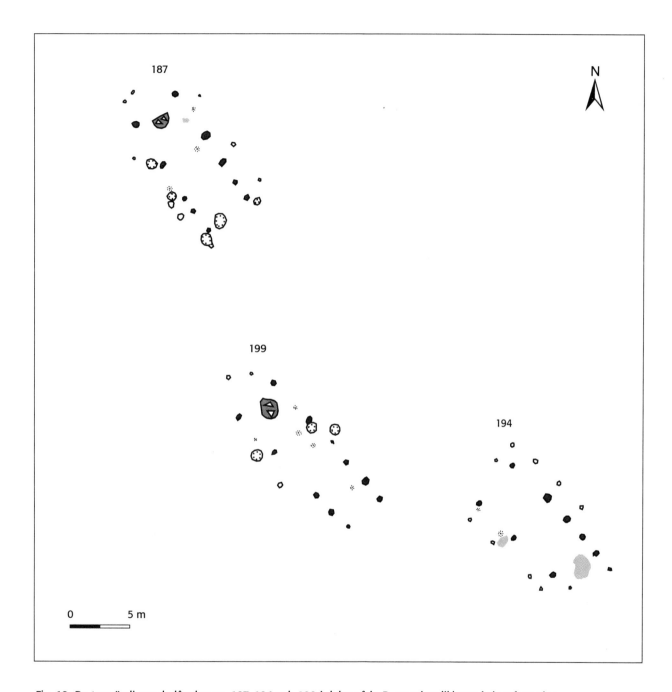

Fig. 12. De tre näraliggande långhusen, 187, 194 och 199 i delområde D uppvisar likheter i sin utformning.
Hus 187 har fått en datering till 1002–808 BC cal (Ua-7867) och 894–797 BC cal (Ua-7866). Hus 194 har fått en datering
till 904–804 BC cal (Ua-7873). Skala 1:300.

som en traditionsbundenhet inom respektive gård. I fråga om konstruktionen är det framförallt bredden och längden på husen som förefaller ha "ärvts" vidare inom en gård. Valet av dimensioner på timmer förefaller ofta ha varit ungefär densamma inom en gård. Mot detta resonemang kan invändas att det inte alls är frågan om en tradition inom ett hushåll utan att det bara speglar hushållets sociala status i det lokala samhället. Självklart speglar husens utformning vilka möjligheter människorna hade och vilka behov som fanns. Det räcker inte bara med att se till de ekonomiska förutsättningarna. Minst lika viktigt för husens utformning har varit olika sociala och symboliska faktorer, som t.ex. uttrycks genom status, tradition och ritualer. Det förefaller således ha funnits ett mönster för hur man har valt att "inreda" de olika boningshusen på en gård. Även här går det att se tendenser till vissa ideal som går igen från ett boningshus till ett annat på en gård, vilket torde vara ett rituellt beteende i samband med att ett nytt hus uppfördes.

Även Stålbom kunde skönja tecken på en traditionsbundenhet inom de olika gårdarna ifråga om den materiella kulturen på boplatsen. Som exempel tar han upp iakttagbara skillnader i tillverkningsteknik och ytbehandling i det mera "anonyma" keramikgodset. Han ansåg att skillnaderna sammanband respektive skilde olika områden inom boplatsen. Härigenom skulle man kunna urskilja olika gårdar (Stålbom 1998c:134). Tyvärr avbröts hans arbete i förtid och han fick aldrig möjlighet till att följa upp dessa frågeställningar med en fördjupad studie av den materiella kulturen i Pryssgården.

Min uppfattning är att det genom olika detaljstudier av husens utformning och den materiella kulturen med någorlunda säkerhet går att skilja ut och följa olika hus som har tillhört en gård på en förhistorisk boplats. Detta arbetssätt förutsätter att det inte har varit för mycket överlappningar av lämningar från olika tidsperioder på en och samma plats, och att konstruktionerna ligger samlade i olika anläggningstäta komplex. Med detta tillvägagångssätt kan man enligt min uppfattning urskilja gårdar på en boplats även om det saknas inhägnader mellan de olika gårdskomplexen.

2.4 Spridning och analys av olika småhustyper på boplatsen

På boplatsen finns det 14 småhus som har daterats till bronsålder. Till denna grupp har förts stolpkonstruktioner som var kortare än 10 m och grophus. Dessa hus fanns representerade under i stort sett samtliga bosättningsfaser, där de äldsta kan vara från senneolitikum. Småhusen har vi ansett vara förråds- och verkstadshus. Förmodligen har det funnits betydligt flera på boplatsen under bosättningen. Husen kan grovt delas in i fyra olika grupper; grophus, fyrstolpehus, hyddor och övriga småhus. Deras utbredning på boplatsen och datering framgår av fig. 13 och 14. För en närmare beskrivning och analys av denna kategori hus hänvisas till rapporten (Borna-Ahlkvist 1998a:46ff och 1998c:167ff).

Grophus

På andra boplatser från bronsålder har man funnit grophus men man vet ännu inte vad de har använts till. Kan det vara så att grophusen från yngre bronsålder har haft ungefär samma funktion som de från vikingatid? I så fall skulle de kunnat fungera som olika slags hantverks- eller verkstadshus, vilket är en vanlig uppfattning om grophus från yngre järnålder (Björhem & Säfvestad 1993:338ff). Grophus synes vara vanligt förekommande på boplatser från yngre bronsålder i Skåne. Även i Halland har man funnit grophus i närheten av långhus med dateringar till bronsålder (Carlie 1992:52f och Tesch 1993:172).

I Pryssgården låg de tre grophusen, hus 255, 256 och 257, samlade inom den centrala delen av undersökningsområdet (Borna-Ahlkvist 1998a:46ff och 1998c:169ff). Dessa har genom fyndmaterialet daterats till den tidigare delen av yngre bronsålder, fas A. Ett av husen har dessutom fått en datering med ^{14}C-metoden till 991–820 BC cal (Ua-7191). Det fyndmaterial som fanns i dessa hus var av mera allmän boplatskaraktär och avslöjar inget om hantverk eller vad husen primärt har använts för. I fyllningsmassorna till de tre grophusen fanns en del fragment av brända djurben. Dessa avviker inte från vad man i övrigt fann på boplatsen. Förutom enstaka obrända tänder är det vanligaste benmaterialet rörben från

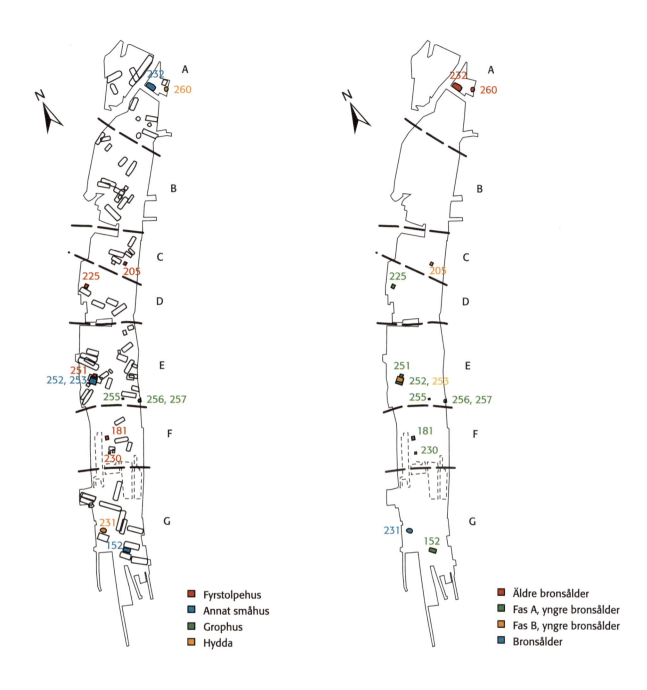

Fyrstolpehus (red)
Annat småhus (blue)
Grophus (green)
Hydda (orange)

Äldre bronsålder (red)
Fas A, yngre bronsålder (green)
Fas B, yngre bronsålder (orange)
Bronsålder (blue)

Fig. 13. Småhus har funnits inom större delen av undersökningsytan. Att de synes saknas inom delområde B beror förmodligen på den tidspress som rådde vid undersökningen.

Fig. 14. Småhus kan ha varit vanligare under den tidigare delen av yngre bronsålder, dvs. under fas A. Till fas A kan nio småhus föras att jämföra med två från fas B. Ett små-hus, hus 232, kan dateras till äldre bronsålder. Två hydd-liknande lämningar kan vara från bronsålder, nämligen hyddorna 231 och 260. Den ena hyddan låg uppe i del-område A och den andra låg längst ned i söder på bo-platsen i delområde G.

Tabell 11. Stolphålens genomsnittliga diameter i småhus.

Hus nr	Hustyp	Diameter (m)	Datering BC cal	Fas	Delområde
232	Övrigt småhus	0,57	1260–1030 (Ua 8202)		A
152	Övrigt småhus	0,52	1112–910 (Ua-6567) 997–829 (Ua-6419)	A	G
181	Fyrstolpehus	0,40		A	F
225	Fyrstolpehus	0,19		A	D
230	Fyrstolpehus	0,36		A	F
251	Fyrstolpehus	0,34		A	E
252	Övrigt småhus	0,31		A	E
253	Övrigt småhus	0,40		B	E
205	Fyrstolpehus	0,50		B	C

nöt/häst och får/get/svin. I grophuset 257 fanns en del av en obränd underkäke från en häst. I grophuset 255 fanns en mindre mängd krukskärvor från ett större och ett mindre kärl, båda ses som förvaringskärl. I grophus 256 fanns, förutom en malstenslöpare, rikligt med keramik. Keramikmaterialet var mycket blandat och krukskärvor fanns från såväl stora kärl som mindre kärl samt skålar. Keramikkärlen har använts för förvaring och beredning av mat (matskorpa bevarad på insidan av krukorna), men även som finkeramik. I grophus 257 fanns en likartad sammansättning av keramikmaterialet. Det sistnämnda huset kunde endast till vissa delar undersökas eftersom det låg i kanten av exploateringsområdet (Jonsson 1996, fyndregistreringen och Stålbom 1998c:113f och 118f).

Fyndmaterialet låg i fyllnadsmassorna i grophusen och kan därmed inte direkt kopplas samman med husens primära funktion. Snarare speglar fynden vad som funnits på boplatsen i största allmänhet. Av de insamlade makrofossilproverna lämnades endast prover från ett grophus, hus 256 till analys. Resultatet var mycket magert och endast ett gräsfrö, ett hasselnötsskal och ett enbär identifierades (Engelmark et al. 1995:14). Eftersom makrofossilanalyserna från boplatsen generellt sett gav ganska magra resultat valde vi att inte lämna in prover för analys från samtliga grophus. I efterhand kan konstateras att vi borde ha skickat in flera prover för analys, men det var ett ställningstagande som gjordes i fält. Detta är en bidragande orsak till att vi inte närmare har kunnat komma fram till grophusens funktion på boplat-

sen i Pryssgården. Gemensamt för de tre grophusen är att de låg intill större samtida långhus och har förmodligen hört till gårdar från tidigare delen av fas A.

Fyrstolpehus

På boplatsen finns det fem kända fyrstolpehus från bronsålder, men förmodligen har det ursprungligen funnits åtskilligt flera. Husen, 181, 205, 229, 231 och 251, ligger i de centrala delarna av undersökningsområdet (Borna-Ahlkvist 1998a:48f och 1998c:169ff). I endast ett av fyrstolpehusen fanns det fynd. I ett stolphål i hus 181 fanns ett miniatyrkärl, ett fynd som kan ha varit ett husoffer (Borna-Ahlkvist 1998c:198 och fyndregistreringen). Provtagning för makrofossilanalyser genomfördes i fyra av fyrstolpehusen, i hus 181, 205, 229 och 230. I det förra huset lämnades fyra prover för analys, vid vilken en fragmenterad vetekärna påträffades som ej närmare kunde bestämmas till sort. Även resultaten från de andra husen var mycket magra (Engelmark et al. 1995:18, Viklund och Linderholm 1996:14).

Utifrån gjorda analyser och fyndmaterial går det inte att bedöma vilken funktion dessa hus hade i Pryssgården. Istället får vi se till husens placering på boplatsen. Samtliga fyrstolpehus ligger nära ett större långhus och har utifrån jämförelser med andra boplatser ansetts fungera som ett förråd. Eftersom de ligger nära större långhus har de förmodligen ingått i olika gårdskomplex. I Pryssgården har fyrstolpehusen delats in i fyra olika undergrupper, varav två förefaller ha funnits under bronsålder, nämligen de kvadratiska och de med ingång. Den senare, hus 205, har ansetts utgöra en upplyft bod där de s.k. dörr-stolparna kan ha varit ett fundament till en stege (Borna-Ahlkvist 1998a:49f och 1998c:169ff).

Vid jämförelser med resultaten från andra boplatser har hustypen tidigare ansetts vara en form av förråds-byggnad för säd, hö eller halm. Antingen kan de ha varit en upplyft bod eller så har de stått nere på marken. Utformningen av dessa hus är okänd, förmodligen har de haft tak men saknade kanske väggar. Denna hustyp kallas för staklade på danska. Länge förknippades hustypen med mera permanenta bosättningar från järnålder, men numera är de även välkända på flera boplatser från bronsålder (Tesch 1993:170ff).

Hyddlämningar
Dessa var i Pryssgården mycket olika till sin karaktär och utformning, vilket skulle kunna innebära att det härrör från olika tidsskeden och att de har haft skiftande funktioner på bosättningen. Ingen av dem har närmare kunnat dateras, men möjligen kan två av dem föras till bronsålder, hydda 231 och 260 (Borna-Ahlkvist 1998a:46ff och 1998c:169ff). Hyddan som låg i delområde G, hydda 231, var större än de övriga. Vilken funktion denna har haft är oklart men ett förslag är att den möjligen skulle kunna ha utgjort en kultbyggnad av något slag. Hyddöppningen var vänd mot sydost, mot en stor näraliggande skålgropshäll med över 500 skålgropar (RAÄ 75 i Östra Eneby sn). Inuti eller i anslutning till den fanns inga fynd som styrker förslaget att den kan ha varit en kultbyggnad.

Den andra hyddan, 260 låg under ett kulturlager i delområde A. Lagret har genom fynd kunnat dateras till yngre bronsålder, vilket innebär att om stratigrafin stämmer bör den vara äldre. Hyddan påminner i formen om de funna hyddorna i det näraliggande gravfältet i Ringeby (Kaliff 1996:24f).

Övriga småhus
Den sista gruppen, övriga småhus, består av fyra hus, husen 152, 232, 252 och 253, som har haft tre eller flera stolppar. Husen finns utspridda över större delen av undersökningsområdet och hör till olika tidsperioder under bronsålder (Borna-Ahlkvist 1998a:50f och 1998c:169ff). De kan ha varit verkstadshus eller eko-nomibyggnader. Det äldsta av de övriga småhusen har en ^{14}C-datering till 1260–1030 BC cal (Ua-8202). I tre av husen fanns en stor centralt placerad härd. Trots att de har innehållit en härd har de bedömts vara för små för att kunna ha funktionen som boningshus.

Dimensionen på den takbärande konstruktionen
Den genomsnittliga diametern på stolphålen till de takbärande stolparna varierar ganska kraftigt. Detta är ingen homogen hustyp utan de har haft varierande konstruktioner och olika funktioner. Det är endast ett par av småhusen som har kunnat dateras med ^{14}C-metoden, medan de övriga har daterats indirekt genom sitt kontextuella läge i närheten av ett bättre daterat långhus. Den takbärande konstruktionens dimensioner uppvisar ingen korrelation mellan ett näraliggande långhus och småhus. Hus 181 har även kunnat dateras med hjälp av miniatyrkärlet till tidig fas A.

2.5 Redovisning av hus i delområdena

I de följande figurerna sker en kortfattad presentation av de olika huslämningar som har påträffats och ansetts höra till bronsålder. För att göra det mera överskådligt har redovisningen delats in i de olika delområdena, A–G. I samband med presentationen berörs även översiktligt förutsättningarna för fältarbetet och bearbetningen av materialet. På grund av tidsbrist i fältarbetet kunde inte alla delområden undersökas på ett likvärdigt sätt. Inom delområdena har det även funnits hus som tillhör järnålder och i enstaka fall medeltid. Dessa ligger som en bakgrund i de olika utsnitten. Vilka kriterier som gjorts för att urskilja bronsåldershusen från de senare hänvisas till min bearbetning av hela husmaterialet i rapporten (Borna-Ahlkvist 1998a:28–52). För analysen av gårdsstrukturerna hänvisas till kap. 4.4.2 och 5.1.2.

Texter till figurerna 15–22 finns på sidorna 48, 51 & 53.

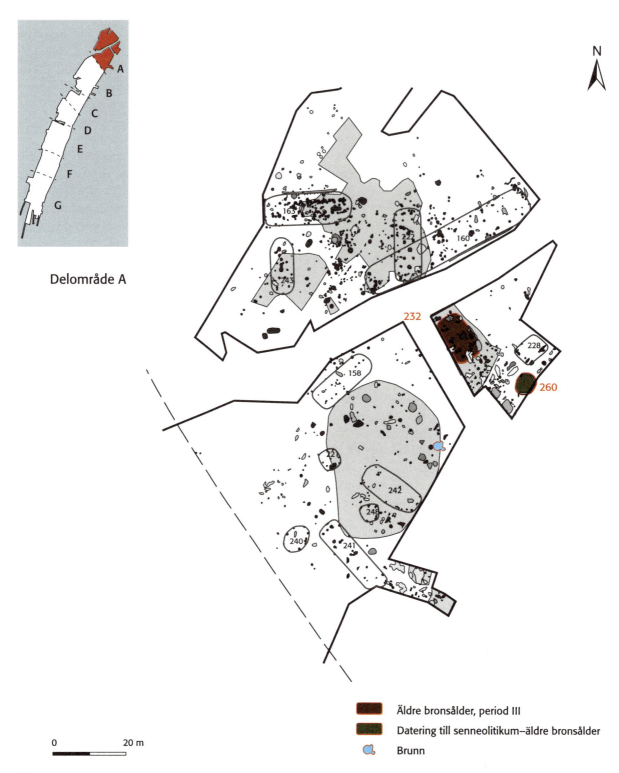

Delområde A

Äldre bronsålder, period III

Datering till senneolitikum–äldre bronsålder

Brunn

0   20 m

Figur 15.

Delområde B

N

211
214
207
208
215
203
216
210
209
247
244
246
178

0   20 m

Fas A
Fas B

Figur 16.

Fig. 15. Delområde A är en av de mest utnyttjade platserna under hela bosättningens utbredning i tid, från bronsålder till medeltid. I större delen av området fanns bevarade kulturlager, fynd och konstruktioner från flera olika stratigrafiska nivåer. Det som har komplicerat bedömningen är att det även under historisk tid har varit mycket intensivt utnyttjat och att delar av ytan blivit kraftigt påverkad av sentida aktiviteter. En försvårande omständighet var att delar av ytan undersöktes under mycket stor tidspress.

I den östra delen finns det fynd och kulturlager som har daterats till fas A. Ett mindre treskeppigt småhus, hus 232, har daterats med kol från härden till 1260–1030 BC cal (Ua-8202).

Från den senare delen av yngre bronsålder, fas B, finns inga kända hus. Däremot visar fyndmaterialet att det har funnits flera olika slags aktiviteter i området. En av boplatsens fem brunnar fanns här och en ^{14}C-datering av kol från fyllnadslagret daterar den till 803–765 BC cal (Ua-6398) (Lindgren-Hertz 1998:80). Brunnen bör således vara något äldre.

Inte långt ifrån småhuset 232 fanns en märklig konstruktion, en ränna som hade en hästskoliknande form. Den har ansetts kunna utgöra rester efter en hyddlämning, hus 260. Konstruktionen låg under ett kulturlager som har daterats till yngre bronsålder. Liknande anläggningar har man funnit vid en arkeologisk undersökning på det näraliggande gravfältet i Ringeby. De låg där i botten av ett kulturlager från yngre bronsålder (Kaliff 1996:24f). Konstruktionen i Pryssgården skulle möjligen kunna höra till en bosättningsfas under äldre bronsålder men det kan inte heller uteslutas att den varit äldre och kan föras till samma bosättningsfas som tre hyddlämningar som kan vara från senneolitikum.

Fig. 16. Lämningarna inom delområde B blev p.g.a. stark tidspress endast karterade. Området och de olika anläggningarna mättes in med totalstation. De flesta anläggningarna snabbsnittades med en spade för att göra en bedömning av anläggningstyp. Dokumentationen av dessa anläggningar förenklades genom en kortfattad beskrivning och det togs inga prover för analyser eller dateringar. I fråga om husen som identifierades i fält skedde dokumentationen på sedvanligt sätt.

Fas A och B:
De första husen i området byggdes under sen fas A. Från bronsålder finns det två långhus. Det ena huset var längre (hus 211) än det andra och har daterats till 900–798 BC cal (Ua-7189). Det andra huset, hus 210, kan vara något yngre och hörde till fas B, 816–769 BC cal (Ua-7188). Husen ligger endast 6 m från varandra. Min förklaring är att hus 211 byggdes först och när detta har tjänat ut lät man uppföra det andra huset. Husen ligger så pass nära varandra att det är rimligt att antaga att det äldre huset har varit känt och hänsyn har tagits när man har byggt det yngre huset. De båda husen har daterats med kol från härdarna.

Dateringarna antyder att de kan ha funnits samtidigt eller att de har avlöst varandra nära i tid. Dateringarna styrks av fyndsammansättningen som visar på att det längre huset har tillhört fas A och det kortare fas B.

Inom delområdet har det funnits hus från senare tidsperioder, dessa hus skiljer sig helt från bronsåldershusen och har genom fyndförekomst och ^{14}C-dateringar förts till olika faser av järnålder.

Fig. 17. I delområde C finns det endast ett långhus som har daterats till bronsålder. Hus 201 har ansetts tillhöra den senare delen av yngre bronsåldern och har förts till fas B. Huset ligger närmare 90 m söder om hus 210. De fynd som påträffades i och i anslutning till huset visar att det bör tillhöra fas B. Inom området fanns det några småhus. Endast ett av dem, fyrstolpehuset, hus 205 har genom fynd daterats till yngre bronsålder. Huset låg knapp 5 m från långhuset. Husresterna bestod av fyra ovanligt kraftiga stenskodda stolpar. Konstruktionen har troligen varit en upplyft stolpbod. Huset hade i sidan som var vänd mot långhuset, två extra stolpar som kan vara rester efter fundamenten till en stege. Fynden i och i anslutning till husen visar att de tillhör senare delen av yngre bronsålder, fas B (Borna-Ahlkvist et al. 1998:153).

Fig. 18. Inom delområde D har det stått tre långhus och ett mindre småhus, som dateras till yngre bronsålder. Under fas A fanns det två långhus. De båda husen kan ha funnits samtidigt men en annan förklaring kan vara att det ena har efterträtt det andra. Det ena huset, hus 187, har daterats till 1002–808 BC och 894–797 BC cal (Ua-7867 och Ua-7866). Proven är från härden i huset, taget på kol respektive säd. I anslutning till huset byggdes även en annan bostad, hus 194, daterad till 904–804 BC cal (Ua-7873). Men det är omöjligt att avgöra vilket hus som har kommit till först i området. De kan t.o.m. ha funnits samtidigt. Utifrån fyndmaterialet kan vi se att de båda långhusen har tillhört den äldre fasen, fas A. Genom fyndmaterialet går det inte heller att avgöra vilket av husen som varit äldst eller om de båda har funnits parallellt på gården. Källmaterialet från boplatsen är inte heller så tydligt att vi med säkerhet kan säga att det nya huset på gården alltid byggdes öster om det gamla huset. De båda husen låg 25 m från varandra. Eventuellt kan hus 187 vara äldst. Senare under fas B byggdes mellan de bägge äldre husen ytterligare ett hus, hus 199. Två gånger har man ersatt det äldre boningshuset med ett nytt hus. När ett nytt hus har förts upp har man känt till och visat hänsyn för det äldre huset.

Strax intill hus 187 fanns ett fyrstolpshus, hus 225. Stolparna i huset var dubblerade vilket kan tyda på att det har blivit omsatt. Huset har ej kunnat dateras närmare än till yngre bronsålder och det är därmed oklart vilket av långhusen som det har tillhört.

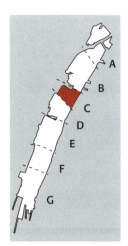

Delområde C

N

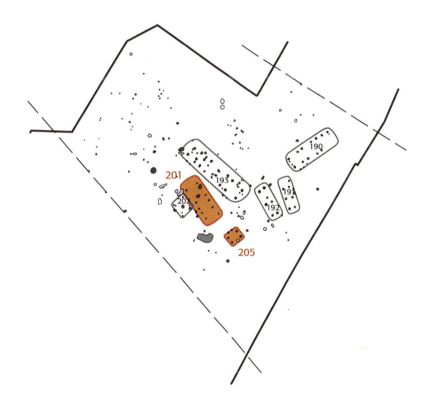

0   20 m

Fas B

Figur 17.

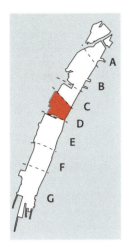

Delområde D

0   20 m

Fas A
Fas B

Figur 18.

Fig. 19. Delområde E utgör en av de mest utnyttjade ytorna under hela bosättningens utbredning i tid. Det fanns bevarade kulturlager, fyndmaterial, huslämningar och andra konstruktioner från flera olika tidsperioder. Utmärkande var de många stora gropar och gropsystem, vilka närmare har behandlats i rapporten (Lindgren-Hertz 1998:72ff och 77f). I fyllningen i groparna fanns det mycket fynd, framförallt keramik (Stålbom 1998c:107ff). Den rikliga mängden med fynd och anläggningar av olika slag förstärker känslan av att det var den centrala platsen för bosättningen under hela yngre bronsålder. Mellan de båda gårdskomplexen fanns det rester av ett kulturlager och det fanns tre brunnar, där två av dem har daterats till yngre bronsålder (Lindgren-Hertz 1998:79f). Ytan med kulturlagret var i övrigt relativt fri från andra konstruktioner och kan vara rester av en öppen plats eller en gårdsplan.

Under yngre bronsålder fanns det sju långhus, tre grophus, fyrstolpehus och andra småhus som kan vara från yngre bronsålder. Möjligen skulle ett av dessa, hus 251, kunna höra till ett av långhusen från bronsålder, hus 189. Huset ligger i ett område där det har stått flera hus från olika tidsperioder och därmed är det svårt att med säkerhet kunna föra det till något speciellt långhus.

Tidig fas A:
Under denna tid fanns det ett långhus av typ A, hus 172, som har daterats med kol från härden till 1035–827 BC cal (Ua-6636). Från den tiden finns det även ett hus, av typ C, hus 166 och kol från en av de takbärande stolparna har daterat det till 994–809 BC cal (Ua-6634). Husen låg endast 4 m från varandra och båda har fått dateringar inom samma intervall. I anslutning till hus 166 fanns rester kvar efter ett kulturlager som kan vara samtidigt med huset. De båda husen ligger för nära varandra för att egentligen ha kunnat stå samtidigt på platsen.

Sen fas A:
Till denna tid kan föras ett annat hus av typen C, hus 170. Detta har genom två olika kolprover daterats till 904–802, 904–804 BC cal (Ua-7178 och Ua-7467). De båda husen, hus 166 och 170 ligger endast på 10 meters avstånd från varandra och de kan mycket väl ha funnits samtidigt på boplatsen. Hus 189 var ett av boplatsens allra största treskeppiga långhus och var närmare 24 m långt. Det stora huset har daterats med kol från källargropen till 971–811 BC cal (Ua-7182). Denna datering stämmer inte riktigt överens med fyndmaterialet, som snarare visar på att det bör tillhöra den yngre fasen av yngre bronsålder, fas B på

boplatsen. I huset och i dess närmaste omgivning fanns inga föremål som visade på att området skulle ha varit mera intensivt utnyttjat under den äldre fasen av yngre bronsålder. Förmodligen är dateringen från källargropen missvisande och huset bör istället föras till övergången mellan fas A och B.

Tidig fas B:
Från denna tid fanns det två långhus och de låg på 25 meters avstånd från varandra. Det ena huset, hus 195, låg bara en meter från det äldre huset, hus 189, och har daterats till 827–770 BC cal (Ua-7183). Det andra huset, hus 174, har genom kol från härden daterats till 812–550 BC cal (Ua-6643), och ger en möjlig datering till slutet av fas B.

Sen fas B:
Ifrån detta skede fanns det ett hus av typen C, hus 239. Huset låg i östra kanten av och har överlagrat hus 170. Det har inte närmare kunnat dateras, men har utifrån stratigrafin till det äldre huset, diametern på stolphålen och sin inre stolpsättning, antagits höra hemma i denna tid. Ett av långhusen, hus 174, kan även vara från slutet av fas B.

Småhus inom delområde E
De tre grophusen har daterats genom fyndmaterialet till den tidigare delen av yngre bronsålder. Husen låg i nära anslutning till långhuset 172. Två av grophusen låg intill varandra, hus 256 och 257, i den östra kanten på exploateringsområdet. Det ena huset har fått en datering till 991–820 BC cal (Ua-7191). Det tredje grophuset, hus 255, har genom fynd daterats till den tidigare delen av yngre bronsålder. Det kan vara rimligt att dessa hus har funnits samtidigt på boplatsen. Frågan är hur eller om de skall sättas i relation till de "samtida" långhusen 166 och 172? Eftersom grophusen låg i kanten på undersökningsområdet har vi ingen uppfattning om det har funnits flera och om de har utgjort en specifik aktivitetsyta inom boplatsen.

Inom delområdet finns det ytterligare tre mindre hus, varav ett fyrstolpehus, som kan föras till yngre bronsålder. De båda husen ligger dessvärre i ett av de mest utnyttjade områdena på hela boplatsen. Bedömningen av dessa hus har i efterhand helt ändrats jämfört med under fältarbetet. Hus 252 kan vara ett kort trepars hus. Det andra huset, hus 253, ligger på samma plats som hus 252 vilket har försvårat bedömningen. De kan ha varit ekonomibyggnader till några av de näraliggande långhusen. Fyrstolpehuset, hus 251, ligger för nära hus 253 för att dessa ska kunna vara samtida.

Delområde E

N

Tidig Fas A
Sen Fas A
Fas B
Kulturlager
Brunn

0   20 m

Figur 19.

Fig. 20. Inom delområde F fanns det under tidig fas A tre långhus och två fyrstolpehus. Ytan synes under endast begränsad tidsperiod ha utnyttjats som boplats under yngre bronsålder. Samtliga hus har antagits tillhöra tidig fas A. Dateringarna går även något in i sen fas A. Två av husen har daterats med kol från de takbärande stolparna. Det ena huset har ansetts vara ett boningshus, hus 175 har daterats till 1112–867 BC cal (Ua-6642). Det andra huset, hus 179, var kortare och har bedömts vara en ekonomibyggnad och fått en datering till 999–842 BC cal (Ua-7465). Dateringarna har fått ganska långa intervall och det är svårt att avgöra om husen har stått samtidigt på platsen eller om de har avlöst varandra. De båda husen låg knappt 20 m från varandra. Mellan husen fanns rester av ett kulturlager som delvis sträckte sig in i hus 175. Intill huset fanns även ett fyrstolpehus, hus 181. Huset har genom fynd av ett miniatyrkärl daterats till samma tidsperiod.

I delområdet fanns det ytterligare hus. Hus 185 var dessvärre kraftigt skadat men kan vara lämningarna efter ett långhus, förmodligen ett bostadshus. Långhuset har inte närmare kunnat daterats men har utifrån fyndmaterialet förts till tidig fas A i bronsålder. Intill huset fanns ett fyrstolpehus, hus 230. Det senare huset kan ha hört till gården från bronsålder men ett annat alternativ är att det är yngre och hör hemma i en gårdsmiljö från äldre järnålder.

Avståndet mellan husen 185 och 175 är endast två meter vilket gör det sannolikt att de ej har stått samtidigt på boplatsen. En mera trolig förklaring är att de har efterträtt varandra, dock är det oklart vilket av de båda husen som är äldst.

Fig. 21. Delområde G låg på en svag platå längst i söder på undersökningsområdet. Under äldsta bronsålder byggs här ett stort tvåskeppigt långhus, hus 153. Huset har daterats med kol från en av de takbärande stolparna till 1677–1517 BC cal (Ua-6420). Intill huset fanns två pilspetsar med urnupen bas. I övrigt fanns det inga lämningar på hela boplatsen som visade på dateringar till denna tid.

Slutet äldre bronsålder:
Fyra hundra år längre fram i tiden under sen äldre bronsålder byggs det ett treskeppigt hus i delområdet, hus 159.

Huset var skadat och hade en märklig konstruktion. I rapporten gjordes bedömningen att det fanns ytterligare en långhuskonstruktion, hus 155, från denna tid. Huset påträffades under ett kulturlager med dateringar till yngre bronsålder, vilket ledde till slutsatsen att byggnaden var äldre. Fyndmaterialet i huset visar snarare att det bör vara yngre och tillhöra fas A. Det kan vara en inblandning från kulturlagret men det kan också vara så att vi inte i fält kunde se färgningarna av stolphålen i kulturlagret. En rimlig datering av huset bör ligga någonstans i slutet av mellersta bronsålder.

Fig. 22. I delområde G fanns det under fas A ett långhus, hus 155 och ett litet hus, hus 152, som har bedömts vara ett verkstadshus. Centralt i huset fanns en stor härd, i anslutning till denna fanns skärvstenspackningar – eventuella golvrester. Huset har två dateringar, det ena från kol i härden gav en datering till 1112–910 BC cal (Ua-6567) och det andra från ett av stolphålen, till 997–829 BC cal (Ua-6419). Verkstadshuset, det stora långhuset, kulturlagret och en del av anläggningarna har förts till fas A. Möjligen har ytan fungerat som en gårdsbebyggelse med ett verkstadsområde.

Under fas B, i yngre bronsålder fanns två långhus, hus 150 och 161. Det förra huset har daterats med kol från härden till 809–550 BC cal (Ua-6415). Söder om huset fanns en stor yta relativt fri från anläggningar men som täcktes av ett kulturlager, som kan ha varit en gårdsplan. I södra änden på kulturlagret låg en stor brunn. Denna har genom fynd daterats till senare delen av yngre bronsålder. Det andra huset var skadat och har ej kunnat dateras närmare än typologiskt till yngre bronsålder.

Slutligen bör även omnämnas en märklig konstruktion, en rund lämning, hus 231, som låg strax norr om hus 159. Huset kan möjligen ha varit en kultbyggnad, men den kan även ha varit en enklare bostad eller fungerat som en ekonomibyggnad. Det som eventuellt skulle kunna tala för att den har varit en kultbyggnad är att öppningen vänder sig mot en skålgropshäll med närmare 500 skålgropar. I anslutning till byggnaden fanns inga fynd eller konstruktioner som kunde styrka den ena eller andra tolkningen. Konstruktionen har ej kunnat dateras närmare (Borna-Ahlkvist 1998b:63f).

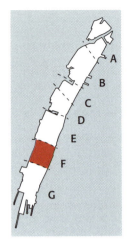

Delområde F

N

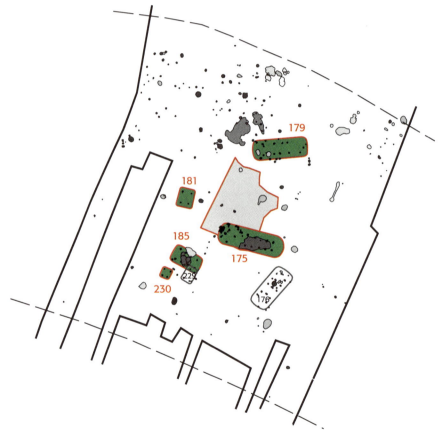

0   20 m

Fas A
Kulturlager

Figur 20.

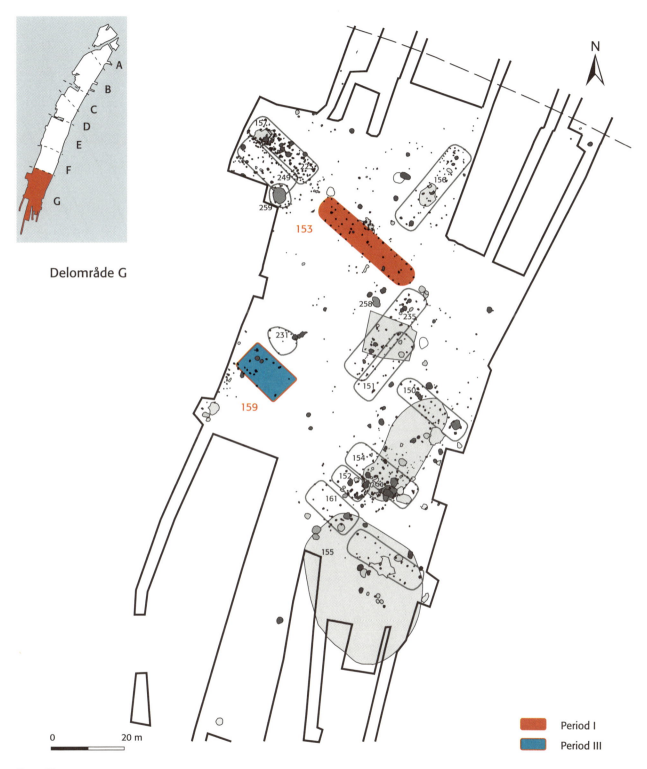

Delområde G

Figur 21.

Period I
Period III

N

0   20 m

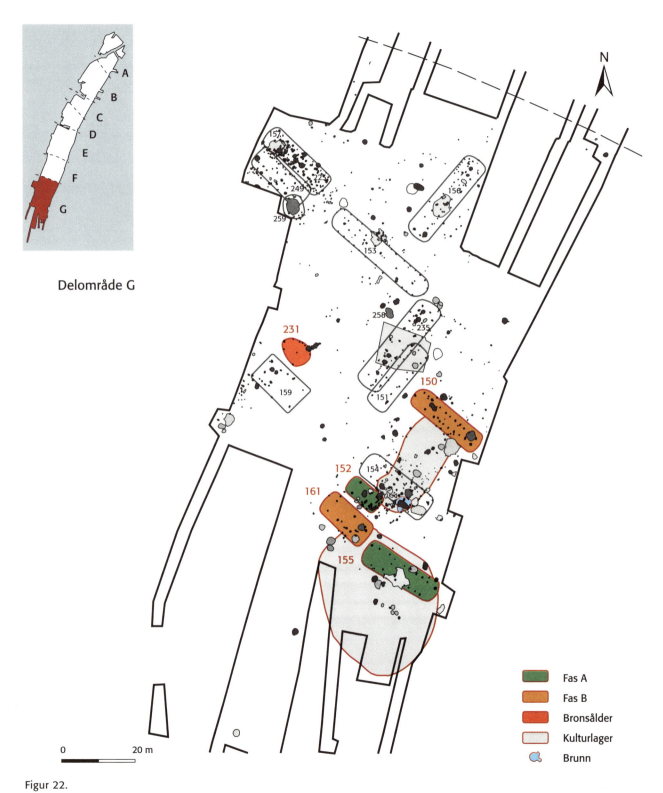

Delområde G

Fas A
Fas B
Bronsålder
Kulturlager
Brunn

Figur 22.

2.6 Sammanfattning

Under yngre bronsålder har det på boplatsen funnits en mångfald i husens utformning. Förutom långhus, fanns det grophus, hyddlämningar, fyrstolpehus och övriga småhus. Långhusen har kunnat vara olika stora. Storleken förefaller inte ha varit kronologiskt betingad utan har haft sociala orsaker. Redan i rapporten fick jag fram resultat som visade att den traditionella sydskandinaviska bebyggelseutvecklingen kunde ifrågasättas och inte stämde för Pryssgården (Borna-Ahlkvist 1998a:34ff).

På boplatsen fanns totalt 21 långhus och 12 småhus med dateringar till bronsålder, samt två hyddlämningar som eventuellt kan dateras till bronsålder. Det äldsta huset var ett stort tvåskeppigt långhus daterat till period I. Från äldre bronsålder fanns även två treskeppiga hus. Det stora flertalet av långhusen, 19 stycken hör till yngre bronsålder. På boplatsen i Pryssgården har vi funnit ovanligt många hus från yngre bronsålder. Dessa möjliggör en analys av en bronsåldersbosättnings inre struktur på ett mikroplan.

Utmärkande för långhusen på boplatsen var att de hade tätare satta stolpar i husens östra ände, ofta med starkt divergerande stolpsättning. Till skillnad från äldre forskning har jag kunnat belägga att de divergerande långhusen t.o.m. kan vara något äldre än de raka husen. De båda typerna av inre stolpsättning har sedan förekommit parallellt på bosättningen under hela yngre bronsålder. Samtliga långhus från bronsålder låg inom ett intervall VNV–OSO till helt öst–västlig riktning. Långhusen har typologiskt delats in i tre olika hustyper A–C, där indelningen av

husen grundades på stolpsättning och längden på husen.

Genom att i detalj analysera vissa särdrag i husbyggandet som har varit återkommande inom delar av ytan anser jag att man kan urskilja olika gårdar på boplatsen. I min analys framgår det att husen som ligger nära varandra rumsligt som tillhör samma tidsperiod uppvisar likheter. Dessa hus har ungefär samma längd, samma bredd på mittskeppen och dimensioneringen på konstruktionen har varit likartad. Husen har dessutom ungefär lika stora bostads-respektive ekonomidelar. Likheterna bland husen inom en begränsad yta kan enligt min uppfattning utgöra olika husgenerationer på en gård. Dessa särdrag bör vara uttryck för en traditionsbundenhet inom en viss släkt som förmodligen har bott på en gård under några generationer. Uppförandet av nya hus på bosättningen har varit förknippat med ceremonier och ritualer för att säkra husets, gårdens och hushållets framtid och ställning i det småskaliga samhället. Bebyggelsens utformning hänger samman med att gårdarna låg kvar på ungefär samma plats under ett par hundra år och har bestått av olika husgenerationer. En husgeneration motsvarar livstiden för ett hus. Hur lång en sådan kan ha varit beror på konstruktionens beskaffenhet men framförallt på sociala faktorer, vilket jag återkommer till under kap. 3.3. Till de olika gårdarna har hört olika småhustyper som har fungerat som olika slags förråd och verkstadshus. På boplatsen synes det ha varit vanligare med småhus under de äldre delarna av yngre bronsålder än under senare perioder.

Det enskilda huset

kapitel 3

Frågeställningar
- Hur organiserades husen och varför?
- Vilket förhållningssätt hade människorna till husen?
- Vilken symbolisk roll spelade huset i samhället?
- Hur har olika ritualer och föreställningar på-verkat husens disposition?

3.1 Funktionsindelning i bronsåldershus

EN FORSKARE SOM FUNDERAT MYCKET KRING hur husen disponerades under bronsålder är Rasmussen (Rasmussen 1999:281ff). Det material som hon bl.a. har arbetat med är hus från olika bronsåldersbosättningar från äldre till mellersta bronsålder. Även om hennes material är delvis äldre än materialet från boplatsen i Pryssgården har jag valt att göra en jämförelse med hennes arbete.

I de danska bronsåldershusen har Rasmussen sett att det fanns en mångfald i husens utformning och disposition. Detta resultat överensstämmer väl med förhållandena på boplatsen i Pryssgården.

De vanligaste danska långhusen från äldre och mellersta delen av bronsålder var kraftiga treskeppiga hus. Dessa hus kunde variera i storlek, i proportioner, väggkonstruktioner och inre dispositioner. Förutom de treskeppiga långhusen fanns flera olika slags byggnader och konstruktioner. I ett fåtal av husen har man funnit rester av fähus. I en del av husen fanns stolphålen kvar efter innerväggar.

Enligt Rasmussen följer rumsindelningen i husen de inre takbärande stolparnas placering, där de olika "rummen" har varit till för olika slags aktiviteter. I analysen av husen ses även till andra konstruktioner som tillhör huset, såsom placeringen av härdar, förrådsgropar, fähus, ingångar etc. och slutligen förs en diskussion kring proportionerna mellan husens olika rum (Rasmussen 1999:283f). Hon ställer sig frågorna om vad indelningen av långhusen egentligen betyder, samt om det går att avslöja några drag i husens layout som kan visa på att man har haft djuren vinterstallade (Rasmussen 1999:284). I analysen grupperades långhusen i tre olika huvudgrupper;

Foto: Tom Carlsson, Riksantikvarieämbetet.

1. Hus med två innerväggar:

a) Utmärkande för dessa hus var att de var långa och att bredden på husen var relativt liten i relation till längden. Några av dessa hus hade "säkra" lämningar av fähus. Dessa låg alltid i den östra delen av husen.

b) En grupp med hus som var breda och något kortare. Utmärkande för dem var att de hade flera härdar inne i husen, en faktor som talar för att i dessa hus bodde flera kärnfamiljer.

2. Hus med en innervägg:

a) Långa och smala hus, där bredden var relativt liten i relation till längden. Bostadsdelen bör ha legat i husens västra del. En del av dessa hus kan ha innehållit ett fähus. Dessa liknar hustyp 1a i utformningen.

b) Långa och breda hus, med bostadsdelen i västra delen. Dessa hus är mindre än hustyp 2a. Storleken mellan rummen kan variera, men ofta är ett till två rum större än de övriga. Bostadsdelen ligger i den västra delen av husen.

3. Hus utan innerväggar:

Husen är oregelbundna i sin utformning, med ett till två rum som är större än de övriga. De är mycket breda i förhållande till sin längd och mindre än de andra husgrupperna. Bostadsdelen kunde ligga på olika platser i husen.

Förutom långhus fanns det även olika mindre hus på boplatserna som oftast beskrivs som uthus av något slag.

Enligt Rasmussen har olika sociala, ekonomiska och regionala förutsättningar avgjort om man valt att rymma djuren under samma tak som människorna eller inte. Husen med fähusdel är inte bara ett led i en utveckling, utan beror således på många fler faktorer. Kanske man bara stallade djuren under de kallaste vintermånaderna (Rasmussen 1999:285f)?

Vid en jämförelse mellan de danska bronsåldershusen och husen från Pryssgården finns det flera likheter men även skillnader mellan de olika materialen. På Pryssgården har vi framförallt hus från yngre bronsålder, fördelade på ett flertal olika hustyper. Härdarna i husen ligger alltid i husens västra del. Flera av husen har en avsmalnande östra del med tätare satta inre takbärande stolpar. Liksom Rasmussen anser jag att rumsindelningen i husen i stort följer den inre stolpsättningen. En viktig skillnad mellan de båda områdena är att i Pryssgården har vi inte kunnat belägga att djuren var stallade inne under vintermånaderna.

3.1.1 Funktionsindelning av långhusen i Pryssgården

3.1.1.1 Äldre bronsålder

Under äldre bronsålder har vi sämre källmaterial än från yngre bronsålder, se fig. 21. Det mest utmärkande huset från äldre bronsålder är det stora tvåskeppiga långhuset, hus 153. Tänkbart är att det där har bott ett större hushåll bestående av en storfamilj/släkt. I huset har man bott, haft förråd av olika slag och kan ha haft olika aktivitetsområden. I huset i Pryssgården låg ingången ungefär mitt på den norra långsidan. I den västra delen fanns några kraftiga stolpar som kan ha fungerat som fundamenten till ett loft. Inom husets yta fanns rester kvar efter en mindre härd som kan ha hört till huset. Den låg i den centrala delen av huset, med en viss dragning åt den västra delen av huset. Husområdet var rent och fyndtomt, vilket gör att det bör vara kraftigt skadat av tidens tand. I samband med utgrävningen lämnades makroprover till analys från några av stolphålen. Huset hade inte brunnit. Det arkeobotaniska materialet var dessvärre bristfälligt. I huset påträffades några enstaka kärnor från naket korn, en kärna av havre och tre enbär. I analysen gick det inte att avgöra om havren härstammade från odlad havre eller flyghavre. Sädeskornen var troligen rester efter matberedning och människorna odlade förmodligen naket korn (Engelmark et al. 1995:14). För att försöka utröna rumsutnyttjandet i huset gjordes även en fosfatkartering. Skillnaderna i fosfatvärdena är dock så marginella att det är omöjligt att bedöma innebörden av dem (Engelmark et al. 1995:21f). Dessa förhållanden försämrar möjligheterna att skapa sig en uppfattning om hur huset disponerats.

Från äldre bronsålder har vi ytterligare två mindre långhus, som hade en treskeppig konstruktion. De båda husen var svåra att förstå men även här kan tendenser till en annan rumsdisposition jämfört med yngre bronsålder ses. I det ena huset, hus 232, fig. 15, fanns det två stora härdar som låg i den östra delen. I det lite större huset, hus 159, fig. 21, fanns det också två härdar, men dessa låg i den västra delen. Det större huset har sannolikt varit bostadshus, det mindre snarare något slags verkstadshus.

3.1.1.2 Yngre bronsålder

Källmaterialet från yngre bronsålder var betydligt bättre bevarat på boplatsen i Pryssgården än det från äldre bronsålder. Under yngre bronsålder har det på boplatsen funnits flera olika slags hus, allt ifrån bostadshus och verkstadshus till olika förrådsbyggnader. Långhusen var framförallt boningshus för en agrar befolkning. Dessa är mindre än det stora långhuset från äldre bronsålder. Under yngre bronsålder bestod kanske ett hushåll av en tregenerationsfamilj. Ofta har man uppfattat dessa hus som flerfunktionella hus (Göthberg 1995:89f). De har bestått av en

bostadsdel och en ekonomidel. På boplatsen har det i flera fall intill långhusen funnits mindre hus, vilka kan ha fungerat som förråd på de olika bronsåldersgårdarna.

De olika långhusen på boplatsen har kunnat variera mycket i storlek. Samtidigt har det funnits stora och kortare hus. Formen på den takbärande konstruktionen har skiftat mellan en rak och en divergerande form, vilket har medfört att husen haft olika utseende. Vi kan även se att husens inre rumsliga disposition skiljer sig åt.

Trots dessa variationer är det ändå tydligt att bostadsbyggandet har präglats av traditioner. Givetvis finns det regionala skillnader i idealen, men det finns även flera likheter, vilket visades i den komparativa studien i rapporten (Borna-Ahlkvist 1998b:54ff).

Ett exempel på en sådan mera övergripande tradition och ett kulturellt särdrag är att husen från bronsålder har samma orientering, dvs. i en närmast öst–västlig riktning (Björhem och Säfvestad 1993:112ff). Ett annat exempel på kulturellt särdrag är att härdarna nästan alltid ligger i den västra delen av husen.

Långhusens utformning varierar en del som vi skall se nedan. Däremot går det att se vissa kännetecken som går igen i långhusen från yngre bronsålder. I de hus där härdar finns bevarade ligger de alltid centralt placerade i husens västra del. Stolparna i mittskeppet har stått med längre avstånd i den västra än i den östra delen. Det är en stolpsättning som är resultaten av en rumsindelning av husen, där de olika delarna i husen kan ha haft olika funktion.

I det fortsatta avsnittet går jag igenom olika kännetecken för långhusen från yngre bronsålder. Även om de olika långhusen här har generaliserats något, finns det många skillnader i utformningen mellan de olika husen. I det följande avsnittet tar jag in olika variabler för att försöka förstå det rumsliga nyttjandet av olika hus. En av mina huvudfrågeställningar är om det går att utifrån husmaterialet se en social skiktning på boplatsen. De variabler som jag har valt att se närmare på för att försöka besvara de båda frågeställningarna är följande;

- Ingångar
- Härdarnas placering i husen
- Golv
- Rum i bronsåldershus
- Hus med förrådsgropar
- Hus med källare
- Fyndens sammansättning och spridning i husen.

Ingångar

Som vi tidigare sett har många av husen i Pryssgården tätare satta stolpar i den östra delen och glesare i den västra delen, en indelning som tyder på en ekonomidel respektive en bostadsdel. Ingången till husen har legat i övergången mellan bostadsdelen och ekonomidelen. I de flesta långhusen (14 av 19 hus) från yngre bronsålder fanns stolphål kvar efter ingången. Dörren var placerad med en dragning mot ekonomidelen. Ingången var alltid vänd mot söder, med ett undantag. Endast ett fåtal av husen hade stolphålen kvar efter väggarna, vilket gör det svårare att kunna säga om ingångarna har legat i vägglinjen eller varit indragna. I de hus där rester av vägglinjen fanns kvar synes det som om dörren låg i linje med väggen. I ett par fall kan de ha varit något indragna från vägglinjen. På boplatsen förefaller det ha varit vanligast med bara en ingång till husen, och att denna fanns i den södra långväggen.

Härdarnas placering i husen

De flesta husen från boplatsen har en härd inne i husen. Härdar fanns bevarade i 12 av de 19 långhusen från yngre bronsålder och de ligger i samtliga fall i husens västra del. I ett par hus fanns två härdar, där den ena ofta är en härd av mera traditionell typ och den andra var en typ som mera påminner om de medeltida och sentida eldpallarna. Hur pass vanligt det var att man hade en eldpall inne i husen vet vi inte. Eftersom området har varit uppodlat under historisk tid är det troligt att det ursprungligen har funnits flera eldpallar på boplatsen. Har det ursprungligen funnits eldpallar i alla hus från yngre bronsålder och är det bara dessa två hus som är så välbevarade

att de fanns kvar? De båda husen, hus 172 och 174, med eldpallar representerar olika skeden från yngre bronsålder och det gör att vi kan antaga att denna typ av konstruktion har varit känd under hela yngre bronsålder. Frågan är om det var olika familjemedlemmar som använde sig av de olika typerna av eldstäder eller om de hade olika funktion? En annan förklaring, som jag finner mindre trolig, är att lämningarna efter härdarna skulle vara från två olika generationer härdar i ett och samma hus. Eftersom det bara finns eldpallar i två av totalt 19 långhus, går det inte att säga om denna konstruktion bara fanns i en viss sorts hus, med en speciell funktion på boplatsen eller om de har funnits i flera hus och blivit förstörda. De båda husen som hade bevarade eldpallar är mycket olika till sin karaktär. De båda härdarna ligger intill varandra och har förmodligen använts samtidigt men för olika ändamål. Trots att flera hus på boplatsen i Pryssgården har antagits innehålla extra stora rum i västra delen fanns bara en härd per hus.

I det yngsta långhuset, hus 150, finns en tendens till en förändrad rumsdisposition. Nu har vi istället fått en indelning som mera påminner om hur det brukar se ut i de äldsta järnåldershusen. Det aktuella huset hade två extra rum, ett på vardera sidan om rummet med härden. Bostadsdelen har successivt flyttats mera mot den mellersta delen av huset, en utveckling som även kan ses i ett av de äldsta förromerska husen på boplatsen i hus 171 (Borna-Ahlkvist 1998c:189).

Härdarna i de olika husen på boplatsen i Pryssgården ligger ofta mera avskilt, gärna längst bort från

Fig. 23. Ett rekonstruerat bronsåldershus i Bohuslän. Foto: Lars Bengtson, Vitlycke museum.

ingången. I Apalle skedde en förändring i rumsutnyttjandet mellan den äldre och yngre bosättningsfasen, en förändring som vi inte så enkelt kan se i Pryssgården, då vi har ett sämre källmaterial från äldre bronsålder. I husen i Apalle låg härdarna avskilt längst bort från ingången under den äldre fasen medan de fick en mera central placering under den yngre bosättningsfasen. I Pryssgården ser vi däremot att härdarna tenderar att ligga kvar i det mera avskilda läget under hela yngre bronsålder. Det är först i det yngsta bronsåldershuset, hus 150, som vi kan se en motsvarande förskjutning i rumsdisposition som den i Apalle.

I Apalle har Ullén förklarat den förändrade rumsdispositionen i husen som ett resultat av ett förändrat synsätt på offentligt och privat, en förändring av husen som har antagits hänga samman med en övergång i det småskaliga samhället från ett kollektivt till ett mera privat markutnyttjande (Ullén 1995b:69f och 73).

I husen i Pryssgården har härdarna legat med likartad placering under hela yngre bronsålder och vi kan inte bara utifrån härdarnas placering se om det skedde rumsliga förändringar i husens disposition. För att kunna iaktta förändringar i rumsutnyttjandet måste vi istället studera andra konstruktioner i husen och spridningsmönstret för fynden.

Golv

I några av långhusen på bosättningen fanns det stenpackningar som kan vara rester av golv. Dessa fanns i husen 155, 166, 175 och 194. I hus 174 täcktes den västra halvan av ett fyndrikt kulturlager som möjligen kan vara en golvnivå under husets användningstid. I två hus, hus 172 och 185, fanns flacka gropar i den östra delen som eventuellt kan vara någon form av nedsänkt golv men dessa har klassificerats som grunda långsträckta källargropar. Indikationerna på golv i några av husen antyder att bosättningen inte var sönderplöjd. I samband med fältarbetet kunde konstateras att det var endast i delområde C som några hus från järnålder var mera skadade av senare tiders odlingsverksamhet. Bronsåldershuset, hus 201, föreföll vara relativt välbevarat.

Rum i bronsåldershus

Svårigheterna med att försöka förstå husens rumsliga dispositioner utifrån ett fragmentariskt arkeologiskt material är många. En väsentlig fråga som man bör ta ställning till är hur man skall uppfatta husens inre takbärande stolpsättning, om denna motsvarar en faktisk rumsindelning eller inte? Går det att med någorlunda säkerhet belägga förekomst av mellanväggar i hus som saknar stolphål efter sådana väggar?

Inom arkeologisk litteratur är en vanlig uppfattning om husens inre stolpsättning att den i alla fall delvis motsvarar olika rumsindelningar (Björhem och Säfvestad 1993:110, Tesch 1993:164f och Rasmussen 1999). Yngre bronsåldershus har ofta glesare satta stolpar i västra delen och tätare satta i östra delen av husen. Denna stolpsättning tror man kan motsvara olika rum. Ofta kan mittskeppet i husens västra del vara bredare än i övriga delar. Här finns vanligen en härd. Detta är faktorer som har lett till slutsatsen att denna del av huset varit bostadsdel. För den andra delen av husen går ofta meningarna isär, vissa arkeologer anser att det har fungerat som fähus eller stall, medan andra talar om arbetsområde, förråd etc. (Björhem och Säfvestad 1993:110 och där anf.litt.).

I hus från bronsålder brukar bostadsdel och ekonomidel vara ungefär lika stora, men ibland kan ekonomidelen vara större. På boplatsen i Fragterup har Draiby istället kommit fram till att bostadsdelen i husen var betydligt större än ekonomidelen (Draiby1985:154). På boplatsen i Fragterup fanns bevarade lergolv och spridningen av keramiken visade att det finare godset fanns i västra delen av husen medan den grövre keramiken fanns i de centrala och östra delen av husen. Denna spridningsbild av keramiken talar snarast för att de centrala delarna användes som ett arbetsområde än som bostad (Draiby 1985:155f).

Ullén har i sitt arbete med husen från boplatsen i Apalle poängterat den sociala och ideologiska dimensionen i diskussionen kring husens rumsliga struktur. På boplatsen i Apalle har husen delats in i två faser, där den äldre ligger i intervallet 1200–

1000 f.Kr. och den yngre 800–700 f.Kr. Vid jämförelse mellan husen från de olika faserna har Ullén kunnat se att den inre dispositionen av husen varierade över tiden. I materialet har man kunnat se en skillnad i deponeringen av föremål inne i husen. I de äldre husen fanns det betydligt färre föremål i rummet med en härd, medan det fanns rikligt med föremål i rummet som låg mera centralt i huset. I de yngre husen låg istället de flesta föremålen i anslutning till härden, som nu har fått en mera central placering inne i huset. I den äldre fasen har det inre rummet med härden betraktats som en mera avskild del av huset medan de centrala delarna var mera offentliga (Ullén 1995b:75). Dessa skillnader i dispositionen av husen mellan de båda faserna på bosättningen talar för en förändrad attityd mellan offentligt och privat.

Under den äldre fasen fanns en strikt uppdelning av privat och offentligt inne i husen, och en mera kollektiv anda utåt. Under den yngre fasen upprättade man istället mera privata sfärer utanför sina egna hus mot andra hushåll men hade samtidigt en större öppenhet inom de olika husen. Enligt Ullén är detta indikationer på att människorna under den yngre fasen lade större vikt vid det egna hushållet och det kanske t.o.m. hade skett en "privatisering" i samhället. Detta förknippas med att sammansättningen av hushållen ändrats och istället baserades på kärnfamilj snarare än storfamilj. Dessa förändringar kan möjligen ha hängt samman med en annan syn på jordägande och boskap. (Ullén 1995b:73). I det yngre skedet har den privata zonen ersatts med en större öppenhet (Ullén 1995a:252ff). Samtidigt som den inre strukturen i husen blivit omstrukturerad, har det skett en förändring inom boplatsen mellan den äldre och yngre fasen i placering av konstruktioner och deponering av avfall. Under loppet av bronsålder har man successivt gått från ett kollektivt tänkande till ett mera privat (Ullén 1995b:69f).

Anledningen till att jag valt ut just dessa exempel är att de visar på en mångfald i synen på husen, samt att husens disposition kan hänga samman med det småskaliga samhällets värderingar och ideologi.

Pryssgården

I fråga om dispositionen av bronsåldershusen i Pryssgården har jag följt linjen som anser att stolpsättning och rumsindelning motsvarar varandra. Med rum i bronsåldershus avses inte vår typ av rum som ofta är stängbara, utan rummen ses snarare som olika aktivitetszoner inne i husen. Enligt min åsikt har husens bostadsdel funnits i den västra delen. I denna del var ofta mittskeppet som bredast och den inre stolpsättningen var gles. Här fanns ofta även härden. I fortsättningen kallas denna del för bostadsdelen. Den östra delen hade ofta ett avsmalnande mittskepp och stolparna stod tätare placerade. Denna har kallats för ekonomidel och bör ha innehållit förråd samt fungerat som en arbetsyta för olika ändamål. De tätare satta stolparna skulle också kunna ha burit upp ett loft. Däremot har jag valt att inte kalla denna del av husen för fähus eller stall eftersom det från Pryssgården saknas säkra belägg för att människorna har haft djur inne i husen. Vi har heller inga säkra belägg för rester efter stolpsatta mellanväggar. I några fall fanns det enstaka stolphål som kan vara rester efter innerväggar, även om de är något osäkra. Har de olika rummen i husen varit avskilda kan det ju ha skett på andra sätt som t.ex. med djurhudar, tygstycken eller enklare flätade väggar, vilka knappast har lämnat några arkeologiska avtryck åt eftervärlden.

I husen i Pryssgården har jag fått fram resultat som visar att proportionerna mellan bostadsdel och ekonomidel varierar i de olika långhusen. Det är en variation som inte synes vara kronologiskt betingad utan snarare beror på olika funktionella och/eller sociala faktorer. I husmaterialet finns det hus som haft ungefär lika stor bostadsdel som ekonomidel. Men det finns även hus där ekonomidelen har varit dubbelt så stor som själva bostadsdelen, se kap. 2.3.

Bland gruppen hus som bestod av långa hus, typ A med en divergerande inre stolpsättning är ekonomidelen oftast ca 10 m lång, se tabell 5–10. Bostadsdelen kan vara utformad på två sätt, i det ena fallet är bostadsdelen ca 4 m lång och i ett par hus är den dubbelt så stor, dvs. 8–10 m lång. Ofta består bostadsdelen av två glest satta stolppar, men ibland av tre stolppar. Även om bostadsdelen har varit större har det bara funnits en härd i huset.

Hos de mellanlånga husen, typ B, är ekonomidelen något kortare och är 5–8 m lång. Bostadsdelen visar på samma mönster som hustyp A och det finns två storlekar, där den ena har varit ca 3–4 m lång och den andra var ca 6 m. Denna husgrupp har förmodligen kunnat ha flera proportionsförhållanden mellan bostadsdel och ekonomidel. Ibland har de båda delarna i husen varit lika stora, ibland har ekonomidelen varit dubbelt så stor som bostadsdelen och ibland har istället bostadsdelen varit störst.

I den tredje husgruppen, grupp C, finns inte den tydliga skillnaden i stolpsättningen och därmed går det inte att säga något om relationen mellan ekonomi- och bostadsdel.

Frågan är då hur skall man förklara de iakttagna skillnaderna i husens utformning från en och samma plats och tidsperiod – som på boplatsen i Pryssgården? I materialet från boplatsen kan man konstatera att skillnaderna mellan ekonomidel och bostadsdel i husen inte förefaller att vara kronologiskt betingade. Det går inte heller att se att ekonomidelen har blivit större eller mindre ju längre fram man har kommit i yngre bronsålder. Hypotetiskt är det rimligt att tänka sig att om man successivt började med att stalla djuren under senare delen av yngre bronsålder, borde detta avspeglas i husens utformning så att ekonomidelen blev större. Å andra sidan kanske storleken på ekonomidelen berodde på hur rik man var och hur många djur som fanns på gården. Det innebär att storleken på ekonomidelen inte alls var kronologiskt betingad utan snarare avspeglade vilken social och ekonomisk ställning som gården hade i det småskaliga samhället, se kap. 2.

Inom de olika delområdena har jag kunnat visa att husen ofta hade lika stora bostadsdelar, se kap. 2.3. Detta fenomen betyder enligt min åsikt att det har funnits en nedärvd tradition inom de olika gårdarna. En möjlig förklaring skulle kunna vara att storleken på bostadsdelen hängde samman med antalet medlemmar i hushållet. Storleken på bostadsdelen skulle där ha styrts av vilka behov man

hade på gården vid tiden för det nya boningshusets uppförande. I så fall borde inte de olika långhusen inom en gård ha lika stora bostadsdelar. Hushållens sammansättning och behov måste ha förändrats avsevärt under de olika husens levnadstid på gårdarna. Det gör att jag inte tror att storleken på bostadsdelen primärt har varit behovsrelaterad utan avspeglar någonting annat. Kan storleken på bostadsdelen ha svarat mot gårdens sociala status i samhället? Men för att kunna säga något om social skiktning på boplatsen måste även fyndmaterialet vägas in i analysen av husen, se kap. 3.2.

Bostadshus från yngre bronsålder beskrivs ofta som tredelade, i en bostads-, ingångs- och ekonomidel. I husen från bosättningen i Pryssgården var ofta ingången förskjuten mot ekonomidelen. Härdarna ligger i västra rummet längst bort från ingången. I några av husen finns mellan ingångsrummet och rummet med härden, ett extra stolppar, som gör att härden ligger ännu mera avskilt i husen. Det har jag inte ansett vara ett extra rum utan snarare som att bostadsrummet i vissa hus var större. Detta fenomen finns i sju av husen av typen A och B. Ofta hade stolpparen störst avstånd där härden låg, något kortare avstånd i nästa stolppar och kortast avstånd i "ekonomidelen". Hus med extra stora bostadsrum finns på boplatsen under hela yngre bronsålder.

Jämför vi tolkningarna för hus från äldre järnålder förekommer i en del hus extra rum. Dessa har ansetts vara ett belägg för att man har gått över till att ha mera stabila bosättningar och för att gårdarna har varit så stora så att man ej längre har klarat av att sköta dessa inom en familj (Hedeager 1988:139, Björhem & Säfvestad 1993:314f och där anf.litt. och Herschend 1993:179ff). Hushållen var så stora att inte alla fick plats i bostadsrummet. I hus från romersk järnålder har man förklarat övergången till flera rum med att det antingen kan ha bott fler människor i husen eller att det fanns behov av att göra en social stratifiering inom gården. Detta är en utveckling som skulle kunna tyda på att det inte längre var kärnfamiljen som utgjorde basen på gården eller att man hade behov av fler utrymmen för hantverk och förvaring. I Fosie IV publikationen diskuteras om övergången till de längre och mera funktionsuppdelade husen under romersk järnålder skall ses som en uppdelning av befintliga utrymmen eller om det är en utökning av utrymmen? I dessa diskuteras även om de iakttagna förändringarna kan kopplas samman med befolkningsökning, uppdelning av storfamiljer i mindre grupper, eller om det har bott socialt skilda grupper under samma tak (Björhem & Säfvestad 1993:315f).

Anammas ovanstående resonemang från olika järnåldersbosättningar på situationen i Pryssgården kan det större bostadsrummet i flera av långhusen från yngre bronsålder visa på att boplatsen har legat i en "god miljö" och de olika gårdarna har varit relativt stora. Bosättningen har varit stabil. Den stora bostadsdelen kan tyda på att det kanske inte bara var en tregenerationsfamilj som bodde i husen. Det är även möjligt att man under yngre bronsålder började att samla flera aktiviteter inne i husen.

Hus med förrådsgropar

I de allra flesta bronsåldershusen på boplatsen i Pryssgården fanns det mindre gropar (13 av 19 långhus). Det som var kännetecknande för groparna var att de hade raka nedgrävda kanter och plana bottnar. Till en början trodde vi inte att dessa gropar hörde till husen, men ju fler hus som togs fram och undersöktes, desto mer övertygade blev vi om att det fanns ett rumsligt samband mellan husen och groparna. Vi såg också att groparna låg spridda på ett likartat sätt inne i husen. Groparna låg så att man kunde utnyttja golvytan i husen maximalt längs med väggarna i sidoskeppen, se fig. 24. I flera hus var det vanligt att en av förrådsgroparna låg alldeles intill dörren.

Fyllnadsmaterialet i groparna har varierat från svagt humösa sandlager till riktigt "feta" sotiga, kraftigt humösa lager. I en av förrådsgroparna gjordes en markanalys, som visade att jorden innehöll betydligt mera organiskt material än vad som var normalt för platsen (Lindgren-Hertz 1998:91). Egentligen behöver inte detta resultat betyda så mycket för våra bedömningar av gropen, eftersom provet är taget på fyllnadsmassor som inte behöver ha något att göra med gropens primära funktion.

Ett icke så förvånande resultat är att förrådsgroparna var olika stora, vilket är naturligt då de ju rimligen bör ha svarat mot olika hushållsbehov. Detsamma gäller för hur många förrådsgropar som har funnits i de olika husen. Det finns ingen korrelation mellan storleken på husen och antalet förrådsgropar, vilket återigen aktualiserar frågan om status. Det kan även innebära att förvaring i gropar bara var ett av flera sätt för att klara förvaringsbehovet på gårdarna, tabell 12.

Under hela yngre bronsålder har man haft förrådsgropar inne i husen. Det går att se en tendens till att det under den äldre fasen var vanligare att ha förrådsgropar än under den yngre. Det är mycket tydligt att det, när man kommer in i äldre järnålder, sker förändringar i husens disposition. Då upphörde traditionen med grävda förrådsgropar i husen. Denna förändring kan ha inneburit att man hade ändrat på sina förvaringsförhållanden och kanske man istället föredrog att ha en del av sina förråd i laggade träkärl.

På boplatsen var det inte bara en långhustyp som hade förrådsgropar, utan de har förekommit i alla tre hustyperna, A–C. Däremot går det att se skillnader i spridningen av förrådsgroparna i de olika hustyperna. Groparnas läge förefaller ha förändrats under yngre bronsålder vilket kan hänga samman med ett ändrat rumsligt utnyttjande av husen, tabell 13.

Den vanligaste placeringen av förrådsgropar inne i husen är i bostadsdelen, med några få undantag. En grupp som särskilt utmärker sig är de äldre divergerande husen i hustyp A, där de istället ligger i den östra delen på husen, dvs. i ekonomidelen.

Under yngre bronsålder kan vi på boplatsen i Pryssgården se en förändring av den inre dispositionen i husen. Det skedde förändringar över tid och det finns skillnader i disposition mellan olika hustyper. Under det allra äldsta skedet av yngre bronsålder fanns ett par långa hus med förrådsgropar i den östra delen, den s.k. ekonomidelen. Samtidigt fanns det två långa hus som helt saknar förrådsgropar. De senare husen har stora långsträckta "källargropar" i östra delen av mittskeppet.

Längre fram under yngre bronsålder ligger oftast förrådsgroparna i de långa husen i den västra delen, i bostadsdelen. Denna utveckling visar på att man har ett annat rumsligt utnyttjande i husen, där man har valt att närmare knyta förvaring och boende på en mera begränsad yta. Detta skulle indirekt kunna vara belägg för att man successivt började med att stalla djuren under en del av vintermånaderna. Det måste ha varit sanitärt olämpligt att ha matförråd och djur i samma del av husen. En annan förklaring är att de hus som saknade förrådsgropar, men som hade de mera långsträckta källargroparna, istället utnyttjade dessa som förrådsutrymme. En bedömning av de långsträckta groparna, som bl.a. fördes fram via de makrofossila analyserna är att de har varit en form av gödselrännor och att man hade djuren stallade i husen (Engelmark et al. 1995, Viklund och Gustafsson 1996). Det skulle i så fall kunna förklara varför dessa hus saknar förrådsgropar i den östra änden. I det arkeologiska källmaterialet är det

Tabell 12. Siffrorna i figuren visar på hur många långhus som har haft förrådsgropar under respektive tidsperiod och delområde. De siffror som står inom parentes anger det totala antalet hus för aktuellt delområde och tidsperiod. Traditionen med att gräva förrådsgropar har varit vanligast förekommande på den centrala delen av boplatsen. Däremot har det varit ovanligare i de områden som endast tidvis har utnyttjats för boende. Ett av husen från tidig fas A i delområde F var skadat och kan möjligen ursprungligen ha haft förrådsgropar.

Delområde	Tidig fas A		Sen fas A		Tidig fas B		Sen fas B	
A								
B			1	(1)	0	(1)		
C					0	(1)		
D	1	(1)	0	(1)	1	(1)		
E	3	(3)	1	(1)	1	(1)	1	(2)
F	2	(3)						
G	1	(1)			1	(1)	0	(1)
Antal hus	7	(8)	2	(3)	3	(5)	1	(3)

Tabell 13. I majoriteten av långhusen från yngre bronsålder, i 13 av 19 hus, fanns det förrådsgropar inne i husen. Groparna kan se olika ut, men gemensamt för dem är att de hade raka nedgrävningskanter, plan botten och fanns i husens sidoskepp. Av figuren framgår att det synes ha varit något vanligare att placera förrådsgroparna i husens västra del. Bland husen från äldre delen av yngre bronsålder, fas A, kunde förrådsgroparna även ligga i husens östra del.

Hus nr	Hustyp	Delområde	Fas	Takbärande konstruktion	Bredd på mittskeppet	Förrådsgrop i västra delen	Förrådsgrop i östra delen
155	A	G	Tidig A	Krokigt	Brett		1
166	C	E	Tidig A	Rakt	Brett	1	
172	A	E	Tidig A	Divergerande	Smalt		2
175	A	F	Tidig A	Divergerande	Smalt	1	
179	B	F	Tidig A	Rakt	Smalt	2	
187	B	D	Tidig A	Rakt	Brett	2	3
170	C	E	Sen A	Rakt	Brett	2	
211	A	B	Sen A	Rakt	Smalt	1	
189	A	E	A/B	Divergerande	Brett		6
195	B	E	Tidig B	Divergerande	Brett	4	
199	A	D	Tidig B	Rakt	Brett	3	
174	B	E	Sen B	Divergerande	Brett	4	
161	B	G	Sen B	Rakt	Brett		1

dock mycket svårt att belägga om man redan under bronsålder hade djuren stallade under några vintermånader. Vi har t.ex. inte funnit några båsindelningar i husen. Det är ju möjligt att man inte hade djuren i bås, utan lät dem gå mera fritt alternativt att de var bundna på något annat sätt, som ej har lämnat några arkeologiska spår efter sig. Djuren kan t.ex. ha varit tjudrade i de inre takbärande stolparna. I husen i Pryssgården har man troligen inte haft djuren stallade inne under de kallaste vintermånaderna i någon större omfattning. I flera av långhusen fanns i östra delen av husen stora gropar som är bedömda som källargropar. Har dessa gropar fungerat som förråd

för hushållet bör det ha varit olämpligt att ha djuren inne i samma del som förråden. Dessutom skulle inte djuren ha fått plats i en del av långhusen.

I de mellanlånga husen, grupp B, finns förrådsgropar i den västra och den östra delen av husen. Lite längre fram under yngre bronsålder ligger de oftast i bostadsdelen. Även i dessa hus kan vi se en förändring över tid, där man successivt har valt att samla förråd och boende på en mera begränsad yta i husen.

Även i den andra gruppen med mellanlånga hus, husgrupp C, ligger förrådsgroparna i den västra delen. Trots att husen saknar en indelning given av den inre stolpsättningen finns det en tydlig rumslig idé

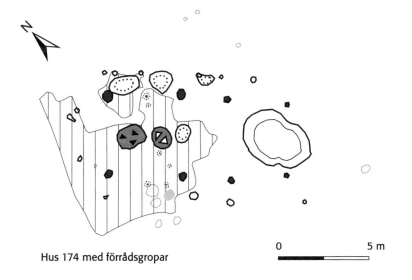

Hus 174 med förrådsgropar

0   5 m

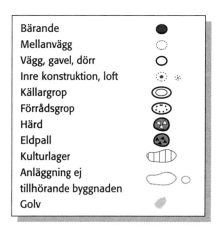

Bärande

Mellanvägg

Vägg, gavel, dörr

Inre konstruktion, loft

Källargrop

Förrådsgrop

Härd

Eldpall

Kulturlager

Anläggning ej
tillhörande byggnaden

Golv

Fig. 24. I de olika bronsåldershusen låg ofta förrådsgroparna längs långsidorna och var vanligt förekommande i bostadsdelen. På bilden visas hus 174 som är daterat till 812–550 BC cal (Ua-6643).

om hur husen disponeras. Hustypen C har samma rumsliga disposition som de båda andra hustyperna. Den rumsliga dispositionen av dessa hus talar snarare för att de har varit bostadshus och inte har varit ekonomibyggnader av något slag.

Successivt under yngre bronsålder förefaller det som om man medvetet valde att samla boende och förråd till den västra delen av husen. En central fråga är vad det är som förvarats i förrådsgroparna. Kan de ha använts till att förvara säd? Kan den förändrade rumsliga spridningen av förrådsgroparna inne i husen sättas i samband med att sädesodlingen i jordbruket successivt fick en allt större betydelse i samhället? Den västra delen av husen har varit husens hjärta och här har härden legat. I sidoskeppen intill härden ligger förrådsgroparna. Förutom att det kan ha varit funktionellt att ha matförråden samlade i närheten av härden kan det även ha haft en symbolisk innebörd för människorna som bodde i husen.

Hus med källare

I några av bronsåldershusen i Pryssgården fanns det stora gropar som skilde sig från förrådsgroparna. Till en början trodde vi inte att dessa gropar tillhörde husen. Men när vi successivt såg att det fanns en regelbundenhet och en medveten placering

Tabell 14. Siffrorna visar på hur många långhus som har haft källargropar under respektive fas och delområde. De siffror som står inom parentes anger det totala antalet hus för aktuellt delområde och fas. Traditionen med att gräva källargropar har varit vanligast förekommande på den centrala delen av boplatsen. I sammanställningen har ej tagits med de två husen, från delområde E och F, med mera flacka långsträckta gropar/golvrester. I fem av sju långhus från delområde E fanns det källare.

Delområde	Tidig fas A		Sen fas A		Tidig fas B		Sen fas B	
A								
B			0	(1)	0	(1)		
C					0	(1)		
D	0	(1)	0	(1)	0	(1)		
E	2	(3)	1	(1)	0	(1)	1	(2)
F	1	(3)						
G					1	(1)	1	(1)
Antal hus	3	(8)	1	(3)	1	(5)	2	(3)

Tabell 15. Sammanställningen visar att källare har funnits i alla tre hustyperna; A–C. Det går också att se att källarna i de äldsta långhusen, av typ A, var av den mera långsträckta och flacka typen. Den ersattes senare av djupare källare med rundad form. Det första huset som hade en mera rundad och djup källare var i ett hus av typen C, hus 166. Husen med källare ligger också till en början samlade i norra delen av delområde F och sydöstra delen av delområde E, för att senare mot slutet av yngre bronsålder finnas i den mera centrala delen av delområde E och i delområde G.

Hus nr	Hustyp	Delområde	Fas	Rund källare	Långsträckt källare	Flerskiktad fyllning
166	C	E	Tidig A	X		Nej
172	A	E	Tidig A		X	Nej
175	A	F	Tidig A		X	Ja
185	A/B*	F	Tidig A		X	Nej
170	C	E	A	X		Ja
189	A	E	A/B	X		Ja
150	A	G	B	X		Nej
161	B	G	B	X		Nej
174	B	E	B	X		Ja

* Hus 185 var endast till hälften bevarat, vilket gör att det är oklart om det har tillhört husgruppen A eller B.

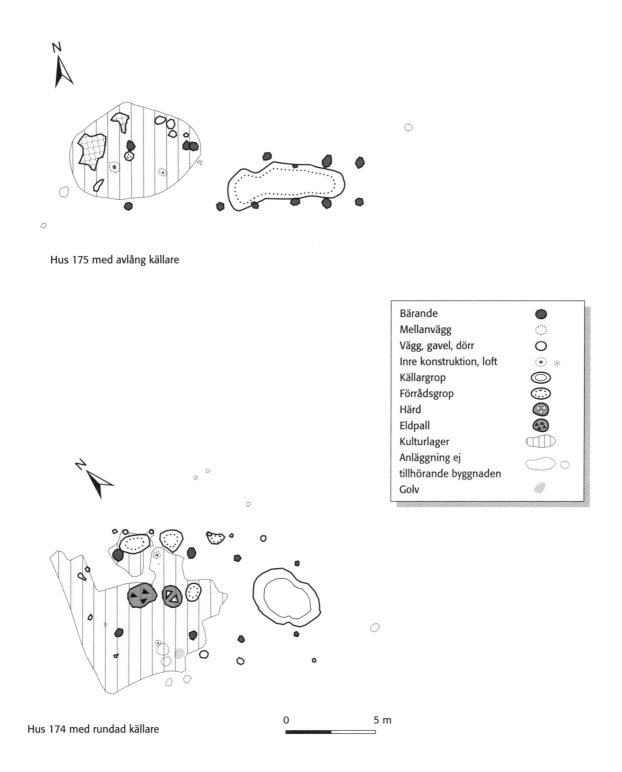

Hus 175 med avlång källare

Bärande	●
Mellanvägg	⬭
Vägg, gavel, dörr	○
Inre konstruktion, loft	⬭
Källargrop	◎
Förrådsgrop	⬭
Härd	◉
Eldpall	◉
Kulturlager	⬭
Anläggning ej tillhörande byggnaden	⬭ ○
Golv	⬭

Hus 174 med rundad källare

0   5 m

Fig. 25. Hus 174 hade en rundad källargrop i östra delen av huset medan hus 175 hade en mera långsträckt källargrop. Husen är daterade till 812–550 BC cal (Ua-6643) och 1112–867 BC cal (Ua-6642).

av groparna inne i husen, ändrade vi uppfattning, och anser nu att de har ett rumsligt och funktionellt samband med husen (Lindgren-Hertz, 1998:91f). Det gemensamma för denna grupp av gropar var att de alltid låg centralt placerade i mittskeppet och i husens östra del. Gruppen kan grovt delas in i två olika undergrupper. Den ena hade en mera rund till något oval form och den andra en mer långsträckt form, se fig. 25.

De mera rundade groparna kan initialt ha använts som täktgropar för att få fram byggnadsmaterial till husen. I rapporten fördes ett resonemang om man istället för att ha lerklinade väggar i husen, använde sig av en klining bestående av mo och något bindemedel som t.ex. gödsel (Lindgren-Hertz, 1998:73f). Hypotetiskt kan man tänka sig att groparna sedan en tid fungerade som källare/förråd i husen, för att slutligen användas som en avfallsgrop eller en grop för rituell nedläggning av ett offer. I hälften av husen ligger fyllningen i groparna i olika skikt, vilket visar på att de ej har blivit igenfyllda på en enda gång.

I den förra gruppen hade de minsta källargroparna en diameter på knappt 2 m, medan den största hade en diameter på 4 m. De flesta källargroparna var ungefär 0,50 m djupa. En av groparna skilde ut sig från de övriga och var 1,20 m djup. Den senare låg i det största långhuset från yngre bronsålder i hus 189. Denna typ av källargropar finns representerad hos alla tre hustyperna A–C. Traditionen med att gräva dessa gropar har fortlevt under hela yngre bronsålder. Hus med källargropar finns framförallt inom delområde E men det finns även två hus från delområde G. Husen som hade de rundade och djupare källargroparna hade ett större och mera varierat beninnehåll. För två av husen, hus 166 och 174, har jag ansett att det har skett en offerhandling i källargroparna kanske i samband med att huset övergavs, se kap. 3.4.3.1.

I den andra gruppen med källargropar, den med långsträckt form, är det egentligen bara en som har tolkats som källargrop. Däremot finns flacka gropar/lagerrester i ytterligare två långhus. De senare har setts som golvrester, eventuellt nedsänkt golv. De

båda lagerresterna har en utsträckt form och ligger i östra delen av mittskeppet i husen. En trolig förklaring till lagerresterna är att de kan vara botten på långsträckta gropar. I så fall finns det tre långhus med långsträckta gropar i sin östra del. Gemensamt för groparna är att de är ganska flacka och att de upptar större delen av husens ekonomidel. De ligger samtliga i långa smala hus med divergerande mittskepp. Ser vi till läget på boplatsen ligger de ganska samlat; ett av husen ligger i den södra delen av delområde E och de båda andra i norra delen av delområde F. Husen med långsträckta källargropar ligger inte bara nära varandra på boplatsen utan de ligger även nära varandra i tid, samtliga tillhör tidig fas A. Dessa tre hus kan vara olika husgenerationer på en gård, se kap. 4.4.2. De mera långsträckta och flacka groparna är mera svårbedömda än den andra gruppen med källargropar. Det är mer tveksamt om dessa har varit källargropar. I rapporten fördes ett resonemang om de kan utgöra rester av gödselränna, nedsänkt golv eller något slags förråd (Borna-Ahlkvist 1998b:55f, 91f och 1998c:193). För att utreda vad dessa gropar har använts till gjordes en analys av fyllningen från källargropen i hus 175, ett hus som hade den bäst bevarade gropen av det slaget. Fyllnadsmaterialet från källargropen var fett och sotigt. Resultatet från analysen visar att fyllningen var mer kulturpåverkad än den s.k. normaljorden. Marken under gropen hade förhöjda fosfatvärden, vilket kan tyda på att fosfater har läckt ned från ett fosfatrikt material. Resultatet kan visa på att gropen har använts för att samla gödsel, gödselränna (Engelmark et al. 1995:7 och Lindgren-Hertz 1998:92). Detta skulle kunna tala för att djuren var stallade i husen på boplatsen redan under den tidigare delen av yngre bronsålder, se även kap. 3.5.

En stor del av den totala golvytan i husen har upptagits av de långsträckta källargroparna. En fråga som naturligen infaller är varför några människor på boplatsen under en viss tid valde att inreda sina hus på detta sätt? De tre husen skiljer ut sig från majoriteten av de övriga husen på boplatsen genom att de är ovanligt smala för att vara från yngre bronsålder och har haft en långsträckt strutformig konstruktion.

På boplatsen måste de ha sett annorlunda ut med sin speciella form på husen. Frågan är om dessa hus har haft en speciell funktion?

Spridningsbilden av hus med källargropar visar ett intressant mönster. Denna hustyp har funnits i de södra delarna av undersökningsområdet, i delområde E, F och G. Det går även att se att traditionen med källare i hus har funnits under hela yngre bronsålder. Traditionen med att gräva källargropar kan dessutom ha fortsatt en bit in i förromersk järnålder, tabell 14 och 15.

Uppenbarligen är det alldeles för generaliserande att kalla alla anläggningar i denna grupp för källargropar. De ser mycket olika ut i sin form, även om de alltid ligger i den östra delen av husen. En förklaring till de olika formerna är att de har haft helt olika funktioner i husen. Groparna som hade en rundare form har troligen primärt fungerat som en täktgrop, senare som förråd/mindre källare, medan de som hade en mera långsträckt form och en flackare profil har varit någonting annat, kanske en gödselränna. Totalt fanns fyra smala divergerande hus, varav tre hörde till fas A och ett till slutet av fas B. De tre äldre husen har jag ansett vara tre husgenerationer på en och samma gård och det är i dessa tre hus som vi har de flacka och långsmala källargroparna. Dessa hus kan också ha haft en speciell funktion på boplatsen. Att man valde att utforma sina hus på detta sätt kan hänga samman med en släkts behov och traditionsbundenhet. Kanske var det frågan om en släkt som hade en speciell funktion/ställning på boplatsen under en viss tidsepok.

På boplatsen har vi 19 långhus från yngre bronsålder, i nio av dem fanns det källare. Till den övervägande delen har husen med källare funnits i de centrala delarna av bosättningen, framförallt i delområde E. Som vi har sett finns källare i alla de tre typerna av långhus.

Kan det vara så att i hus med källare bodde en viss kategori människor? Vilken funktion hade källarna i husen, var de stora förråd av något slag? Har källargroparnas funktion skiftat under husets levnadstid? För att försöka besvara dessa frågor måste man även ta in fyndmaterialet i analysen. I kap. 3.4.2 och 3.4.3.1 förs fram en hypotes där källarna primärt har använts som täktgrop vid husbygget. Under husets levnadstid fungerade källarna som förråd och slutligen när husets funktion upphörde som boningshus kunde de fungera som offergropar.

3.2 Fyndens sammansättning och spridning i husen

Den övervägande delen av fyndmaterialet från boplatsen i Pryssgården bestod av keramik från yngre bronsålder. Keramikmaterialet var i det närmaste lika omfattande som från lokalerna i Apalle och Hallunda i Mellansverige. För övriga fyndkategorier och från andra tidsperioder fanns det endast kvar ett mindre bevarat material på boplatsen (Stålbom 1998c:103). Hela fyndmaterialet har bearbetats av Stålbom. Resultaten från hans arbete finns publicerat i rapporten och i några artiklar (Stålbom 1998a, 1998b, 1998c:103ff och 2001). I rapporten upprättades för keramikmaterialet en lokal kronologi, som sedan utgjorde en grund för att förena respektive separera olika områden till skilda bosättningsfaser. Genom att se till likheter i hushållskeramiken prövade Stålbom att urskilja olika gårdsplatser (Stålbom 1998c:105f och 127).

I detta arbete berörs endast det fyndmaterial som fanns kvarlämnat i husen från bronsålder. Syftet har varit att försöka att belägga husoffer. När förekom husoffer eller andra slags offerhandlingar i husens kulturella biografi? En annan aspekt är om det utifrån det bevarade fyndmaterialet går att belägga sociala skillnader mellan hushållen på boplatsen?

Krukskärvor fanns i de flesta långhusen från yngre bronsålder, tabell 16. Bland småhusen från yngre bronsålder var det framförallt grophusen som innehöll större mängder med keramik, tabell 17. I husen från äldre bronsålder saknade hus 153 keramik, enstaka skärvor fanns i hus 159, medan småhuset hus 232 innehöll relativt rikligt med keramik. Husen från äldre bronsålder var påfallande olika till sin karaktär.

Tabell 16. Den sammantagna bilden från långhusen på boplatsen är att de inte innehöll några större mängder föremål. Förutom keramik var det vanligaste föremålet malstenslöpare. Ofta var löparna placerade i något av stolphålen i husen och de har setts som husoffer.

I sex av de nitton långhusen från yngre bronsålder fanns det keramikkärl av typen finkeramik. Denna grupp består såväl av dryckeskärl som bordskärl. Den övervägande delen av keramiken har rubricerats som bordskärl. Av sammanställningen framgår det att finkeramiken utgjorde endast en bråkdel av det totala keramikmaterialet som fanns kvar i husen. De flesta hus med finkeramik hade källare.

Ett problem med materialet är att det kvarlämnade föremålsbeståndet inte motsvarar de föremål som fanns i husen under deras brukningstid, se även tabell 18.

Hus	Hustyp	Fas	Hus med källare	Mängd keramik totalvikt	Förekomst av s.k. finkeramik	Övriga föremål	Antal föremål	Del-område
155	A	A		139 g	15 g	Knacksten, Yxa, bergart och hartskaka	1 1	G
185	A/B	A	X	49 g		Knacksten och löpare	1 1	F
175	A	A	X	1493 g		Löpare, yxa, bergart bryne, hartskaka	2 1 2	F
179	B	A		55 g		Löpare	3	F
166	C	A	X	256 g	3 g	Löpare Bronsten	1 1	E
172	A	A	X	197 g	4 g	Löpare	2	E
187	B	A		424 g		Skrapa, kvarts	1	D
194	B	A		30 g				D
170	C	A	X	405 g	12 g	Bryne	1	E
211	A	A		16 g				B
189	A	A/B	X	302 g		Löpare	1	E
195	B	B		1831 g		Harts		E
199	A	B		155 g				D
210	B	B		1 g				B
201	B	B		0				C
161	B	B	X	529 g	88 g			G
174	B	B	X	2145 g	152 g	Löpare Bryne Tyngd Skrapa, flinta Råharts	2 2 1 1	E
239	C	B		0				E
150	A	B	X	546 g		Skrapa, flinta	1	G

74

Tabell 17. I småhusen fanns krukskärvor av keramik bevarade framförallt i fyllningen till grophusen. Grophusen fanns samlade i den östra delen av delområde E och låg i den centrala delen av boplatsen.
Ett småhus som utmärkte sig och innehöll ganska mycket keramik var hus 232. Huset låg i den norra delen av boplatsen i delområde A. I detta hus fanns det mesta av keramikmaterialet i den stora härden som låg mitt i huset. Keramiken i fyrstolpehuset 181 var ett miniatyrkärl och den låg i en av fyllningarna till stolparna. Det senare fyndet har ansetts vara ett husoffer. I hus 152, ett verkstadshus låg keramiken mera utspritt. Småhusen hade ett annat deponeringsmönster än långhusen och föremål fanns endast kvar i undantagsfall. De båda husen som innehöll löpare har bedömts vara verkstadshus, och i dessa fanns löparna i härdarna.
Trots att de flesta småhusen fanns i de centrala delarna av boplatsen, i delområde E och F, innehöll de relativt få föremål. Småhusen har förmodligen fungerat som förråds- och verkstadshus och hört till de olika gårdarna på boplatsen. En klar skillnad mellan långhusen och småhusen är att de senare endast i undantagsfall har innehållit husoffer, se tabell 18.

Hus	Hustyp	Fas	Keramik Totalvikt	Fin-keramik	Övriga föremål	Antal föremål	Del-område
231	Hydda						G
260	Hydda						A
232	Litet hus		366 g	26 g	Löpare	2	A
152	Litet hus	A	22 g				G
181	Fyrstolpe hus	A	89 g				F
225	Fyrstolpe hus	A					
230	Fyrstolpe hus	A					F
255	Grophus	A	358 g	62 g			E
256	Grophus	A	648 g	100 g			E
257	Grophus	A					E
251	Fyrstolpe hus	A					E
252	Litet hus	A			Löpare	1	E
253	Litet hus	B					
205	Fyrstolpe hus	B					C

Stämmer min teori att långhusen från yngre bronsålder kan ha stått på boplatsen under 50–75 år, se kap. 3.3.2 och 3.3.3.1, framgår det av tabell 16 att samtliga hus innehåller en ganska liten mängd keramik. Räknar man med att en medelvikt för krukor låg omkring 1 kg (Stålbom 2001), är den största delen av den bevarade keramiken i husen fragmentarisk. Materialet kan endast motsvara en bråkdel av den keramik som ursprungligen har använts av människorna. Stålbom har i sin studie visat att fragmenteringsgraden av keramiken från boplatsen har varit omfattande, men i jämförelse med andra bronsåldersbosättningar har den i själva verket varit ganska låg. Resultatet är märkligt eftersom boplatsen ligger i mark som använts för odling under historisk tid och keramiken borde ha blivit utsatt för en omfattande nötning (Stålbom 1998c:107). En förklaring härtill kan vara att de olika groparna på boplatsen inte har blivit igenfyllda av söndertrampat kulturlager utan keramiken deponerades direkt i groparna (Stålbom 1998c:107). Att det är så lite bevarad keramik i husens anläggningar kan kanske bero på att man inte deponerat keramik i någon större omfattning inne i husen och att detta bara skett under speciella förutsättningar. En förklaring är att människorna har velat ha välstädade hus och gårdsplatser.

När man har flyttat till ett nytt boningshus på gården eller till en annan gård har man tagit med sig de flesta av sina redskap och kärl av keramik. Det fyndmaterial som fanns i husen kan människorna ha lämnat kvar efter sig. En del av det påträffade materialet kan vara kvarglömt i form av mindre krukskärvor medan annat har medvetet lämnats kvar, i form av ett husoffer eller annan deponering. Stålbom har sett depositionerna av keramik som uttryck för något speciellt som inte har hört till de vardagliga göromålen på boplatsen (Stålbom 1998c:149). Detta innebär att det bevarade fyndmaterialet kanske var atypiskt och inte alls speglade vardagen på boplatsen. Genom studier av deponeringsmönster kan man kanske få fram delar av de samhälleliga och sociala värderingarna som präglade det dåtida lokala samhället (Stålbom 1998c:149). Har detta varit förhållandet på boplatsen är det en försvårande omständighet då man försöker förstå innebörden av iakttagbara skillnader i den materiella kulturen mellan olika hus och gårdar. Det skulle i så fall innebära att det utifrån den materiella kulturen inte går att belägga statusskillnader mellan de olika husen och gårdarna på boplatsen.

I fyndregistreringen skilde Stålbom mellan funktionen hos olika slags kärl. Materialet delades upp i två huvudgrupper bestående av finkeramik, registrerat som bordskeramik och dryckeskärl, och av hushållskärl. Till den förra gruppen har förts skålar och mera socialt betonade kärl som främst representerats av de mindre, ofta reducerade och fint polerade finkärlen. Till den andra gruppen har förts de större vidbukiga kärlen med grovt gods som kan tänkas ha använts som förråds- respektive beredningskärl i det dagliga hushållet (Stålbom 1998c:107 och 113). Till gruppen hushållskärl har jag även fört de kärl som i registreringen har bedömts vara kokkärl. Den övervägande delen av keramiken på boplatsen har bestått av hushållskärl. Under yngre bronsålder tillhörde hushållskärlen en rituell rekvisita där de fungerade som en behållare och förvaringskärl. Detta märks inte minst att det just är de s.k. hushållskärlen som har fungerat som benbehållare eller innehållit matoffer i gravarna från yngre bronsålder (Stålbom 1998c:133). Detta innebär att de hushållskärl som påträffades inne i husen mycket väl kan vara från medvetna deponeringar av olika slag. För att se till skillnaden mellan husen har i tabell 16 de hus sorterats ut som innehöll s.k. finkeramik. Husen som innehöll finkeramik kan vara uttryck för en social manifestation av något slag.

De hus som innehöll övriga fynd låg företrädesvis i de centrala delarna av boplatsen, i delområde E och F. Det går att se en tendens till att mängden bevarade fynd synes ha minskat under den senare delen av yngre bronsålder. Utmärkande för husen från boplatsen var att de hade nedgrävda förrådsgropar, men det förefaller inte som att man valde att lägga denna typ av föremål i dessa gropar. Föremålen ligger oftast nedlagda i stolphålen efter de takbärande stolparna eller i fyllningen till källargroparna. I de enstaka hus som hade bevarade golvlager och kulturlagersrester fanns även fynden i dessa. Sammantaget ser husen ut att vara välstädade och inga mängder med föremål har lämnats kvar. Krukskärvorna låg oftast i källargropen och/eller i någon av förrådsgroparna. I enstaka fall fanns det en större mängd med keramik i stolphålen. Uppenbarligen har människorna behandlat olika slags föremål på skilda sätt. En del av detta mönster kan eventuellt hänga samman med offerhandlingar, se kap. 3.4.2.1 och 3.4.2.2.

I tabell 16 och 17 har jag sammanställt föremålsbeståndet i långhus och småhus från bronsålder. Underlaget till sammanställningarna baseras på den i rapporten upprättade fyndregistreringen och anläggningsregistreringen (Borna-Ahlkvist et al. 1998 bilaga III).

Det material som finns kvar i långhusen har antingen varit avfall eller medvetet lämnats kvar i form av en offerhandling. Det innebär att det blir svårt att göra någon representativ bedömning av husen utifrån det magra fyndmaterialet. Utifrån ovanstående sammanställning går det ändå, med reservation för de källkritiska aspekterna, att se skillnader mellan husen. Husen som hade källare innehöll vanligen mera föremål än andra hus, vilket delvis kan förklaras med att föremålen oftast låg i gropar. Det synes även vara så att husen som låg inom delområde E generellt sett innehöll mera föremål. På hela boplatsen är det egentligen bara hus 174 som tydligt skiljer ut sig från de övriga husen med ett ovanligt rikt föremålsbestånd. En förklaring till detta kan vara att den västra delen av huset var täckt med ett 0,10 m tjockt fyndrikt kulturlager. Hus 174 hör till gruppen med mindre långhus, vilket aktualiserar frågan om vad som var statusbetingande under bronsålder. Det i särklass största huset från yngre bronsålder på boplatsen var hus 189. Trots att huset hade en stor källare och sex förrådsgropar, var det relativt fyndtomt. Dessa båda exempel från boplatsen visar hur svårt det är att förstå innebörden av skillnader mellan hus. Vad var status under yngre bronsålder? I Pryssgården förefaller det knappast ha varit att bo i det största huset. Givetvis är det vanskligt att försöka påvisa statusskillnader mellan olika hus då en stor del av den ursprungliga materiella kulturen som en gång i

tiden funnits har gått förlorad. En annan klart bidragande försvårande omständighet är att det kvarlämnade materialet är manipulerat på olika sätt och kanske är atypiskt för husens brukningstid. Jag tror därför att det är omöjligt att utifrån den materiella kulturen kunna belägga sociala skillnader mellan de olika husen och gårdarna på boplatsen i Pryssgården.

3.3 Huset som social agent

Winston Churchill sade att: *"first we shape our buildings and afterwards our buildings shape us"* (Parker Pearson and Richards 1994: 3 och där anf.litt.). Det ligger mycket i det citatet men frågan är hur mycket som människorna själva påverkade utformningen av sina hus eller hur mycket deras uppfattning om kosmos gjorde sig gällande i husens konstruktion och disposition. I detta avsnitt diskuteras olika aspekter av hur husen kan ha fungerat som symboler för människorna under bronsålder. Inledningsvis tar jag upp några exempel på hur forskare har uppfattat människornas syn på sina hus under skilda tider i olika världsdelar och kan utgöra en bakgrund till min uppfattning om husen i Pryssgården.

Hus beskrivs ofta som människans existentiella mittpunkt och ett sätt för henne att skapa ordning i ett kaos. Huset, bostaden ses som en *imago mundi* dvs. en avbildning av kosmos, den ordnade världen (Eliade 1968:29f). Just kopplingen mellan hus och kosmos har av många forskare setts som central för förståelsen av hur äldre kulturer har strukturerat sina boplatser och hus. Hodder har diskuterat husens symbolik i Lepinski Vir och menar att husen var en central punkt för människornas identitetskapande och känsla av grupptillhörighet. Hodders hypotes om *domus* kan kortfattat sägas gå ut på att människor som levde i små sociala enheter definierades som de som hade byggt huset tillsammans och tog del i husets bevarande, underhåll och ritualer. Dessa olika sociala enheter hade en varaktighet eftersom de "ägde" och gemensamt hade investerat i huset (Hodder 1994 och 1998:84ff). Hos jägare- och samlarfolk i de sydöstra delarna av Europa förefaller det som om kontinuiteten till en plats kunde upprätthållas längre än livstiden för ett specifikt hus genom att man lät bygga det yngre huset direkt ovanpå det äldre. Hodder ser husen som ett aktivt uttryck för sociala processer där husen kunde fungera som en identifikation för en grupp människor.

I Pryssgården synes kontinuitet och platstillhörighet ha varit viktiga för människorna som bodde där under bronsålder. Denna kontinuitet märks genom att de yngre husen placerades intill de äldre, men aldrig överlappade varandra. De olika husen inom de skilda gårdskomplexen uppvisade traditionella särdrag som återkom i de olika husgenerationerna på en och samma gård, se kap. 2. Traditionen med husoffer och andra former av depositioner på boplatsen kan enligt min uppfattning ha varit ett led i en fruktbarhetskult, men även ett sätt att visa sin platstillhörighet och indirekt kanske gett människorna en social ställning i samhället. Dessa resonemang återkommer jag till kap. 3.4.2. Under yngre bronsålder förändras keramikens utformning, där mångfalden ökade med ett alltmer individuellt formspråk. Denna förändring har förklarats som ett successivt ökat behov för de olika hushållen på gårdarna att kunna uttrycka sin identitet i ett socialt sammanhang (Stålbom 1998c:134f). Även om människorna i Pryssgården har levt i en helt annan tid och kultur än de i Hodders exempel, förefaller det som att hushållens rekvisita, husen och de olika gårdarna har använts för att uttrycka identitet, platsrättighet, grupptillhörighet och för att erhålla viss status i samhället.

Inom de sydöstra delarna av Europa kan det ha funnits olika traditioner för husens kontinuitet och övergivande. Det senare har förknippats med det synsätt man tror att människorna hade till sina förfäder. Var man rädd för förfäderna undvek man det gamla huset och boplatsytan. I samband med att husen övergavs, kanske efter att husets överhuvud hade gått bort, gjorde man en rituell stängning av huset. Denna kunde ske på olika sätt och ett sätt kan ha varit genom en rituell bränning av huset. Bränningen kunde vara en metafor för en reningsprocess (Hodder 1994 och 1998). Hodder jämför gravar och hus med varandra och anser att båda står för kontinuitet och förnyelse i småskaliga samhällen.

I dessa samhällen avslutades husens och gravarnas livscykel med en rituell stängning när människorna övergav dem och flyttade till en ny plats. Ett gravmonuments innebörd kunde enligt honom skifta över tid, från att ha varit en referens till erfarenhet hos en grupp människor till att bli en referens till förfluten tid. Detta kan m.a.o. uttryckas så att de som var med om att bygga ett monument, som bedrev olika slags ritualer invid det och slutligen stängde det hade en relation till monumentet baserad på deras egna upplevda erfarenheter. Andra människogrupper som inte hade denna direkta relation till monumentet upplevde det på ett annat sätt, hos dem fungerade monumentet mera som en referens till en förfluten tid. Både husen och gravarna ses som ett "hem" vilket spelar en roll i förhållandet mellan hushållsenheten och produktionen (Hodder 1994).

Bradley är inne på liknande tankar kring sambandet mellan hus och gravmonument i sin forskning kring olika bandkeramiska bosättningar i Europa (Bradley 1998:36ff). På en del av bosättningarna överlagrade inte husen varandra och det förefaller som om man har varit rädd för det gamla husets makter. Denna situation vill han förknippa med husens sociala livstid, där husen bara användes under en kortare tid för att sedan lämnas att förfalla. På dessa bandkeramiska bosättningar fanns såväl levande och döda hus som hus lämnade att förfalla. Dessa faktorer vill Bradley sätta samman med framväxten av långhögarna. De anses ofta kopiera grundplanen hos de äldre långhusen (Bradley 1998:38). Husens sociala livscykel och deras förfall avslutades med uppförandet av en långhög. Om långhögen kan ses som ett hus för de döda, kan dessa gravplatser återspegla existensen av hela bosättningen. På polska bandkeramiska bosättningar ser strukturen annorlunda ut. Där förefaller det inte ha funnits en tradition med att låta de gamla husen stå och förfalla som ett minne efter de döda (Bradley 1998:46f). Det går emellertid inte att dra direkta paralleller mellan människor från betydligt äldre kulturgrupper i de centrala och sydöstra delarna av Europa och människor i Pryssgården under bronsålder, eftersom man har haft olika kosmologier och synsätt på sina anfäder samt existerat i skilda samhällssystem.

Men man kan också tänka sig att hus övergavs av andra anledningar. Det finns etnohistoriska belägg, från 1600-talet på Ceylon, att hus övergavs p.g.a. sjukdomar eller om flera dödsfall inträffat inom en kortare tid hos en grupp människor (Knox 1981). På närmare håll, hos samerna, finns belägg för att en kåta övergavs om någon hade dött inne i den (Elisabeth Iregren muntligen). Hus kan även ha övergivits av sanitära skäl då dessa varit så omfattande att det inte har varit möjligt att bo kvar i dem. Uppenbarligen kan det ha funnits flera olika sociala skäl till att hus övergavs.

Min uppfattning om husen i Pryssgården är att de har övergivits under kontrollerade former, där de äldre husen även har medfört vissa rättigheter för en viss grupp människor i lokalsamhället; se kap. 3.3.3 och 3.4.2. Min teori är att i samband med att människorna flyttade ut från det gamla huset genomfördes en ceremoni förenad med eventuella offerhandlingar för att blidka anfäderna, som ett tack för jordens gåvor och för att säkra gårdens framtid. På boplatsen var de möjligen inte rädda för sina anfäder, som istället var viktiga för den levande delen av befolkningen. Anfäderna gjorde att de kunde visa sin platskontinuitet och rätt till mark. Hade människorna känt rädsla hade de knappast valt att bygga upp det nya boningshuset intill det gamla. I denna typ av samhälle var det viktigt att stå på god fot med sina anfäder vilket bl.a. skedde genom olika ritualer och ceremonier. Människorna har förmodligen identifierats med de olika gårdarna på boplatsen och härigenom erhållit sin status i det småskaliga samhället. På boplatsen kan det ha varit betydelsefullt att vårda minnet av de gamla husen och se till att husen inte heller blev nedbrända när de övergavs som boningshus. Endast ett hus, hus 223, från äldre järnålder, ger säkert belägg för att ha brunnit ner. Här finns brandsjok i form av rödbränd sand, kol och sot, liksom avtryck av förkolnade stolpar i stolphålen. Från yngre bronsålder visar ett par långhus, genom att stolphålen har sotig fyllning, indikationer på att kunna ha brunnit.

Människokroppens olika delar, upp/ned, fram/bak och höger/vänster påverkar vårt synsätt på vår omvärld och hur vi delar upp världen i det sakrala/profana, framtid/förflutna etc. Kroppen kan sägas representera bundna system, som för hus, människogrupper och territorium (Parker Pearson och Richards 1994:11 och där anf.litt.). Under yngre bronsålder förefaller det ha funnits en övergripande idé om hur husen skulle ligga i landskapet (husriktningar) och hur de skulle disponeras invändigt. Det senare kan t.ex. illustreras med att härdarna oftast ligger i den västra delen av husen och ingångarna i södra långväggen. Uppenbarligen har man velat strukturera sina hem, där olika aktiviteter har skett inom vissa delar av husen. Hur förhållandet var i Pryssgården se kap. 3.1.1. Den yttre rumsliga strukturen på bronsåldersbosättningar är fortfarande oklar även om det finns exempel från boplatser där man kan skönja mönster, som t.ex. i fallet Apalle (Ullén 1995a och 1995b). På andra håll är de yttre rumsliga strukturerna på boplatser från bronsålder inte så tydliga och koncentrerade vilket har föranlett en slutsats om att bebyggelsen under bronsålder var mindre strukturerad och samlad än under senare perioder (Olausson 1998, Göthberg 2000:140 och 236ff samt Streiffert 2001:54f, 88 och 116), se även under kap. 4. Denna uppfattning kan även hänga samman med ett bristande kunskapsläge om bronsålderns bebyggelsestruktur.

I Pryssgården torde det ha funnits en yttre rumslig struktur där de olika husen låg utplacerade på jämna avstånd. Intill husen fanns ett flertal anläggningar. Mellan dessa koncentrationer av hus och anläggningar fanns det mera fria områden. De hus och anläggningstäta ytorna har setts som lämningar efter olika gårdskomplex, se kap. 4.4.1. Intill husen syns även vissa ytor ha använts för olika slags aktiviteter som hörde hushållet till. I det arkeologiska materialet syns detta genom fyndens spridning och hur härdar, kokgropar och gropar av olika slag ligger utplacerade på boplatsen. Det förefaller ha funnits en relation mellan placeringen av vissa slags konstruktioner och hus. De flesta gropar och andra konstruktioner fanns norr och öster om husen, medan området söder om husen var tämligen anläggningsfria. Detta förhållande förklaras med att det förmodligen har funnits mera offentliga och privata sfärer på de olika gårdarna (Stålbom 1998a). På bosättningen har det förmodligen funnits en tanke bakom hur man har valt att strukturera sin tillvaro i fram/bak, öster/väster och offentligt/privat. Detta förhållningssätt syns inuti de olika husen men även i hur man rumsligt har organiserat sin gårdsmiljö, se kap. 3.1.1 och 4. På ett mera övergripande plan syns den rumsliga uppstruktureringen även i hur de olika gårdarna förhåller sig till varandra, se kap. 5. Genom att organisera sin tillvaro på boplatsen har man kanske kunnat vidmakthålla en social ordning i det småskaliga samhället.

Gerritsen ser husen som en social enhet och en produktionsenhet, där huset är en symbol som ger dess invånare en identitet. Genom ett hus kunde människorna som bodde i det manifestera sin relation till övriga hushåll i det småskaliga samhället. Han menar även att huset kan visa på en kontinuitet hos en social enhet som familj, släktgrupp och andra anhöriga. Husen står för kontinuitet över flera generationer, men är även dynamiskt då det genomgår flera sociala och fysiska förändringar som hänger samman med hushållets sammansättning (Gerritsen 1999). Gerritsens resonemang om husen och hur detta synsätt kan appliceras på min syn på förhållandena i Pryssgården se kap. 3.3.3.

En annan forskare som är inne på likartade tankegångar kring hus är Bailey, som ser husen som ett slags väsen som har en biografi. Husen kan, enligt honom, ses som "... *the continuity of action over time in one location*" (Bailey 1990:23). Husen präglas, enligt Bailey, även av fyra olika slags egenskaper som är; socialt, materiellt, rumsligt och tidsligt begränsade. Med det synsättet ses husen som en lika aktiv komponent i samhället som en mänsklig individ. De olika husen har en livscykel, de föds, de dör, begravs och dess ande blir ihågkommen efter döden (Bailey 1990:28). En diskussion kring husens livscykel på boplatsen i Pryssgården förs i kapitlen 3.3.3 och 3.4.4.

Detta synsätt på hus att de hade ett slags väsen och hade en kulturell biografi kan även användas i en analys av husen och bebyggelsestrukturen på boplatsen i Pryssgården. Det som var utmärkande för bronsåldershusen i Pryssgården var att de låg mycket regelbundet utplacerade på boplatsen. Samtliga långhus från bronsålder låg dessutom orienterade i samma riktning och låg inom intervallen VNV–OSO till NV–SO. Bronsåldershusen i Pryssgården ligger inom samma intervall som flera kända bronsåldershus på boplatser från Skåne och Danmark (Björhem & Säfvestad 1993:112ff). Under bronsålder synes riktningen på husen ha haft en betydelsefull innebörd för människorna som byggde husen och kan ha varit förknippad med deras uppfattning om kosmos. Husen från bronsålder har ansetts vara orienterade efter solens rörelser på himlakroppen. För husen i Skåne och Danmark gäller att de framförallt kan vara orienterade efter solens läge vid solnedgången under sommarhalvåret (Björhem & Säfvestad 1993:115f). Fenomenet att husen kan vara orienterade efter solens rörelser på himlen har man även funnit i andra kulturer; ofta orienterade efter soluppgången (Parker Pearson and Richards 1994) till skillnad från de skånska och danska bronsåldershusen. Under äldre järnålder förefaller inte husriktningarna på bosättningen ha varit så entydig som under bronsålder. De kunde fortfarande ligga kvar inom intervallet VNV–OSO till NV–SO, men de kunde även ligga i en NO–SV:lig riktning.

I hus på Madagaskar uppfattas den västra delen som den profana medan den östra delen är den sakrala. De olika delarna av husen förknippas med olika status och gender, där männen som hade högst status i hushållet höll till i den nordöstra delen av husen, medan kvinnor och barn höll till i den södra delen (Parker Pearson och Richards 1994:14f och där anf.litt.). För Pryssgårdens del har jag ansett att det inte går att analysera husen ur ett genderperspektiv, eftersom det bevarade fyndmaterialet var ganska fragmentariskt och inte låg i sin ursprungliga kontext. Det bevarade fyndmaterialet har uppfattats som atypiskt för de aktiviteter som skett på boplatsen (Stålbom 1998c). Enligt min uppfattning är det för osäkert att förknippa vissa aktiviteter och konstruktioner, som t.ex. härdarna i husens västra del med ett visst gender, eftersom vi inte känner till bronsåldersmänniskornas uppfattning om sådana saker. I mitt arbete försökte jag initialt att komma åt statusskillnader mellan olika hus och hur dessa uttrycks på en boplats som i Pryssgården. Denna frågeställning har successivt övergivits och nedtonats eftersom det bevarade fyndmaterialet var modifierat, såväl under bronsålder som under senare tid. Det finns visserligen skillnader i husens utformning som kan hänga samman med status, men det hade behövts ett bättre fyndmaterial för att kunna göra sådana bedömningar.

Flera forskare har sysslat med frågan kring husens orientering i olika samhällen och dess förhållande till kosmos. En av dem är Bradley som har studerat bronsåldershusens orientering i England i förhållande till den kosmiska ordningen (Bradley 1998). Han anser att det måste finnas en meningsfull innebörd i att många olika slags konstruktioner hade samma runda grundplan; som inhägnader, stencirklar, gravhögar och hus. Hans teori är att cirkeln skulle knyta an till solens och månens rörelser, medan andra var knutna till olika kardinalpunkter i landskapet. Han tror att alla dessa företeelser är element i ett och samma symboliska system där de olika monumentens likartade grundformer kan vara överföringar av varandra. En framförd teori är att förändringen i ett landskap. som varit dominerat av runda gravhögar till ett med runda hus kanske inte varit så abrupt som man tidigare har trott. Enligt Bradley vore det fel att dra en för skarp gräns mellan det rituella landskapet som formade det äldre landskapet och jordbrukslandskapet som intog dess plats och växte fram under bronsålder. Istället hävdar han att traditionerna med att bygga hus, skapa bosättningar och göra inhägnader av olika slag visar på uråldriga symboliska koder där modifieringarna av en redan etablerad kosmologi möjliggjorde nya bosättningsstrukturer.

I skandinavisk bronsålder har vi inga runda hus, förutom enstaka hyddlämningar. Istället är husen rektangulära och här är den eventuella kopplingen mellan olika monument inte lika tydlig som i England. Har detta inneburit att den kosmiska ordningen ej har haft ett så tydligt genomslag i de skandinaviska bronsåldershusen som i de brittiska eller har det tagit sig olika uttryck?

Under mellersta bronsålder hade fokus för de rituella aktiviteterna flyttat från gravhögarna in på bosättningarna och i husen. Övergivandet av de äldre monumenten skedde samtidigt som jordbruket trängde in på allvar och det skapades nya indelningar av marken och åkersystem. Nu förändrades gravskicket och man började att begrava sina döda under flat mark i urnegravfält i närheten av bosättningarna. I gravarna och på bosättningar användes samma slags keramikkärl. Nu hade istället det vardagliga i livet hamnat i fokus för symbolikens uttryck och enligt Bradley så kan många av vardagens inhägnader vara ett eko av äldre tiders specialiserade monument (Bradley 1998:147ff). Enligt honom kan ingångspartiet i de engelska bronsåldershusen haft en särskild symbolisk innebörd för människorna. I husen kan det även ha funnits en specifik skillnad mellan den vänstra och högra delen av husen som han menar kan gå tillbaka till den rumsliga dispositionen av den äldre bronsålderns monument (Bradley 1998:159). I Pryssgården låg de förmodade husoffren oftast vid dörren och i husens västra del, dess bostadsdel, se kap. 3.4.2.1. Dessa delar av husen kan haft en speciell symbolisk innebörd för människorna.

I England som på många håll inom skandinaviskt område synes det ha funnits ett nära samband mellan gravmonumenten från äldre bronsålder och bosättningar från yngre bronsålder (Strömberg 1983, Björhem & Säfvestad 1993 och Ullén 1995b och i tryck) se även kap. 6. Dessa äldre monument har sedan dess präglat landskapet och vardagen för människor som levt i området under olika tidsperioder. Men även under yngre bronsålder har det funnits ett nära samband mellan liv och död även om det har tagit sig nya uttryck, se kap. 3.4.2.1. De nära sambanden mellan liv och död kan illustreras genom de danska exemplen där en gravhög överlagrar långhus (Rasmussen 1993:174ff). En sådan koppling mellan hög och hus, anser Weiler kan hänga samman med en förfäderskult, med den förste kolonisatören i centrum för en sådan kult. Detta skulle enligt henne vara ett utslag av en individuellt präglad förfäderskult till skillnad från en äldre kollektiv (Weiler 1994:160). Men även genom traditionen inom Skandinavien med att bygga döds- eller gravhus på gravfält från stenålder till järnålder (Kaliff 1997:54ff och där anf.litt.). I Norrköpingsbygden finns det två kända kultbyggnader på gravfält från yngre bronsålder, nämligen i Ringeby och Klinga. Gravfältet i Ringeby låg under yngre bronsålder på en liten ö längst in i Bråviken, som kan ha varit platsen där befolkningen i Pryssgården begravde sina döda och utförde ritualer av olika slag. På gravfältet fanns det ett kulthus i anslutning till gravarna (Kaliff 1997:54f). Även på gravfältet i Klinga fanns det i anslutning till flatmarksgravarna ett dödshus som bl.a. innehöll ett antal urnegravar (Stålbom 1994:36ff). Ett ännu närmare samband mellan liv och död under bronsålder finns på den undersökta boplatsen i Kvarteret Glasrutan i utkanten av Linköping. Där fanns det ett döds- och kulthus eller möjligen ett altare av något slag. Anläggningen bestod av flera olika byggnadsfaser som i ytan bestod av en skärvstenshög med en kantkedja. I det allra sista skedet på platsen hade det skett en begravning (Karlenby et al. 1991:11ff).

Hur man kan applicera Bradleys tankar kring hus och kosmos på exemplet Pryssgården återkommer jag till i kap. 3.4.2.1. En intressant fråga är om husen skall ses som en metafor för kosmos, se även under kap. 4.

På bosättningen i Pryssgården kan rituella aktiviteter ha varit en naturlig del i vardagen, vilket bl.a. manifesteras genom husoffer, de näraliggande skålgrops- och hällristningslokalerna. Centralt på boplatsen intill några av bronsåldershusen på delområde E fanns dessutom en sotig och skärvstensfylld härd som innehöll ett märkligt fyndmaterial. Härden var oval till formen och var ca 1,5 m stor och 0,3 m djup. Konstruktionen har ansetts vara en härd, en eldplats på vilken ett stort antal fynd deponerats. På skärvstenslaget fanns rester efter två stora keramikkärl, ett miniatyrkärl, en malstenslöpare, rikligt med sädeskorn, enstaka ben och flinta. Bland keramikskärvorna fanns även bitar efter en figurin

i keramik, fig. 31. Konstruktionen har genom ^{14}C-analys daterats med kol från skärvstenslagret till 902–807 BC cal (Ua-7875) (Stålbom 1998b och 1998c:130ff). Figurinen var ihålig och ca 15 cm hög, eventuellt var den klädd i ett långt kläde som avslutades med en fris nere vid fötterna. Håret var samlat i en fläta som når en bit ned på ryggen. Figurinen har setts som en gudom som möjligen till hälften har varit människa och djur. Tyvärr var ansiktet sönderslaget och har inte kunnat rekonstrueras. Liknande lerfiguriner är kända från de östra delarna av Medelhavsområdet, sydöstra Europa och inom Lausitzkulturen. I norra Europa har de hittills varit sällsynta från bronsålder där det istället har funnits figuriner i brons (Paulsson 1993, Winbladh 1995, Kaliff 1999b och Borna-Ahlkvist 2001). Kan det vara så att människorna som bodde i Pryssgården hade sett liknande figuriner och var väl förtrogna med hur de användes i kultutövningen i främmande kulturer? Oavsett sitt ursprung visar den att det centralt på boplatsen har förekommit någon form av rituella ceremonier under yngre bronsålder.

3.3.1 Den sociala enheten under bronsålder

Utformningen av långhusen och indirekt gårdarna har även varit beroende av storleken på den minsta sociala enheten under bronsålder. Under äldre bronsålder tror man att hushållen var större än under senare perioder och att de förknippats med ett släktskapsbaserat samhälle. Övergången till de mindre långhusen under senare delen av äldre bronsålder har man ofta förklarat med att det hade skett förändringar i samhället´ (Kristiansen 1988:104, Tesch 1993:172f, Karlenby 1994:28). I stället var det nu tregenerationsfamiljen som var den minsta sociala enheten. I det fortsatta arbetet har jag antagit att ett hushåll under yngre bronsålder har bestått av en tregenerationsfamilj som kan ha varit utökad med ytterligare familjemedlemmar i form av hemmaboende syskon och äldre ensamstående släktingar. Detta är endast en teori, då det inte finns uppgifter om medellivslängd, genomsnittligt födelsetal per kvinna och omfattningen av spädbarnsdödlighet under denna tidsperiod. Dessutom vet vi ingenting om hur människorna under bronsålder såg på familjebildningar.

3.3.2 Bronsåldershusens livslängd

En annan försvårande omständighet för analysen av en boplats, dess bosättningsmönster och struktur är bl.a. hur länge ett förhistoriskt hus, dvs. en husgeneration, kunde och fick stå kvar på en bosättning och när det var dags att bygga ett nytt. Många arkeologer har därför försökt att komma fram till hur länge ett förhistoriskt långhus fysiskt har kunnat stå. Inte oväntat finns det flera olika uppfattningar om husens livslängd.

En del arkeologer har ansett att husen inte kan ha fungerat längre än 30 år, medan andra har hävdat att en mera rimlig livslängd för husen bör vara 50–75 år. Det finns t.o.m. de som har hävdat att husen kan ha stått i över hundra år (Hvass 1985:16ff, 201ff, Lökken 1989:146 och Björhem & Säfvestad 1993:296). Det finns även en diskussion om man har kunnat byta ut de takbärande stolparna i ett hus eller om detta har varit omöjligt. Enligt Tesch är det sällsynt att takbärande stolpar har bytts ut och bör vara tekniskt omöjligt att samtidigt byta ut hela den bärande konstruktionen på en gång. Han tror snarare att man föredrog att bygga ett helt nytt hus (Tesch 1993:151). En helt annan uppfattning har Gerritsen som hävdar att det finns flera exempel på boplatser där man har reparerat husen och på så sätt har kunnat modifiera livslängden på husen. Han hävdar dessutom att husens livslängd har berott på andra faktorer, däribland tradition och sociala aspekter, som har varit viktigare faktorer för husens livslängd än husens rent fysiska begränsningar (Gerritsen 1999:143).

En annan faktor som jag tror har haft betydelse för hur länge ett hus kunde stå är om miljön har varit bra eller dålig och hur samhället var utformat. Med miljö i detta sammanhang avses i första hand de ekonomiska förutsättningarna för en bosättning. Har man bott i en mera näringsrik miljö där man har

kunnat bo kvar under en längre tid är det rimligt att antaga att människorna gjorde en "större investering" som t.ex. röjning och markberedning av åkermark, men även i själva husbygget. Byggnadsmaterialet har valts ut med större omsorg och konstruktionen blev mera gedigen. Ett husbygge vid denna tid har krävt mycket arbetstid och arbetskraft. Hur länge ett hus kunde fungera som ett boningshus berodde enligt min åsikt på människornas mentala inställning till huset som sådant, till den plats som de bodde på. Denna har avgjort hur pass villig/ovillig man var till att investera i boendet och i marken. Har den mentala inställningen varit att man har identifierat sig med ett visst hus, en viss plats och att kontinuiteten har varit viktig för den sociala ställningen och rättigheterna i det småskaliga samhället, bör detta uttrycka sig bl.a. i att man investerade mera i sitt husbygge. Under sådana förutsättningar kan man förvänta sig att huset kunde och fick stå under en längre tid.

Många arkeologer har ansett att människorna övergav sina hus när de stolpbyggda långhusen ej längre kunde stå eller när åkerjorden inte längre gav goda skördar (Gerritsen 1999:139). Gerritsen är kritisk till denna uppfattning och hävdar det är en alldeles för enkel förklaring. Han ställer sig tveksam till om husens livslängd och markens möjligheter till att ge bra skördar skulle ha stämt så väl överens. Enligt honom var det snarare olika kulturella och sociala aspekter som styrde såväl husbyggandet som när husen övergavs.

För bedömningen av livslängden på förhistoriska hus räcker det således inte med att bara se till de tekniska förutsättningarna och begränsningarna, minst lika viktiga om inte de viktigaste är de mera kulturellt betingade faktorerna. Centralt för förståelsen av en boplats struktur är människornas bakomliggande synsätt på huset: när ett nytt hus uppfördes, hur länge det fick finnas och i vilket skede det övergavs. Andra viktiga faktorer för förståelsen av en boplats är varför bosättningsstrukturer och gravskick ändrades. Gerritsen har utarbetat en modell som behandlar synsätt på hus, benämnd husens kulturella biografi.

3.3.3 Husens kulturella biografi

Frågan om förhistoriska hus livslängd anser Gerritsen hänger samman med livscykeln för ett hushåll. Detta synsätt visar han i den modell han kallar för husens kulturella biografi. Denna är inspirerad av ett antropologiskt arbete av Bloch som studerat hur husen spelar en aktiv social och kulturell roll i Zafimaniry samhällen på Madagaskar. I dessa samhällen byggdes ett nytt hus upp, intill mannens familj, i samband med att ett par gifte sig. De olika bröllopsritualerna var nära förknippade med ritualer som utfördes i det nya huset. I Madagaskar kunde en del av husen upphöjas till anfädernas hus, när de inte längre fungerade som boningshus åt den levande delen av befolkningen (Bloch 1995 och Gerritsen 1999). I modellen antager han att man har byggt ett nytt hus när det har bildats ett nytt hushåll på en boplats. Men under tiden som ett hushåll bor och lever i sitt hus förändras dess sammansättning, nya familjemedlemmar kommer till och andra går bort eller flyttar till andra hushåll. Dessa förändringar i hushållets sammansättning har påverkat husets utformning, utnyttjande och livslängd. Han har applicerat modellen om husens kulturella biografi på järnåldershus och järnåldersbosättningar. Enligt honom kan stolparna i ett järnåldershus maximalt haft en livslängd på 25 till 40 år, beroende på markförhållanden, diametern på stolparna, träslag, etc. I modellen utgår han från att det i husen bodde ett hushåll där en familj kunde bestå av ett par med barn, några äldre släktingar och kanske några ogifta syskon. I det småskaliga samhället bör bildandet av ett nytt hushåll ha påverkat hela samhället. Hos en grupp människor om tre till fem gårdar, anser han att det var förenat med ett stort arbete att bygga en ny gård, i ett samhälle där grundandet av en ny gård bör även ha påverkat rättigheterna till marken och de sociala relationerna hos en grupp med människor. Ett nytt hus, särskilt om det har lokaliserats till en ny plats, måste ha inneburit ett kraftfullt symboliskt uttryck för nya sociala konstellationer i det småskaliga samhället (Gerritsen 1999:143). I sin modell antager han att man byggde upp ett nytt långhus i samband med att ett nytt hushåll skapades. Om den ena parten kom

utifrån, måste det ha inneburit stora förändringar i det småskaliga samhället (Gerritsen 1999:142f).

I modellen antager han att förutsättningarna för husets livslängd förändras när antalet familjemedlemmar i hushållet börjar minska. Tidpunkten då huset övergavs och/eller fick andra funktioner än som primärt bostadshus, kan ha sammanfallit med att familjens överhuvud dött eller med när barnen flyttat (Gerritsen 1999:143f). Modellen illustreras enligt fig. 26.

3.3.3.1 Husens kulturella biografi – i Pryssgården

Det är oklart hur länge bronsåldershusen kunde stå innan de förföll eller övergavs på bosättningen. Som tidigare nämnts finns flera olika uppfattningar om den fysiska livslängden för ett stolpbyggt förhistoriskt hus.

I min analys av boplatsen har jag därför valt att applicera och modifiera Gerritsens modell om husens kulturella biografi på bronsåldershusen från Pryssgården. Tankarna bakom modellen präglar mitt synsätt på boplatsens inre struktur och utgör därmed en viktig grund för mitt arbete. Det är inte enbart de kulturella aspekterna som styrt hur länge ett hus kunde få finnas kvar på en boplats. Även de olika tekniska och ekonomiska faktorerna inom en bosättning har haft betydelse för husens livslängd. Vi kan börja med de mera fysiska aspekterna på hur gammalt ett hus kunde bli och till situationen i Pryssgården. Boplatsen har legat på väldränerad jord. Jordmånen bestod av finmo till fin sandjord med en hög vattengenomsläpplighet. Förekomsten av relativt grunda brunnar på boplatsen tyder på att miljön inte varit vattensjuk.

Vid utgrävningen var det mycket tydligt att bosättningen var belägen på den högre delen av sluttningen, på de lätta sandjordarna, men upphörde på de nedre och mera låglänta partierna med lerjord (Lindgren-Hertz och Stålbom 1998a:17). Den centrala delen av boplatsen med sina hus har således legat på väldränerade jordar, vilket bör ha varit gynnsamt för stolparnas livslängd i de olika husen.

En annan viktig faktor för ett hus livslängd har varit vilka dimensioner som man hade på de takbärande stolparna, vilket timmer man använde sig av och om man på olika sätt har försökt att hejda olika rötangrepp. De yngre bronsåldershusen i Pryssgården har genomgående varit uppbyggda av kraftiga stolpar. Den genomsnittliga diametern för de takbärande stolphålen har legat på 0,40 m och de har varit stenskodda. Vi har däremot ingen kunskap om vilket träslag som användes i huskonstruktionerna. I samband med dateringen av de olika stolphålen gjordes ingen vedartsanalys. Detta kan i efterhand ses som en brist för bedömningen av boplatsen. Däremot gjordes en vedartsanalys i samband med makrofossilanalysen av stolphålen från två äldre järnåldershus som har stått på exakt samma plats och överlagrar varandra. Det ena huset hade brunnit ned, hus 223. Detta dateras till 87–240 AD cal (Ua-6423). Vedartsanalysen gjordes i de båda husen och från stolphålen efter de takbärande stolparna fanns ek och gran. Detta har uppfattats som att husens bärande konstruktion bestod av ek medan granen användes för sammanfogningarna (Engelmark et al. 1995:17). Möjligen använde man sig av samma träslag i de bärande huskonstruktionerna under yngre bronsålder på boplatsen, men vi kan inte med någon säkerhet avgöra det. Har man använt sig av ekstockar i de takbärande stolparna bör husen kunnat stå på boplatsen under lång tid, eftersom ek är ett hårt träslag, betydligt mer beständigt mot röta än många andra träslag. Nedgrävda ekstockar är beständiga mot röta i närmare 90 år (Göthberg 2000:109 och där anf. litt.).

I några av husen fanns rester av en kol/sot-horisont i stolphålens fyllning. Denna horisont kan tyda på att en del av stolparna har svärtats innan de sattes ned i marken, för att förlänga stolparnas livslängd och förhindra rötangrepp. En annan förklaring skulle kunna vara att dessa hus har brunnit, men det känns mindre troligt då inget i övrigt tyder på det. Ett par andra hus från yngre bronsålder kan ha brunnit vilket har bekräftats av den arkeobotaniska analysen (Viklund och Linderholm 1996:6f). I bosättningen i övrigt hade vi ett hus som tydligt visade att det hade brunnit, nämligen hus 223 från äldre järnålder. I det brunna huset fanns rester av brandlager och fyllningen i stolphålen var mycket sotig och en del av

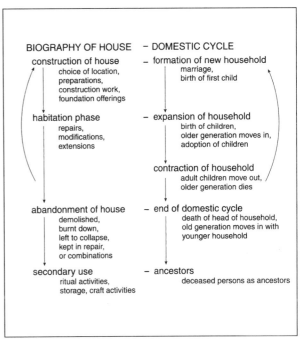

Fig. 26. Relationen mellan ett hus biografi och cykeln i ett hushåll. (Ur Gerritsen 1999:142).

stolphålen innehöll konturerna efter den brända stolpen (Borna-Ahlkvist 1998c:177).

Boplatsen har legat på näringsrika jordar där man har ägnat sig åt kreatursskötsel och omfattande odling. De mera låglänta och sankare områdena söder om boplatsen har varit lämpliga för bete och foderinsamling. Bosättningen har dessutom legat nära havet och ett större sötvattendrag vilket har möjliggjort fiske men även sociala kontakter och utbyten av olika slag. Utifrån de arkeologiska resultaten kan vi se bosättningen som långvarig och stabil (Borna-Ahlkvist et al. 1998:150ff).

Sammanfattningsvis förefaller det som om husen kunde ha stått ganska länge på boplatsen. I tolkningen av bebyggelseutvecklingen har jag räknat lågt och antagit att ett långhus har kunnat bli mellan 50 och 75 år gammalt. Från yngre bronsålder finns det 19 långhus, vilket med ett tidsspann på femhundra år ger fyra hus per sekel. Stämmer detta bör det under hela denna tid ha funnits två till tre samtida långhus inom undersökningsområdet, hus som successivt har bytts ut. Detta resultat kan vid en första anblick framstå som magert, men då är det viktigt att komma ihåg att boplatsen fortsätter ut på ömse sidor om undersökningsområdet. Därmed har bara en mindre del av en större bosättning undersökts.

I bronsåldershusen gick det inte att se om de takbärande stolparna i husen hade satts om. I några hus fanns det en extra stolpe intill en takbärande stolpe vilka skulle kunna vara rester efter en sådan omsättning. På bronsåldersboplatser förefaller det enligt Göthberg vara en sällsynt företeelse att stolparna i husen blivit omsatta, vilket bör innebära att de knappast har kunnat stå längre än i 100 år, snarare i 50–75 år (Göthberg 2000:109). Men i denna fråga går meningarna isär bland forskarna, där en del hävdar att det är inga problem med att byta ut stolpar i dylik timmerkonstruktion (Säfvestad muntligen).

En orsak till att jag slutligen valde att laborera med husens livslängd på 50 till 75 år var synsättet i Gerritsens modell om husens kulturella biografi. I hans modell skulle ett hus ha stått i ca 30 år vilket ungefär motsvarar en vuxen generation per hus. I min analys av husen från yngre bronsålder har jag arbetat med hypotesen att det är ett hushåll (tregenerationsfamilj) som har bott i ett hus. Enligt min uppfattning har inte olika hushåll "tagit över" varandras hus, utan de behölls inom familjen. Måhända kan det gått till enligt följande: när den äldsta sonen nådde vuxen ålder tog han över huvudansvaret för huset och gården. Han skaffade familj och bodde kvar i huset tillsammans med sina åldrande föräldrar, hemmavarande syskon m.fl. De övriga familjemedlemmar som bildade egna hushåll flyttade till andra hus varav en del inom boplatsen. När huset inte längre var tjänligt som bostad uppfördes ett nytt hus intill det gamla, kanske i samband med ett generationsskifte på gården.

Jämför vi med dagens släkttillhörighet och tidsuppfattning så känner vi idag en tillhörighet i ett par tre generationer tillbaka, därefter blir våra anfäder allt för mycket främlingar. I dagens samhälle borde

detta motsvara ungefär ett sekel. Det är vanskligt att säga någonting om hur det förhöll sig under bronsålder, men även på den tiden måste människorna ha känt tillhörighet med de familjemedlemmar som de har upplevt och har minnen av, vilket bör sträcka sig över tre till fyra generationer. Utifrån de sociala och kulturella aspekterna borde ett hus ha funnits åtminstone i 50 till 75 år.

De arkeologiska beläggen för att styrka ovanstående resonemang grundas på spridningsbilden av långhusen på boplatsen. I fältarbetet kunde vi se att de allra flesta husen inte låg ovanpå varandra. I fältarbetet och i den fortsatta bearbetningen av materialet har jag kunnat se att det ofta finns två till tre långhus som ligger nära varandra och i anslutning till dessa hus finns det olika aktivitetsområden med ett antal härdar och gropar av olika slag. Mellan dessa hus och anläggningstäta ytor fanns det mera fria ytor. Avstånden mellan de olika husområdena låg på 70 till 150 m. Husen som ligger inom en anläggningstät yta har ofta stildrag som påminner om varandra vilket framgår av resonemangen i kap. 2.3.

På boplatsen i Pryssgården ligger således ofta ett par till tre långhus ganska nära varandra, på ett tiotal meters avstånd. Dessa hus tror jag utgör olika "husgenerationer" på en och samma gård. Sättet man har valt att göra själva huskonstruktionen, hur man har disponerat och inrett husen ser jag som en traditionsbundenhet på så sätt att det är en och samma familj som har bott på en gård. De olika långhusen på gården avspeglar de olika husgenerationerna. På hela bosättningen synes endast ett fåtal långhus ha brunnit, varav ett av de tydligaste fallen var ett hus från äldre järnålder. Enligt min uppfattning kan möjligen såväl uppförandet av nya hus som övergivandet av gamla hus på boplatsen ha varit förenade med traditionsbundna ceremonier, se kap. 3.4.2.1. Vi har heller inga spår av odling på ett gammalt gårdsområde eller husområde. Odling har i och för sig skett över hela ytan under flera århundraden, men vi har inga belägg för att man omedelbart efter att ett hus övergivits började att odla marken.

Det arkeologiska materialet från boplatsen i Pryssgården antyder att när man har uppfört ett nytt hus har man känt till och visat hänsyn till det gamla huset på gården. Det är ju även troligt att man har utnyttjat en del byggnadsmaterial och inredning till det nya huset. För den sekundära användningen av husen har vi inga säkra arkeologiska belägg för vad de har använts till. Om husen har använts sekundärt som förråd är näst intill omöjligt att kunna påvisa arkeologiskt. Argument för detta skulle kunna vara det stora antalet med förrådsgropar och att det i flera hus fanns en stor källargrop. Dessa konstruktioner tror jag snarare har funnits samtidigt som huset har fungerat som ett boningshus. Vi kan inte arkeologiskt belägga att husens sekundära funktion har varit som anfädernas boning. Däremot torde ritualer, tradition och kontinuitet ha varit viktiga för de olika gårdarnas invånare. De olika husgenerationerna på en gård ligger nära varandra och därmed förefaller det inte som man varit rädd för anfäderna. Snarare kan man tänka sig att anfäderna fungerade som en länk till det förflutna och legitimerade en platstillhörighet och vissa rättigheter i det småskaliga samhället.

Vid en stabil bosättning bör rätten till mark och känslan av tillhörighet till en viss plats ha varit viktig för gårdens invånare. En förklaring skulle kunna vara att när husen på boplatsen upphörde att fungera som en bostad för de levande gårdsinvånarna blev det istället en bostad för de döda anfäderna. Det skulle i såfall kunna innebära att man rituellt dödade huset och lät det sedan stå och sakta förfalla. Det är möjligt att den rituella stängningen av husen innebar att husen städades och tömdes på sina föremål. Kanske hade man en offerceremoni som innebar en deponering i någon av husets gropar. Med detta synsätt skulle det i så fall på boplatsen samtidigt ha funnits s.k. levande och döda hus, där de senare var anfädernas hus som sakta fick stå och förfalla.

En av våra frågeställningar i fältarbetet var att finna var man begravde sina döda. Intill den stora bosättningen finns inget känt bronsåldersgravfält. Men däremot kan det mycket väl ligga i närheten och vara dolt under markytan. Under fältarbetet sökte vi bland annat efter gravar för att se om man hade lagt sina döda intill boplatsen i närheten av gårdarna. På hela undersökningsytan fann vi några gravliknande an-

läggningar innehållande brända ben. Men enligt den osteologiska analysen var det frågan om brända djurben (Jonsson 1996, Borna-Ahlkvist et al. 1998:160f). Även här gäckar oss det arkeologiska källmaterialet och ger ingen vägledning om synen och förhållningssättet till de döda, annat än mera indirekt genom bedömningen av de "döda husen".

3.4 Traditioner, ritualer och religion

"... theories of rituals and religion could broaden our perspective on human action and give answers to the question as to why people act the way they do" (Sveen 1998:433).

Hur kan vi arkeologer i ett material försöka komma åt vilka traditioner och sedvänjor som en grupp människor ägnade sig åt på en viss plats under en gången tid? Inom arkeologin har det under de senaste åren funnits ett stort intresse för religion och andliga ting. Utan att närmare gå in på denna forskningsinriktning vill jag, som en bakgrund till mitt avsnitt om husoffer, ge några få exempel på olika forskares syn på arkeologi och religion.

Fokus har, under senare år inom den postprocessuella arkeologin, varit på människan som en kulturskapande varelse, hennes föreställningsvärld och hennes plats i tillvaron. Detta har inneburit att man har försökt att finna spåren efter religiösa ritualer och handlingar på förhistoriska bosättningar. En uppfattning är att det har funnits ett nära samband mellan ritualerna på gravplatserna och i människornas vardagsliv (Engdahl och Kaliff 1996:7). En del forskare anser att religionen har genomsyrat all tillvaro i ett förhistoriskt samhälle så att det inte är meningsfullt att försöka skilja ut religiösa symboler från de som hörde vardagen till (Olausson 1995:54f, Kaliff 1997:121, 1999a:69 och Artelius 1998:419). Genom utförandet av olika ritualer kunde sociala normer och rättigheter upprätthållas. De religiösa ritualerna var således ett sätt att skapa ordning och stabilitet, att stärka ideologin och mytologin. De kan beskrivas som ett kulturellt tyst uttryckssätt, vars innebörd var känd av alla som tillhörde en viss kultur (Artelius 1998:419). Men det räcker inte bara med tysta kulturella koder. Även högljudda krävs för att kunna upprätthålla politisk och social makt. Härigenom kom den världsliga makten att bli synonym med den gudomliga. Den sociala organisationen blev en reflektion av de gällande myterna i den övergripande kosmologin (Artelius 1998:420). Ett annat synsätt har Bredholt Christensen som anser att det är olämpligt att använda sig av termen religion i studiet av textlösa förhistoriska samhällen, eftersom vi aldrig kan vara säkra på att kunna skilja symboler som är religiösa från de mera profana. Hon hävdar att det är svårt att fånga religionen i ett förhistoriskt material eftersom vi inte kan skilja mellan människornas kommunikation med varandra från deras kommunikation med den andra världen. Religion är en konstruktion som baserats på kulturer med bevarat skriftspråk, medan det blir svårt att applicera den på skriftlösa och utdöda kulturer. Genom textanalyser är det möjligt att extrahera vad som är religiösa abstraktioner och föreställningar i en kultur. I de skriftlösa kan vi inte ta för givet att vissa företeelser som uppenbarligen förefaller vara religiösa verkligen är det, hit hör t.ex. tolkningarna om gravar, figuriner och hällristningar (Bredholt Christensen 1998). Weiler har i sin doktorsavhandling definierat begreppet ideologi som en syntes av olika element där hon menar att "ideologi inbegriper dels religion och föreställningsvärld, dels normer och värderingar i samhället, t.ex. i fråga om ledarskap och rättsregler". I småskaliga samhällen anser hon att man oftast inte har skiljt mellan religion och ledarskap. I dessa hade den som hade den religiösa makten också den världsliga (Weiler 1994:147).

En ritual kan ha såväl en religiös som en mera profan bevekelsegrund. Den kan till en början ha haft en religiös innebörd som successivt spelat en allt mer underordnad roll. Kanske har t.o.m. den ursprungliga tanken bakom ritualens utövande fallit i glömska, i ett senare skede när man fortsätter att utöva ritualen har den fått en annan innebörd för utövarna. Ritualerna är viktiga för strukturerandet av ett samhälle. Även om deltagarna kan vara tvingade att med-

verka är det just delaktigheten som ger dem en sådan stark roll i samhällets utformning. Genom utförandet av olika ritualer kan det aktuella samhällets olika värderingar och normer synliggöras (Damm 1998). Men eftersom dessa i ett samhälle hela tiden förändras blir det svårt att förstå deras innebörd. Ceremonierna kan vara innovativa men de är aldrig fixerade eller låsta till statiska traditioner. Enligt Damm kan dessa beskrivas som, *"There is no closed system of symbols and meanings in rituals"* (Damm 1998:444).

Brian Hayden är en forskare som ägnar sig att studera mänskligt agerande i samtida kulturer. Hans forskningsinriktning är tvärvetenskaplig och den handlar om varför människor i skilda kulturer anordnar fester av olika slag och vilken roll dessa har i samhällena. Hans syn är att: *"… feasting is emerging as one of the most powerful crosscultural explanatory concepts for understanding an entire range of cultural processes and dynamics ranging from the generation and transformation of surpluses, to the emergence of social and political inequalities, to the creation of prestige technologies including specialized domesticated foods, and to the underwriting of elites in complex societies"* (Hayden 1999:4). Han anser att innan vi försöker förstå den symboliska innebörden av ett visst agerande hos en grupp människor skall vi försöka komma åt orsakerna bakom detta beteende. Frågor som vi skall ställa oss är varför vissa människor eller kulturgrupper ställer till med storslagna fester eller bygger megaliter (Hayden 1999:6). Vad är det som skall betecknas som ett festande? Fest kan definieras som *"… any sharing between two or more people of special foods in a meal (i.e., foods not generally served at daily meals) for a special purpose or occasion"* (Hayden 1999:9). Den gemensamma och bakomliggande orsaken till varför människor i olika kulturer anordnar fester handlar om behovet av att skapa och upprätthålla viktiga sociala relationer i en kultur eller i ett samhälle (Hayden 1999:12). Genom att arrangera eller deltaga i en fest skapas ett beroendeförhållande med sociala relationer tills dess att gåvan är återbetald (Hayden 1999:19). Fester förekommer på mycket olika nivåer i samhället, allt ifrån de mindre i det enskilda hushållet till de mera storslagna hos en grupp människor. Liksom omfattningen av en fest kan skifta så finns det flera olika skäl till att den genomförs. Festandet kan vara en del av en ceremonis utövande men behöver inte vara det. Typiska tillfällen att anordna en festlighet är när en grupp människor vill fira en politisk, social eller ekonomisk framgång eller vid ingången av viktigare allianser. Sådana festtillfällen kan vara i samband med husbyggen, när en ledare dör, ny ledare utses eller vid andra speciella situationer (Hayden 1999:31).

En annan tradition som finns utbredd hos flera olika kulturer med stor geografisk spridning är husoffer. Inom de flesta kulturer synes det ha funnits ett behov av att skydda och markera den plats som man bor på. I Norden finns kända husoffer från neolitikum. Utmärkande för dessa offer var att de oftast bestod av vapen (Paulsson 1993:31). Karsten har i sin avhandling gått igenom en stor mängd neolitiskt material i det skånska husmaterialet. I de flesta husen ligger offren i stolphålen vilket även kan vara ett resultat av bevaringsförhållanden. Han har även kunnat se att dessa på en del bosättningar har ramat in husen (Karsten 1994:145ff och där anf.litt.).

Paulsson testar i sin uppsats hypotesen att husoffrets rötter för det nordiska området kan sökas i samhällen från järnålder och dessas föreställningsvärld. Sedens fasta förankring i den nordiska agrarkulturen skulle tyda på oföränderliga, sega och andliga strukturer som präglade det förindustriella samhället. Seden skulle med detta synsätt vara ett magiskt tänkande som hörde vardagen till och inte hade något direkt att göra med den officiella religionen. Den teori som hon för fram och prövar i sin uppsats är om seden med husoffer är lika gammal som det agrara samhället som växte fram i Norden under äldre järnålder (Paulsson 1993:31).

Under äldre järnålder skulle det således ha blivit allt viktigare för människorna att på alla möjliga sätt försöka säkra gårdens och djurens välbefinnande. Detta bör i sin tur ha inneburit en förändring av husoffrens sammansättning där man istället började med att offra lerkärl och ben från husdjur. Denna förändring har föreslagits hänga samman med övergången

till mer permanent odlade och gödslade åkrar, samt till en fähusdrift som innebar att djuren stallades under vintermånaderna (Paulsson 1993:33). En annan förklaring till orsakerna bakom att tamdjuren började stallas har förts fram av Årlin. Hon anser att i och med att människans syn på djuren hade förändrats och gått från att bara vara "det man producerar" till att bli "producent", hade djuren också intagit en aktiv del av människans vardag (Årlin 1999:301). Nu hade djuren blivit "rumsrena" och det var kulturellt acceptabelt att dela tak med tamdjuren. Parallellt med den förändrade synen på tamdjuren började de att successivt ingå i den rituella sfären. Denna förändring i människans attityder till sina tamdjur kan, enligt Årlin, ha skett redan under bronsålder. Tamdjuren fick nu även en viktig roll i människornas ritualer och ideologiska handlingar, vilket manifesteras i bronsålderns symboliska sfär, såväl på hällristningar, som i bronser och i gravmaterialet (Årlin 1999:301). Möjligen kan människornas nya attityd till tamdjuren även ses i husmaterialet vilket kan exemplifieras med det utvalda benmaterialet som fanns i husen från boplatsen i Apalle (Ullén 1995b:71ff).

Utifrån nyare forskningsresultat förefaller det snarare som om den agrara utvecklingen, som tidigare ansetts tillhöra äldre järnåldern, kan vara en mycket mera långdragen process där delar av utvecklingen skedde redan under yngre bronsålder (Göthberg 2000:143). Detta innebär i sin tur att förändringen av husoffrens sammansättning, enligt min uppfattning förmodligen har skett tidigare, dvs. under yngre bronsålder.

I ett samhälle som bestod av jordbrukande och mera bofast befolkning var avkastningen från jorden och djuren på gården basen för livsuppehället och välbefinnandet. Huset och gården intog för människorna en central roll i deras vardagliga liv och föreställningsvärld. Det är i denna föreställningsvärld som man skall se traditionen med husoffer. Dessa hör till en värld där jordens fertilitet står i centrum, fruktbarhetskulten, där det var viktigt att öka jordens avkastning och säkra djurens tillväxt (Paulsson 1993:35). Hos jordbrukare var dyrkan av gudar som beskyddade avkomman hos människor och djur samt åkermarkens avkastning viktig. I dessa samhällen förknippades fruktsamheten hos människorna med åkrarnas avkastning (Winbladh 1995:6). På Cypern hade kvinnorna under bronsålder en viktig del i skötsel av åkerbruket i ett samhälle där markens utkomst associerades med kvinnlig fertilitet. Förmodligen var det även kvinnorna som utförde riterna som var förknippade med jordens fruktbarhet (Winbladh 1995:11). Frågan är om förhållandena under bronsålder varit likartade här?

Ett offer gjordes för att ladda huset med fruktbarhet och för att ge det en väktare. Genom att ta till magi trodde man att man skulle kunna påverka och förbättra sin vardagliga situation. Olika magiska ritualer skulle kunna hjälpa gårdens invånare att skydda och bevara sina tillgångar, samt att få dem att växa och förökas (Paulsson 1993:8). Traditionen med att göra husoffer visar hur starkt husbyggandet var förknippat med olika ritualer och innefattade olika symboliska ceremonier i det småskaliga samhället. Ett husoffer gjordes i samband med att huset byggdes. Ofta finns offren i de delar av huset som efter dess uppförande inte blir tillgängligt, dvs. i väggarna, under golven, i anslutning till härden eller vid tröskeln (Paulsson 1993:31).

3.4.1 Föremål i hus
– i arkeologiska kontexter

I bearbetningar av t.ex. ett husmaterial behöver även fyndmaterialet beaktas ur olika perspektiv. Vilken är innebörden av det bevarade fyndmaterialet, liksom av det som saknas i den arkeologiska kontexten? Är det möjligt i ett husmaterial att skilja ut vad som kan vara frågan om lämningar efter rituella ceremonier, vanligt boplatsavfall och andra depositioner? I vilka kontextuella sammanhang bör fynden finnas för att kunna betecknas som rituella? Kan föremål som hört till vardagen även tjänat som en rituell rekivisita eller kan det bara vara frågan om specifika fynd eller föremålskategorier? Har det på boplatsen funnits en mera aktiv avfallshantering? På de följande sidorna skall dessa frågor diskuteras utifrån olika infallsvinklar på materialet i Pryssgården.

I mina bearbetningar av fynd i bronsåldershusen är en försvårande omständighet materialets tillgänglighet. Inom projektet valde vi att fördela materialet mellan oss, där mitt ansvar som tidigare nämnts var husen. Den grundläggande bearbetningen av fyndmaterialet skedde dessvärre utan en kontinuerlig dialog inom projektets ram. Inför analysen av fynden i husmaterialet bearbetade jag de digitala fynd-, anläggnings- och husregistreringarna, samt sorterade ut bronsåldershusen som innehöll keramik och övriga fynd. Därefter gjorde jag enkla spridningskartor över fyndens utbredning i respektive hus. Det hade varit önskvärt att fyndmaterialet i husen och utanför husen kunnat bearbetas bättre. Avsikten var att Stålbom i sin fördjupade analys av fyndmaterialet skulle göra detta. UV-Linköping har efter hans frånfälle valt att inte avdela resurser för att genomföra en sådan analys.

Jag har begränsat analysen till fynd i hus och hur dessa bör uppfattas. Det föreligger flera källkritiska dilemman, vilka aldrig helt kan elimineras. Men trots dessa källkritiska aspekter på materialet har jag velat pröva min teori om att det har skett flera rituella ceremonier under ett hus livstid, vilket enligt min uppfattning kan knytas till dess kulturella biografi. Utifrån detta synsätt förs en diskussion kring innebörden av en del av det bevarade fyndmaterialet i bronsåldershusen. Detta görs i en modell som kallas för *Rituella handlingar i husets kulturella biografi*. I slutet på detta kapitel för jag en mera övergripande diskussion kring avfall och deponeringar.

Det vi finner i arkeologiska kontexter är rester efter såväl rationellt som irrationellt mänskligt handlande. En del av materialet kan ha en rituell innebörd, annat inte. På en boplats har det säkerligen funnits flera olika slags ritualer som kan ha haft religiös och profan innebörd, eller en kombination av båda. Dessa kan ha haft olika bevekelsegrunder och skett på flera nivåer i samhället. Om man bara ser till den mera privata nivån inom det enskilda hushållet kan utövandet av en ceremoni ha skett vid flera tillfällen. Dessa kan t.ex. vara förknippade med människornas livscykel, husets livscykel, årstiderna eller till andra mera specifika tillfällen. Ceremonierna kanske inte alls har lämnat efter sig några arkeologiska spår eller var sådana där det bara är en liten del av utövandet som finns kvarlämnade.

3.4.2 Rituella handlingar i husens kulturella biografi

Under ett hus livstid har det förmodligen skett flera olika slags rituella handlingar, varav det finns spår efter en bråkdel. I samband med att huset byggdes gjordes ett offer, ett s.k. husoffer. Vad hände när huset övergavs, skedde det några rituella ceremonier då? Vad hände när t.ex. familjens överhuvud dog, eller när ett barn föddes – genomfördes några rituella handlingar och eventuella depositioner vid dessa tillfällen? Kan det även inne i husen ha skett årligen återkommande ritualer som var förknippade med jordbruket, årstiderna och solens rörelser på himlavalvet. Dessa enstaka exempel visar att det kan ha skett rituella handlingar vid flera tillfällen under ett hus livstid, men i min modell har jag endast valt ut två situationer, nämligen när huset byggs och när det överges.

Huset byggs

I samband med att ett hus byggs har det skett olika ceremonier, där ett led kan ha varit att göra ett husoffer. De föremål som kan ingått i den rituella sfären behöver inte alls ha varit statusföremål utan kan mycket väl ha varit vardagsföremål som hörde till gårdens och jordbrukets sfär. Detta kan göra det svårare att skilja ut de rituella lämningarna från avfallet.

För att kunna anses vara ett husoffer anser jag att några av följande kriterier måste uppfyllas:

- De har skett i samband med att huset byggdes.
- Föremålet skall finnas i en sluten kontext, vilken man inte hade direkt tillgång till efter att byggnaden hade uppförts. Till denna kategori hör föremål som legat i stolphål efter takbärande stolpar, väggar eller dörrar, men även under golv.
- Föremålen kan ha haft en dubbel innebörd, både som redskap och en symbolisk funktion. Till denna grupp föremål räknas malstenar, yxor, keramikkärl och delar av kranier, samt unika föremål, se motivering i kap. 3.4.2.1.
- I en kontext enligt ovanstående skall minst 100 gram keramikskärvor finnas för att kunna räknas som ett husoffer.

Beteckningen husoffer är kanske olycklig, eftersom offer ofta förknippas med ett religiöst agerande. Dessa kan ha haft en religiös innebörd men det behöver inte vara fallet. Termen husoffer har ändå behållits eftersom det är ett vedertaget begrepp inom bebyggelsearkeologin och etnologin. I ett samhälle som kanske präglades av en fruktbarhetskult kan seden att lägga ned ett föremål i ett stolphål ses som en gåva till jorden och dess makter. Om detta handlande skall ses som en religiös handling i led med en fruktbarhetskult eller som en mera praktisk handling för att säkerställa gårdens och jordens utkomst, är svårt att klarlägga. En annan förklaring skulle kunna vara att dessa handlingar är en kombination av praktiskt agerande där man även tog till med en vardagsmagi, som ett led i en fruktbarhetskult. Dessa handlingar skulle på så sätt gemensamt förbättra den enskilda gårdens förutsättningar. En annan förklaring till husoffer i form av begravda djur, katter, ormar och specifika föremål etc. torde vara att man skaffade sig en väktare till huset, varigenom man försökte skydda sig mot diverse olyckor (Paulsson 1993:19).

Huset överges

Enligt min syn på husen har de varit viktiga symboler för människorna. Genom husen kunde vissa rättigheter erhållas och upprätthållas. Hos en del jordbrukande befolkningar kunde det vara betydelsefullt att visa på kontinuitet och platstillhörighet. I ett samhälle som kanske präglades av fruktbarhetskult kan seden att lägga ned ett föremål i en grop ses som en gåva till jorden, ett sätt att beveka jordens krafter och för att försöka säkra gårdens avkastning. Stämmer mitt antagande att det även har funnits en anfäderskult på boplatsen kan gåvogivningen även ingått som ett led i denna. Likaväl som det kan ha varit vardagsföremål vid husoffer kan det ha varit det när husen övergavs som boningshus. För att kunna anses vara en sådan rituell deposition har följande kriterier satts upp:

- Depositionerna har skett i samband med att huset övergavs och när huset ej längre är boningshus.
- Föremålen finns i förrådsgrop eller källargrop i huset.
- Föremålen kan ha haft en dubbel innebörd, både som ett redskap och en symbolisk funktion. Till denna grupp föremål räknas malstenar, yxor, keramikkärl och delar av kranier, samt unika föremål, se motivering i kap. 3.4.2.1.
- I en kontext enligt ovanstående skall minst 100 gram keramikskärvor finnas för att kunna räknas som en rituell deposition.

Det första kriteriet är näst intill omöjligt att arkeologiskt belägga. Det kräver helt andra stratigrafiska förhållanden än vad som fanns bevarade i Pryssgården. Hårddrar man detta faktum innebär det att min idé får överges eftersom det inte går att bevisa att dessa handlingar har skett i samband med huset övergavs. Men trots dessa källkritiska aspekter vill jag pröva min teori om att det skedde rituella ceremonier i samband med att husen övergavs som bostad för den levande delen av befolkningen.

Slutligen måste man ställa sig frågan om det bara är hela föremål som kan ha ingått i en rituell rekvisita? Är det alltid så att delarna av t.ex. ett keramikkärl i ett stolphål bara är ett vanligt hushållsavfall? Hur stor andel bör finnas av ett kärl i ett stolphål för att det skall kunna anses vara rimligt att det inte bara är frågan om ett vanligt hushållsavfall? Ett uppförande av ett nytt hus har varit ett stort arbete där skapandet av ett nytt hushåll även har påverkat de sociala strukturerna i det småskaliga samhället. Husbyggandet har förmodligen varit förenat med fester och ceremonier, som inkluderat seden att göra husoffer. Vad är det egentligen som säger att det inte är mer från dessa ceremonier kring husbygget som har hamnat i stolphålen? Bakgrunden till att dessa frågor ställs är att vi enligt min uppfattning tenderar till att

sitta fast i vårt sekulariserade s.k. rationella västerländska tänkande. Men å andra sidan behöver inte detta heller innebära att allt måste vara rituellt bara för att vi försöker oss på en hermeneutik.

3.4.2.1 Husoffer på boplatsen i Pryssgården

På boplatsen i Pryssgården fanns en stabil och bofast befolkning från åtminstone yngre bronsålder. Basen för människornas uppehälle var jordbruk och boskapsskötsel, kap. 3.5.2. Min hypotes är att vi redan under yngre bronsålder kan antaga att människorna hade en liknande vardagsmagi och gjorde samma slags husoffer som tidigare antagits vara typiska för de äldre järnålderssamhällena (Paulsson 1993:31ff och där anf.litt.). För människorna på boplatsen var det viktigt att på olika sätt försöka säkra de olika gårdarnas fruktbarhet och framgång. Det är inom denna föreställningsvärld som vi kanske skall försöka förstå flera av de kvarlämnade föremålen i husen, tabell 18. Vid denna tid växte ett jordbrukssamhälle fram och synen på de döda förändrades vilket innebar införandet av nya gravritualer men även att nya ritualer infördes på boplatserna. Detta skulle i så fall kunna innebära att denna tradition åtminstone kan föras tillbaka till bronsålder och att rötterna till agrarsamhällets husoffer istället bör sökas i bronsålderssamhället och dess föreställningsvärld.

I en förhistorisk samhällsbildning bör det ha varit förenat med ett stort arbete att bygga ett hus, med många människor involverade. I ett system där en gåva kräver en motgåva är det rimligt att antaga att hjälpen med att bygga ett hus har krävt olika slag av motprestationer. Detta medför att husbyggandet kan varit förenat med festligheter och andra ceremonier. Skapandet av ett nytt hushåll bör även ha påverkat de sociala strukturerna i det småskaliga samhället. Bildandet av ett nytt hushåll kan varit förenat med vissa rättigheter, som kunde erhållas med gåvor och ceremonier, till den levande befolkningen, till anfäderna och till jorden.

En parallell kan dras till vår tradition med att hålla taklagsöl. Denna fest har sina rötter i en tid då byggandet av ett hus var ett gemensamt arbete med grannarnas hjälp. Dessa skulle avlönas in natura allt-ifrån köregillet, där man hämtade timret till resegillet, när man reste takstolen (Nationalencyklopedin 1995:76). Under senare tid har denna tradition omvandlats till en taklagsfest som hålls för dem som byggt huset. Nu var det inte längre frågan om betalning i natura utan snarare hölls festen av mera sociala skäl. I samband med taklagsfesten hängs en krans på takstolen. Förutom social praxis, kan det enligt gammal folktro också dra olycka över huset om man inte håller en fest i samband med husets resning.

Husoffren utgör, enligt min uppfattning, bara en liten del av en ceremoni och placeringen av föremålet har varit en av flera aktiva handlingar som har skett vid detta tillfälle. Ett husbygge kan således ha varit förknippat med en mängd olika ritualer som inte finns bevarade i den arkeologiska kontexten.

Vardagsföremålens dubbla innebörd

Flera av bruksföremålen har inte bara varit föremål och redskap utan kan även ha haft olika symboliska, kulturellt betingade, innebörder för människor. Detta innebär i sin tur att det är svårt att försöka dechiffrera en kulturgrupps symboler. I det följande tar jag upp några exempel på olika vardagsföremåls eventuella inneboende symbolik, som kan motivera varför de i vissa fall kan ha ingått i rituella sammanhang. Sammanställningen gör inte anspråk på att vara komplett, utan skall snarast ses som olika förslag på tolkningar till föremåls dubbla innebörd. Enligt min uppfattning har t.ex. en malstenslöpare som lagts ned i ett stolphål som ett husoffer inte valts för sin egenskap som redskap, utan snarare för dess inneboende symbolvärde hos människorna.

Keramikkärl

Seden att lägga ned ett keramikkärl i ett stolphål skulle kunna vara en symbolisk handling för att försöka skydda gården och för att avkastningen aldrig måtte sina (Paulsen 1993:50). Kärlen symboliserade viktiga behållare och ofta finner man vanliga hushållskärl för förvaring av ben i gravar från yngre bronsålder (Stålbom 1994, Hörfors 1995 och Kaliff 1996). Härigenom hade keramiken fått en annan

aktiv roll i de ritualer som omgav religionsutövandet. Frågan är om inte denna förändring som ses i gravmaterialet även kan ses i synen på keramiken som rituell rekvisita på boplatserna från samma tid? Keramik fanns i gravarna från äldre bronsålder endast i enstaka fall medan den är vanligt förekommande i gravarna från yngre bronsålder. Begravningsskicket hade således ändrats och keramikkärl finns både som gravurnor och bikärl. Traditionen med att lägga de brända benen i keramikkärl har setts som ett uttryck för att människorna eftersträvade att separera rent från orent material (Stålbom 1998a:33). I gravarna från det näraliggande gravfältet i Ringeby anses kärlen ha krossats i samband med kremeringen av de döda (Carlsson 2000). Synen på keramiken förefaller därmed ha förändrats under bronsålder, där den tillhörde en domesticerad sfär under äldre bronsålder och en mera rituell under yngre bronsålder (Stålbom 1998a:32 och Carlsson 2000).

Ett offer av keramikkärl kan ses som ett sätt där man eftersträvade att hålla det rena från det orena. Kanske symboliserade handlingen att man inte ville att säden och maten skulle förstöras. Under yngre bronsålder kan hushållskärlen ha haft en viktig funktion som behållare och fick de därmed en plats i den rituella sfären (Stålbom 1998c:133). En av kärlens funktioner var som behållare av säd och mat, där en del kunde ges som en gåva till jorden och till anfäderna i förhoppningen om att få igen en mångfald. Detta skulle kunna vara en förklaring till att man har valt vanliga hushållskärl som en del av den rituella rekvisitan, såväl på boplatserna som i gravarna. Hushållskärl har förmodligen inte bara lagts ned i gravar eller i mossar och våtmarker utan även i hus.

Förutom traditionen med att lägga ned delar av ett kärl i vissa stolphål i husen fanns andra deponeringar av keramik som möjligen kan vara rester efter rituella handlingar, tabell 18 och 19. Centralt på boplatsen fanns det dessutom åtta anläggningar som innehöll två hela hushållskärl och en malstenslöpare. Kärluppsättningen i dessa gropar visar på ett tydligt mönster, där den ena krukan hade en rabbig yta och den andra en slät yta. I fyra av anläggningarna fanns dessutom ett tredje kärl som antingen var ett s.k. fin-kärl eller ett miniatyrkärl. I två av anläggningarna fanns det ytterligare fynd som understryker depositionernas rituella karaktär. I den ena gropen fanns bl.a. en avklippt hals- eller armring i brons och i den andra en figurin i keramik (Stålbom 2001).

I ett av fyrstolpehusen, hus 181, fanns ett miniatyrkärl i ett stolphål. Kärlet var helt och var ungefär en decimeter stort. Fyrstolpehusen har setts som förrådsbyggnader till de olika gårdarna. I några av långhusen fanns det stolphål som innehöll större mängder med keramik och där det kan vara frågan om lämningar efter offerhandlingar. I långhusen låg de förmodade keramikdeponeringarna i stolphålen i västra delen av husen.

Löpare

Löparna spelade en viktig roll i de förhistoriska samhällena, de har en tydlig koppling till odling och beredning av nyttoväxter. Men löparna skall inte bara ses som ett funktionellt redskap utan fungerade förmodligen som en viktig social och rituell metafor i lokalsamhället. I östgötska gravar från yngre bronsålder och äldre järnålder finns i gravgömmorna ofta löpare tillsammans med krossade ben. Detta har förklarats med att löparna har spelat en viktig roll i gravritualen där de möjligen kan ha använts för att fragmentera benen efter kremeringen av den döde (Stålbom 1998a:29). Genom krossningsritualen skulle löparna fått en ny symbolisk innebörd och därför blivit nedlagda i graven. Ritualen med förstörandet av ben har setts som ett sätt att bryta ned den döda kroppen och frigöra livskraft (Kaliff 1997:88). En annan förklaring kan vara att man ville förhindra gengångare. Sönderdelningen av ben med samma slags redskap som användes för malande av säd har förknippats med en särskild kraft för omvandling. Malstenslöparna torde även vara associerade med årstiderna och föreställningar om en cyklisk återfödelse (Kaliff 1997:88).

Löparna spelade förmodligen en central roll för försörjningen och uppehället i ett jordbrukssamhälle, därmed hade de ett starkt symbolvärde som livgivare och för fruktbarhet. Löparna representerade en för lokalsamhället livsviktig förvandlingsprocess, nämligen förmågan att förvandla säd till mjöl (Fendin 1994:22ff och Andersson 1999:95). Malandet i sig är i många kulturer intimt förknippad med olika magiska egenskaper, där den står för en omvandling. Etnografiskt associeras olika redskap för malande med kvinnor, endast i undantagsfall förknippas de med manliga aktiviteter (Lindström Holmberg 1998:127 och där anf.litt.). Malstenslöpare förknippas ofta med olika sociala och rituella metaforer som har ansetts hänga samman med domesticeringen under neolitikum (Lindström Holmberg 1998:132).

Själva handlingen att lägga ned en malstenslöpare i ett hus kan varit en metafor för fruktbarhet och reproduktion, där husen ses som en process för en social reproduktion (Lindström Holmberg 1998:135 och där anf.litt.). Härigenom försökte man säkra gårdens utkomst och se till så att den skulle bli livskraftig.

På boplatsen fanns det fem hus med löpare vars fyndkontexter tyder på att de kan vara lämningar efter husoffer, nämligen i husen 166, 172, 175, 179, 185. Dessa hus ligger samlade i undersökningsområdets centrala del och har, utom möjligen hus 166, uppfattats som olika husgenerationer på en och samma gård, se kap. 4.4.2. Husen har fått ^{14}C-dateringar: hus 166 till 995–809 BC cal (Ua-6634), hus 172 till 1035–827 BC cal (Ua-6636), hus 175 till 1112–867 BC cal (Ua-6642) och slutligen 179 till 999–842 BC cal (Ua-7465). I husen har man lagt ned en löpare i ett av stolphålen, ofta i anslutning till bostadsdelen.

Yxor

Deponering av yxor kan symbolisera att marken röjts, vilket kan ha varit ett sätt att markera rätt till jorden. En annan förklaring kan vara att man lade ned en yxa i t.ex. ett stolphål för att skydda sig mot åsknedslag (Carelli 1997:399ff). I etnologiskt material finns uppgifter om att de s.k. åskviggarna även kunde ge skydd mot att säden skulle sina och mjölken surna, samt att förhindra råttor från att äta upp säden. De ansågs även kunna garantera lycka i djurhållning och fiske samt ge jaktlycka. Enligt gammal folktro kunde de även skydda mot troll och annat oknytt (Carelli 1997:405). Vilken symbolisk innebörd som bronsåldersmänniskorna såg hos stenyxorna vet vi inte, men möjligen kan det ha varit ett sätt att erhålla skydd och lycka. I två av långhusen från yngre bronsålder, nämligen hus 155 och 175 (se tabell 18), fanns yxor i en kontext som tyder på husoffer. Det senare huset har med kol från en takbärande stolpe fått en datering till 1112–867 BC cal (Ua-6642). Det är bara delar av bergartsyxor som har lämnats i husen och dessa lämningar kan möjligen ses som symboler för hela yxor. På hela bosättningen har vi endast funnit fem fragment från olika yxor i enkel bergart, varav tre fanns i hus. Två av dessa yxfragment fanns i stolphålen efter takbärande stolpar medan den tredje låg under ett golv. I ett av de äldsta förromerska järnåldershusen, hus 171, fanns en yxa i ett stolphål som ansetts vara ett husoffer. Kol från ett av stolphålen från takbärande stolparna ger huset en datering till 473–386 BC cal (Ua-7466).

Flintskrapa

Seden att lägga ned skrapor i stolphål skulle kunna ha tillkommit för att man ville förvissa sig om att få rikligt med bra skinn. Den kan indirekt vara en metafor för att erhålla välmående boskapshjordar samt gagna rikedom och status i bronsålderssamhället. En skivskrapa i flinta fanns i ett av stolphålen efter en takbärande stolpe i hus 174. Detta hus har med kol från härden fått en datering till 812–550 BC cal (Ua-6643). Orsaken till att detta föremål beaktats som ett möjligt husoffer är kontexten och att redskap i flinta var mycket sällsynt förekommande på hela bosättningen. På hela bosättningen identifierades endast 70 flintor varav fyra kan klassas som redskap. Dessutom fanns endast två skrapor bevarade; den ena i kvarts. Kvartsskrapan låg i hus 150 men låg i anslutning till härden och ansågs därmed ej ligga i en tillräckligt säker kontext för att kunna räknas som ett husoffer. Det senare huset har också fått en mycket vid datering från kol i härden till 809–550 BC cal (Ua-6415).

Djuroffer

Traditionen med djuroffer kan ha varit central för en del äldre religioner och kulturer. Dessa handlingar visar på den uppfattning människorna hade om relationen mellan ande/materia och liv/död. I många kulturer har man ansett att själen hade en nära relation till kroppen och att denna relation fortsatte även efter döden. Hos många jägare- och samlarkulturer har man återbördat bytesdjurens skelett till jorden för att djuret skulle kunna återuppstå (Paulsson 1993:25ff). Inom bronsålderssamhället kan djuren ha förknippats med fruktbarhet och status. De var även viktiga vid skapandet av olika allianser. Genom olika slags offer som t.ex. husoffer har människan knutit djuren till en viss plats som ett sätt att försöka säkra fälyckan men även för att erhålla ett skydd. Enligt många forskare skall man inte bara se djuroffer som ett sätt att beveka gudarna för att få bättre skördar och mera välmående djurstammar, utan offret ansågs ha en mera djupgående social och ideologisk betydelse. Djuroffer kunde förekomma på olika nivåer i lokalsamhället, det kunde vara mera övergripande för att ingå allianser och för att uppnå prestige, men det kunde även ske på ett mera privat plan inom det enskilda hushållet. Den senare typen av handling kunde vara ett sätt för att råda bot på sjukdomar och för att erhålla en bättre produktion och avkastning (Olausson 1995:212).

Inom många förhistoriska kulturer har man haft uppfattningar om att det var vissa delar av skeletten som hade en mera betydelsefull roll för livskraften. En sådan del är kraniet som ofta ses som själens boning, förknippad med livskraft och fruktbarhet hos individen. Detta synsätt har inneburit att inom många kulturer har man skilt huvudet från kroppen i samband med offerhandlingar eller vid begravningar (Paulsson 1993:26). Enligt Paulsson bör närvaron av kranier i olika arkeologiska kontexter ses som belägg för en sakral handling som motiverar en offertolkning. Speciellt skulle detta gälla om kraniet tillhörde ett större tamdjur eller människa. Djurens hornprydda skallar intog en central roll i offersammanhang. Huvudet kan sägas representera hela djuret eller människan och man trodde att genom att bevara huvudet kunde hela individen återuppstå (Paulsson 1993:26).

Under yngre bronsålder synes tamdjuren ha fått en representativ roll i människornas rituella sfär, eftersom de förekommer på hällristningar, bronser, som miniatyrer i lera och i gravar. Exempel som visar på tamdjurens roll i den rituella sfären utgör djurbenen från framförallt lamm och får i urnegravarna från Simris, ett nyfött lamm i en barngrav i Fiskebygravfältet och kohudarna som finns i de danska ekkistegravarna (Stjernquist 1961:90, Gejvall 1961:157, Lundström 1970:26 band I, Jensen 1982:172f, Ullén 1999 och Årlin 1999). Hästen blir nu ett domesticerat djur i Sverige och får på ett tidigt stadium även en betydelsefull rituell roll, vilket syns på olika hällristningsmotiv, på bronser, i offernedläggelser och i gravmaterialet (Olausson 1995:215, Welinder 1998:146f, Årlin 1999:301 och där anf.litt.).

Det skandinaviska bronsålderssamhället uppfattas ofta som ett samhälle där det var betydelsefullt med allianser och gåvoutbyten för att befästa makt och status. I den typen av samhälle har det förmodligen varit viktigt med fester och offer av olika slag (Olausson 1995:215 och där anf.litt.). Genom att utföra olika offer kunde den sociala enheten återfå sin vitalitet och kraft. Ofta har man ansett att lammoffer är något typiskt för bronsålder och fåren intog en särställning bland tamdjuren (Olausson 1995:214). Svinens betydelse lyfts ofta fram just p.g.a. att djuret är köttrikt och anses ha fungerat som en viktigt köttreserv. Svinköttet tror man förtärdes vid stora fester och ceremonier av olika slag (Larsson, T.B. 1993:76 där anf.litt. och 111ff). På de näraliggande hällristningarna i Himmelstalund är svinen ett vanligt förekommande motiv på ristningarna vilket visar på deras betydelse i den rituella sfären, se fig. 49.

På boplatsen i Pryssgården var det bevarade benmaterialet mycket fragmentariskt och det kan knappast vara representativt för det som ursprungligen deponerats på boplatsen. Den osteologiska analysen omfattade det totala benmaterialet på omkring 5 kg fördelat på drygt 1000 fyndnummer. Ben förekom i drygt 480 anläggningar och en mindre mängd fanns i kulturlagren, ca 400 g. Den övervägande delen av materialet bestod av brända ben. Ungefär en tredjedel av benmaterialet kunde ej

närmare artbestämmas än som däggdjur (Jonsson 1996 och Stålbom 1998c:160). Dessvärre lämnades den osteologiska analysen i en databas som ej var kompatibel med de vi hade tillgång till i projektet. I pappersversionen var de olika id numren inte upptagna i nummerordning. Detta innebär att det är svårt att göra realistiska uppskattningar om näringshushåll och ekonomi på boplatsen. Det osteologiska materialet får snarare ses som indikationer på vad som har funnits på platsen. Materialet har till största delen bedömts vara avfallsmaterial, men bara enstaka bitar har varit hundgnagda (Jonsson 1996). Detta förhållande skulle kunna bedömas så att det material som fanns kvar i den arkeologiska kontexten inte har legat och skräpat på boplatsen någon längre tid, utan förmodligen har det funnits en avfallshantering, se även kap. 3.4.3.

De dåliga bevaringsförhållandena på boplatsen har även påverkat belägg för husoffer bestående av benmaterial. Vid analysen av möjliga offerhandlingar med ben har jag valt ut de delar av benmaterialet som kan ha haft en symbolisk laddning. Hit hör delar av kranier, horn och käkar. Dessa delar skulle kunna representera ett helt djur som genom offerhandlingen skulle flerfaldigas. I ett fall har även en annan del av skeletten tagits med som ett möjligt husoffer utifrån sin kontext i huset. I tre av de yngre bronsåldershusen, hus 172, 175 och 210 kan det vara frågan om husoffer; i dessa hus ligger benen nedlagda i stolphål i husens västra del. I hus 172 fanns delen av ett språngben från nötkreatur i ett av dörrstolphålen. Trots att det inte är frågan om del av ett kranium har detta tagits med som ett möjligt djuroffer. I det fallet anser jag att det är i kontexten med dörrstolphålet; som kan styrka den bedömningen eftersom ingångar ofta uppfattas som extra laddade. I det andra huset, hus 175, är det fyndkombinationen och kontexten som enligt min mening tillsammans styrker bedömningen av detta som ett djuroffer. I stolphålet efter en inre konstruktion i husets västra del fanns en löpare samt delen av en käke från ett nötkreatur. Trots att det inte var en stor bit från käken anser jag att det kan vara frågan om ett djuroffer. I det tredje huset, hus 210, som har fått en datering till 816–769 BC cal

(Ua-7188), fanns delar av horn från nötkreatur och kranium från svin i ett av stolphålen efter en takbärande stolpe i husets västra del. Tillsammans vägde dessa 110 gram och detta är ovanligt mycket för att vara Pryssgården. I de flesta anläggningar var det endast frågan om ett par gram bevarade ben.

Vad som ytterligare skulle kunna styrka mina tolkningar om att dessa tre exempel kan vara frågan om djuroffer är att denna tradition är belagd från andra bronsåldersboplatser. I Apalle fanns delar av kranier i några av bronsåldershusen. Det har dessutom kunnat beläggas att käk-eller kraniedelar från får/get respektive nöt låg i olika delar av husen (Ullén 1995b:70f). Dessa lämningar från Apalle kan indikera att käkar från tamdjur hade en specifik symbolisk innebörd för bronsåldersmänniskorna och ibland även förekom som husoffer. Även på bosättningen i Pryssgården har vi funnit indikationer på djuroffer i husen. På de centrala delarna av boplatsen, i delområde E, fanns dessutom några enstaka gropar som innehöll delar av kranier från tamdjur. Traditionen att lägga ned en del av ett kranium i husen synes dessutom har fortlevt på boplatsen under järnålder. I hus 163, som fått dateringar till 419–592 AD cal (Ua-7177), 438–601 AD cal (Ua-6562) och 59–216 AD cal (Ua-6565), fanns kraniedelar från svin och häst placerade i husets väggränna.

3.4.2.2 Husoffer i olika hustyper
I husen från äldre bronsålder finns inga säkra belägg för offer. Under yngre bronsålder har husoffer identifierats i 8 av de 19 långhusen samt i ett småhus, se tabell 18. De flesta deponeringarna låg i stolphål, medan ett par låg under golvet. Den övervägande delen av husoffren ligger i husens västra del, fig 28. I husen 155 och 185 låg husoffret istället i de östligaste stolphålen efter de takbärande stolparna. På boplatsen kan det möjligen ha varit vanligare med husoffer i samband med att huset byggdes under den äldre fasen av yngre bronsålder. Traditionen med husoffer synes vara vanligast förekommande i husen på de mera centrala delarna av boplatsen i delområde E och F, fig. 27. I delområde E var det mycket vanligt med husoffer i den östra delen av området, medan

det inte förekom i husen som låg i den västra delen. Här kan det enligt min uppfattning ha funnits två separata gårdar och detta kan vara förklaringen till att det finns skillnader i traditioner mellan de olika husen. I de övriga delområdena är det endast enstaka boningshus som hade husoffer. Detta resultat är märkligt. Hur kommer det sig att inte alla hus på boplatsen innehöll husoffer av något slag? På boplatsen har det bott människor som har varit jordbrukare och de borde alla varit lika beroende av att få bra skördar och ha välmående djur. Människorna på de olika gårdarna har bott på platsen under samma tidsperiod och bör därmed ha haft samma föreställningsvärld. Fruktbarhetskulten kan ha varit en del av det vardagliga livet. Kan det vara så enkelt att det endast är en del av husoffren som har identifierats och bevarats till idag, medan resten har försvunnit? I detta sammanhang är det viktigt att komma ihåg den valda grävningsmetodiken som innebar att vi oftast endast undersökte ena halvan av anläggningarna. Detta innebär att det är mycket troligt att det har funnits betydligt flera husoffer som inte har identifierats. Det går emellertid inte att bortse från att det kan ha funnits andra bakomliggande sociala orsaker mellan skillnaderna i husoffer.

I en av de södra och äldsta gårdarna från yngre bronsålder förefaller det ha varit vanligt med husoffer i de olika byggnaderna på gården. Husen 172, 175 och 185 har uppfattats som olika husgenerationer på gården vilka fungerat som boningshus åt en släkt under några generationer. Till gården hörde även ett fyrstolpehus, hus 181, och en ekonomibyggnad, hus 179. Långhusen skiljer sig från de övriga inom bosättningen i sin utformning, de är extremt smala och divergerande i sin takbärande konstruktion. Har människorna haft en speciell funktion eller ställning i bosättningen? Varför skulle husen annars skilja ut sig i sin konstruktion från de övriga husen på boplatsen och vilken är orsaken till att just dessa hus innehöll så rikligt med husoffer? Beror det på att just denna familj var skrockfull eller på deras speciella funktion på boplatsen?

Ser vi till de på boplatsen förekommande hustyperna, hustyp A–C, finns det belägg för husoffer hos samtliga. Inom respektive grupp fanns det husoffer i ungefär en tredjedel av husen. Ett mera märkligt resultat är att det fanns ett husoffer endast i ett av boplatsens 14 småhus. Huset som innehöll ett husoffer var fyrstolpehus 181 som anses höra till ovan omtalade gård från äldre delen av yngre bronsålder. Uppenbarligen har man haft olika syn på de större boningshusen och de mindre förrådshusen på boplatsen. Det innebär att man kanske borde ifrågasätta om bedömningen av småhusen som olika slags förrådsbyggnader på gårdarna är korrekt. Har småhusen fungerat som förråd vore det väl rimligt att även dessa innehöll husoffer, som en metafor för att säkra gårdens förråd, utkomst och välmåga. Men det kan mycket väl i dessa hus ha skett olika slags rituella handlingar som inte har lämnat efter sig några identifierbara arkeologiska spår. En förklaring till detta förhållande skulle kunna vara att i dessa hus lades ned andra slags offer, av mera organiskt nedbrytbart material, som kanske var förknippat med deras funktion på gården?

Det är dessutom möjligt att dessa hus kanske inte hade samma symboliska laddning som de stora långhusen även om de var viktiga på boplatsen. Men frågorna återstår – skedde bara husoffer i boningshusen och varför har vi inga belägg, förutom i ett fall, för husoffer i småhusen på bosättningen?

3.4.3 Avfall och deponering

Hur bör andra former av deponeringar i hus och på boplatsen förklaras? Utgör de rester efter en avfallshantering, är de bortglömda, har de blivit placerade där av någon annan anledning eller är det bara slumpen?

Arkeologiskt är det ofta svårt att avgöra om ett fynd i en anläggning är ett avfall, lämningar efter en offerhandling eller om det är frågan om någon annan form av deponering. Dessa frågeställningar är omdebatterade inom arkeologin.

Hur skall man tolka förekomst av djurben på boplatser, skall dessa betraktas som avfall som reflekterar olika aktiviteter? När kan ett benmaterial särskilja sig från ett avfallsmaterial och istället kan anses vara lämningar efter rituella deponeringar eller strukturerade på ett specifikt sätt? Ett benmaterial påverkas av platsens bevaringsförhållanden och nedbrytande processer samt av hur man hanterade avfallet på en boplats.

Hur skall man egentligen definiera ett avfall? Ett avfallsmaterial kan utgöras av restprodukter eller spill från olika aktiviteter, samt av föremål som gått sönder och därmed förlorat sin ursprungliga funktion. Avfall har definierats som "... *avsiktligt undanröjt eller kastat material som man inte hade någon användning för*" (Strandmark 2000:118). Därmed inte sagt att man bara kastade bort trasiga föremål.

En annan avgörande fråga är hur den förhistoriska människan såg på avfall, vad var det som de uppfattade som stötande, luktade illa etc.? Synen på avfall och hur detta hanteras har förmodligen varit kulturellt och socialt betingat, vilket har medfört att det har skiftat mellan olika kulturgrupper (Hodder 1982:67). Stämmer den hypotesen blir det svårt att försöka få fram vilken syn som bronsåldersmänniskorna hade till sitt avfall. På boplatsen i Apalle har Ullén kunnat se att det har funnits en avfallshantering på bosättningen och att denna förefaller ha ändrats över tid. Under den äldre fasen samlades åtminstone en del av avfallet i ett par centralt placerade skärvstenshögar på boplatsen. Under den yngre fasen hade avfallshanteringen ändrats och nu samlades avfallet istället i olika skärvstensflak som låg intill olika husgrupper. Under bronsålder skedde således en förändring i avfallshanteringen. Från att ha samlat avfallet centralt på boplatsen flyttades hanteringen till mera perifera lägen intill de olika husen (Ullén 1995b:69f).

Vilken syn kan människorna i Pryssgården ha haft till sitt avfall under bronsålder? Min kollega Stålbom har funderat mycket kring frågorna om deponeringsmönster och avfallshantering på boplatsen i Pryssgården. Enligt honom är det viktigt att vi vid studiet av fyndmaterial från boplatser ställer oss frågan varför dessa föremål finns just här och vad de innebär (Stålbom 2001). Den större andelen av fyndmaterialet finns i en kontext som inte är dess

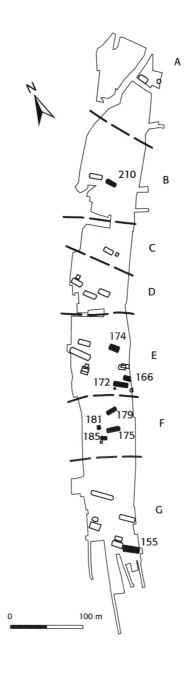

Fig. 27. På bosättningen finns husoffer framförallt i husen som låg inom delområden E, F och G. Traditionen med husoffer synes ha varit vanligast förekommande under äldre delen av yngre bronsålder, dvs. tidig fas A.

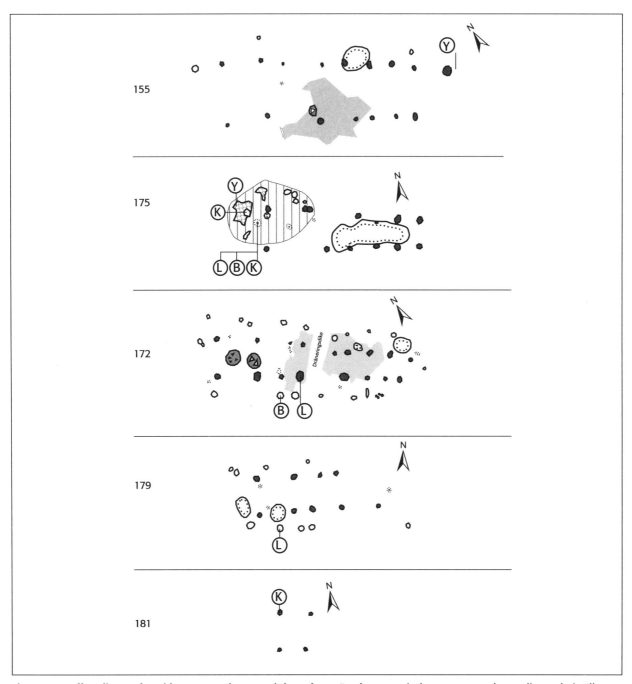

Fig. 28. Husoffren ligger oftast i husens ytterkanter och kan så att säga ha ramat in husen. I tre av husen ligger de istället i anslutning till ingången eller i anslutning till husets mera centrala del.

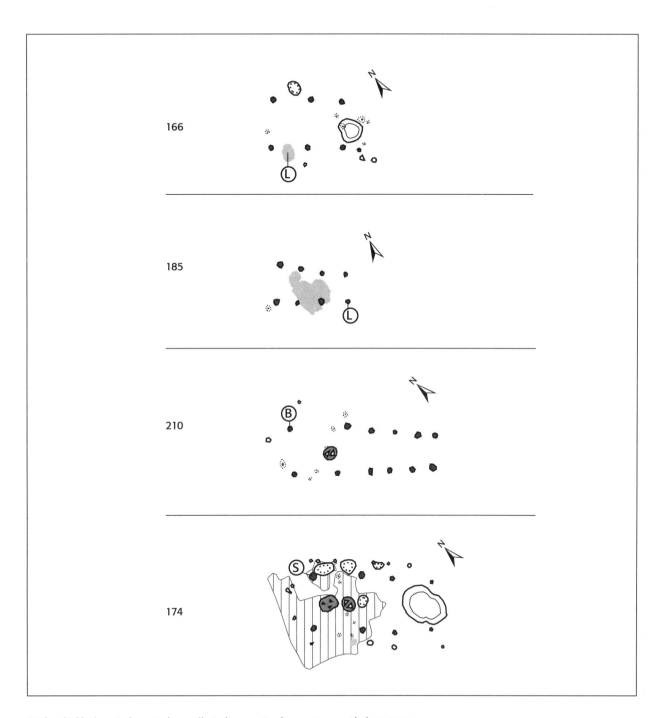

166

185

210

174

Teckenförklaring: B=ben, K=keramik, L=löpare, S=skrapa, Y=yxa. Skala 1:300.

Tabell 18. Den övervägande majoriteten av husoffren ligger i husens västra del. Under yngre bronsålder synes det inte ha skett någon förändring i var man har föredragit att lägga sina offer i husen. Dessvärre går det inte utifrån det bevarade benmaterialet att göra någon rumslig analys av djurarternas spridning i de olika delarna av husen. I husen 166 och 175 har även tagits med föremål som låg i golvlager som möjliga husoffer; föremålen låg i stenpackningar inne i husen och har förmodligen legat under den golvyta som fanns under användningstiden. Trots att deras kontexter är osäkrare har de tagits med som lämningar efter möjliga rituella handlingar. I tabell 16 och 17 finns sammanställningar över det totala fyndmaterialet i lång- och småhusen.

Hus	Hustyp	Fas	Föremål	Kontext	Del i hus	Antal föremål per anl.	Vikt keramik/ben /anl.	Del-område
155	A	A	Yxa, bergart	Takbärande stolpe	Ö	1		G
175	A	A	Löpare	Stolphål	V	1		F
			Yxa, bergart	Golv	V	1		
			Keramik, förvaringskärl	Väggstolpe	V V		190 g	
			Keramik, förv., beredn.	Inre konstruktion	V		298 g	
			Käke nöt	Stolphål (+ löpare)	V		14 g	
172	A	A	Löpare	Takbärande stolpe	C	1		E
			Språngben nöt	Dörrstolpe	C		28 g	
179	B	A	Löpare	Väggstolpe	V	3		F
181	Fyrstolpe hus	A	Miniatyrkärl	Stolphål		1	89 g	F
166	C	A	Löpare	Golv	V	1		E
185	A/B	A	Löpare	Takbärande stolpe	Ö	2		F
210	B	B	Horn nöt och kranium svin	Takbärande stolpe	V		110 g	B
174	B	B	Skrapa (flinta)	Takbärande stolpe	V	1		E

primära eftersom de ofta förekommer nedlagda i fyllnadslagren till olika anläggningar. Fynden ligger s.a.s. inte där de en gång tappades utan har hamnat i t.ex. en grop genom en sekundär händelse, kanske genom en aktiv avfallshantering (Stålbom 2001).

I diskussionen kring avfall/icke avfall bör även beaktas att groparna haft en livscykel och att dess funktion förmodligen har varierat över tid. Initialt kan en grop ha grävts t.ex. som en täktgrop, senare kan den ha fungerat som ett förråd av något slag och slutligen har den fått en funktion som en avfallsgrop. Under gropens livstid har det förmodligen funnits olika slags föremål i den med olika funktion. Som exempel kan tas ett keramikkärl som har stått i gropen när den var en förrådsgrop. Detta har knappast varit ett avfall. Den kan däremot vara en rituell deposition, men behöver inte alls vara det. En kruka som har hamnat i gropen när den var en avfallsgrop är förmodligen ett avfall. I en arkeologisk kontext är det ofta svårt att skilja ut vad som är avfall, depositioner eller någonting annat. Ett sätt att försöka komma åt denna problematik är att se till olika fyndkombinationer i gropar och om det går att urskilja några mönster.

Även ett vanligt avfallsmaterial kan vara omgärdat av tabun och olika regler som präglat sammansättningen (Hodder 1982). Hur skall vi t.ex. se på keramiken som vi har funnit i olika gropar på boplatsen i Pryssgården? Skall den betraktas som avfall, eller finns det andra bakomliggande motiv till varför man har lagt keramik i en del av dessa? Stålbom har i sin analys av boplatsen även funnit att keramik inte finns i alla gropar och att det inte finns någon korrelation mellan gropstorlek och mängd bevarade fynd. Den största mängden keramik fanns i en del av groparna i boplatsens centrala del, i delområde E. Kanske är det så att vi skall förstå depositionerna som resultaten efter särskilda handlingar som gör att just dessa fynd finns kvar i den arkeologiska kontexten. Detta resonemang skulle i så fall kunna innebära att fynden och fyndsammansättningar från boplatser kan vara minst lika sorterade och strukturerade som fynden från gravar och offernedläggelser. Utmärkande för dessa gropar är att de

har innehållit ovanligt många hela kärl (i bitar). Om kärlen krossats vid, före eller efter deponeringen är ofta oklart (Stålbom 2001).

I sin bedömning av dessa kontexter anser han att det inte är gropen i sig som var det viktiga utan platsen. Det är i gropen en fynddeposition skett, kanske med rituella förtecken. Detta var ett av ställena där förbundet mellan människa och jord bekräftades allteftersom gårdens sociala sammansättning förändrades eller vid andra specifika händelser för människorna på boplatsen (Stålbom 2001). Enligt min uppfattning är det inte bara platsen i sig som är betydelsefull. Minst lika viktig om inte viktigare är själva handlingen i sig.

Utifrån Lindgren-Hertz analys (Lindgren-Hertz 1998:72ff) av samtliga gropar på bosättningen i Pryssgården förefaller det ha funnits en avfallshantering på boplatsen. I den centrala delen av boplatsen, delområde E, fanns en stor koncentration med gropar kallade för täkt-förråd–avfallsgropar, ytterligare ett par stycken fanns i delområde G (Lindgren-Hertz 1998 fig. 64). Karaktäristiskt för denna grupp gropar är att de var stora och hade flerskiktade igenfyllnadslager. Fyllningens skiktade lager hade olika sammansättning, vilket förmodligen hänger samman med att groparna successivt fylldes igen sannolikt med hushållsavfall (Lindgren-Hertz 1998:82). Denna ansamling med avfallsgropar till boplatsens centrala del skulle kunna innebära att det har funnits en central avfallshantering. Samtidigt fanns det mindre avfallsgropar intill de olika långhusen (Lindgren-Hertz 1998 fig. 65) vilket skulle kunna tala för att en del av avfallet har slängts närmare det enskilda hushållet.

I mitt arbete har jag valt att inte gå in så mycket på de mera övergripande frågorna kring avfallshantering och deponeringsmönster på boplatsen. Istället har jag försökt att urskilja, förutom vilka deponeringar som kan vara rester från ett husoffer i samband med att huset byggdes, andra deponeringar som kan ha skett under dess levnadstid. Denna uppdelning kan ifrågasättas men utifrån de ansvarsområden som vi har haft i projektets genomförande samt materialets tillgänglighet och omfattning har det inom ramen för mitt arbete varit omöjligt att analysera det totala deponeringsmönstret på boplatsen.

3.4.3.1 Övriga deponeringar i hus: bortglömt, avfall eller rituellt?

I flera av husen finns föremål som ligger i gropar. Är dessa bara vanligt avfall, bortglömda saker eller kan de vara rester efter en rituell handling? Denna typ av lämningar är mycket svårare att förstå och bedöma än t.ex. de som jag har diskuterat som husoffer. Det har förmodligen funnits en massa tabun kring hanteringen av avfall, vilket gör att även denna kategori kan vara sorterad och strukturerad på för oss okända grunder. Det är inte heller helt lätt att försöka göra en definition av avfall, inte minst med tanke på att uppfattningen om vad som är avfall eller inte och det bör vara starkt kulturellt betingat hur detta material hanteras. Det gör bedömningarna än mera komplicerade att föremål som ligger i gropar, vilka ansetts vara av rituell karaktär, kan utgöra rester från offergropar eller vara ett rituellt avfall. I de förra har själva offerhandlingen skett i gropen (Karsten 1994:156f och där anf.litt.). På boplatsen i Pryssgården finns det ett tydligt exempel där det kan vara frågan om en offergrop, nämligen den som innehöll en figurin (Stålbom 1998b).

På boplatsen i Pryssgården synes de flesta husen inte ha övergivits i panik, utan snarare under ordnade förhållanden, kanske i samband med en ceremoni. Förmodligen har detta inneburit att man när man har flyttat från ett hus har tagit med sig sina föremål till det nya huset, medan en del av föremålen av olika anledningar kan ha lämnats i det gamla huset, där en del kan ha utgjort en gåva till anfäderna. Denna syn på den materiella kulturen innebär att det som vi finner arkeologiskt kvarlämnat i ett hus inte alls motsvarar det föremålsbestånd som fanns under dess levnadstid. De föremål som finns kvar kan vara sådant som är bortglömt men kan även vara medvetet lämnat. Dessa lämningar är mycket svårare att bedöma än de föremål som låg i ett stolphål, av vilka en del kan ses som husoffer. Trots de källkritiska aspekterna har jag velat pröva teorin att det i husen skedde

andra ceremonier under husens livstid. Dessa ritualer har jag velat förknippa med husens kulturella biografi, där en del kanske kan hänga samman med en rituell stängning/dödande av husen, fig. 30.

På boplatser i Someren och Riethoven från äldre järnålder har man funnit ett stort antal gropar som mer eller mindre har täckt husens inre (Gerritsen 1999:144 och där anf. litt.). De groparna anses inte ha hört till själva husets levnadstid som bostadshus utan ett senare skede. I en del gropar har man funnit depositioner av krukor och andra föremål. Lämningar av detta slag har setts som rester efter olika rituella ceremonier. Enligt Gerritsen kan dessa ceremonier ha skett i samband med att husen övergavs. En annan förklaring är att husen kan haft en sekundär användning som kulthus eller varit anfädernas hus. Detta fenomen fanns under en tid som präglades av s.k. kringflyttande gårdar, där de nya boningshusen uppfördes långt från det gamla huset. Det innebär, enligt honom, att groparna i husen knappast kan ha fungerat som förråd efter att husen övergavs (Gerritsen 1999:144). Även om det finns faror förenade med att dra direkta paralleller till förhållanden hos andra kulturgrupper, ser jag dessa exempel som inspirationskällor till tolkningarna för en del av groparna i Pryssgården. I Gerritsens exempel rör det sig om hus från järnålder och från boplatser i Nederländerna. I Pryssgården har en stor del av groparna inuti husen ansetts tillhöra husets levnadstid som boningshus. Husen är från yngre bronsålder och vi har en situation där husen förmodligen har legat kvar inom samma områden under längre tidsperioder. I en del av förrådsgroparna inne i husen finns en större mängd keramik, över 100 gram och andra föremål än i de övriga groparna. Även om det i huset har funnits flera förrådsgropar förefaller det som en eller ett par innehöll större mängder med keramik, medan de övriga var i det närmaste helt fyndtomma. I sex av långhusen fanns det förrådsgropar som innehöll mera än 100 gram keramik, nämligen i ett par av husen i delområde D, E och G, se tabell 19. I ett av långhusen från yngre bronsålder, hus 195, fanns en välbevarad kruka nedlagd i en förrådsgrop. Huset har fått en datering till 827–770 BC cal (U-7183). Det senare

Tabell 19. Sammanställning över rituella deponeringar i bronsåldershus. I tabellen är medtaget hus som kan ha deponeringar i förråds- och källargropar. Tabell 18 innehöll deponeringar som låg i husens stolphål. Ett par av källargroparna, i hus 166 och 174 innehöll ett ganska varierat benmaterial. Källargropen i hus 166 skiljer ut sig från alla andra källargropar på boplatsen, genom sitt varierade benmaterial.
Huset är ett av de tre husen av hustypen C och har fått datering till 994–809 BC cal (Ua-6634). Den totala fyndmängden per hus framgår av tabell 16 och 17.

Hus	Hustyp	Fas	Föremål	Kontext	Del i hus	Antal föremål	Vikt keramik/ben /anl.	Del-område
155	A	A	Löpare	Förrådsgrop	Ö	1		G
			Keramik, förvarings-, dryckes- och bordskeramik				125 g	
175	A	A	Löpare	Källargrop	Ö	1		F
			Keramik; berednings- förvarings- och kokkärl				855 g	
187	B	A	Keramik; förvarings- och beredningskärl	Förrådsgrop	Ö		360 g	D
166	C	A	Bronsten	Källargrop	Ö	1		E
			Keramik; förvarings- och bordskeramik				240 g	
			Varierat benmaterial, se sidan 108ff				96 g	
170	C	A	Keramik; berednings-, kok-, förråds- och dryckeskeramik	Källargrop	Ö		222 g	E
189	A	A	Löpare	Källargrop	Ö	1		E
195	B	B	Keramik, beredningskärl och ett par förvaringskärl	Förrådsgrop	C		1773 g	E
199	A	B	Keramik; förvaringskärl	Förrådsgrop	C		120 g	D
174	B	B	Löpare	Källargrop	Ö	2		E
			Keramik; berednings-, förråds-, kok- och bordskeramik				616 g	
			Käke svin + varierat benmaterial, se sidan 111f				66 g	
			Keramik; förvarings- och beredningskärl	Förrådsgrop	V		452 g	
			Keramik, förvaringskärl	Förrådsgrop	V		338 g	
161	B	B	Keramik; förvarings-, berednings- och bordskeramik	Förrådsgrop	Ö		461 g	G

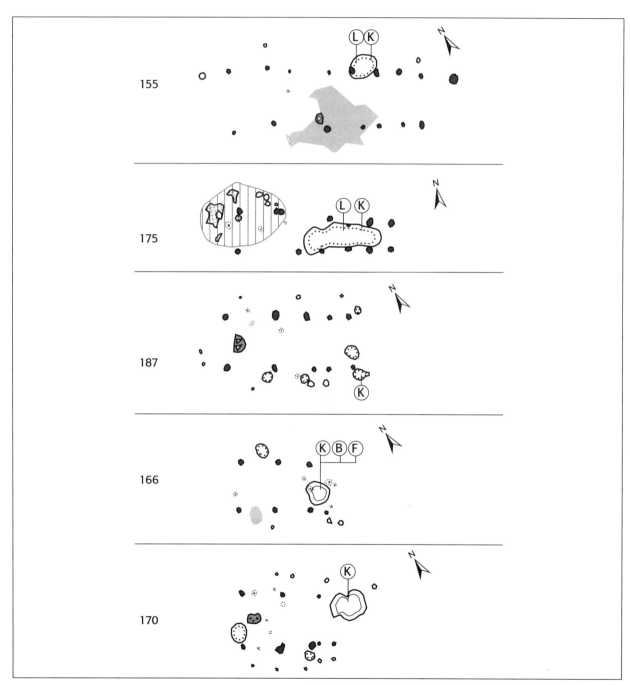

Fig. 29. De rituella deponeringarna ligger oftast i husens östra del. I ett par hus ligger deponeringarna i anslutningen till bostadsdelen. De förekommer i två typer av anläggningar, nämligen i förrådsgropar och källargropar.

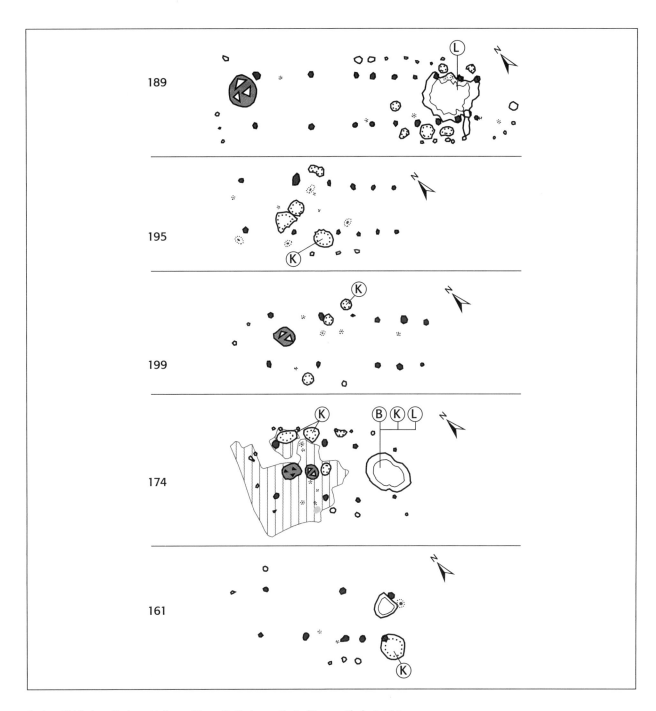

189

195

199

174

161

Teckenförklaring: B=ben, F=bronsföremål, K=keramik, L=löpare. Skala 1:300.

kärlet var en stor kruka med matrester på insidan av kärlväggen. Krukan har förmodligen fungerat som ett beredningskärl av något slag. Hur bör dessa fyndkontexter beaktas? Är de bortglömda krukor i förråd, avfall eller kan de ha haft någon annan innebörd? Finns det några samband mellan fynden som kan stödja teorin om att det skett andra former av rituella depositioner i husen? Dessa frågeställningar återkommer jag till i kap. 3.4.4.

Stämmer synen på förrådsgropar och källargropar som olika slags förråd inne i husen, bör de ha varit viktiga för husets invånare. Dessa gropar har således haft en central praktisk funktion men de kan därmed också ha haft en betydelsefull symbolisk funktion för människorna. En sådan symbolisk funktion skulle kunna vara ett led i en fruktbarhetskult, ett sätt att försöka säkra gårdens utkomst. Ur det perspektivet kan deponeringarna i förrådsgroparna ha skett i samband med att husen byggdes eller när det hände något viktigt för hushållets medlemmar. Min tolkning av deponeringarna i källargroparna är att de kan ha skett i samband med att huset övergavs, som en form av rituell stängning av huset. Handlingarna kan alltså både vara ett led i en fruktbarhetskult och ett sätt att försöka blidka anfäderna. Ritualen kanske visade på en platstillhörighet och var ett sätt att säkra gårdens fortlevnad och välbefinnande.

Dessa deponeringar ligger oftast i den östra delen i husen, den s.k. ekonomidelen. I ett par fall ligger de istället i den centrala delen av huset och i ett fall i den västra delen av huset, fig. 29. I två av husen, hus 155 och 161, fanns det förutom hushållskärl även s.k. bordskeramik och dryckeskärl. Stålbom ser öppnandet av en grop i ett hus, som en del av en invigningsceremoni för att erhålla rättigheter till en given plats. Depositionen ser han som ett förbund mellan den levande befolkningen och jorden som de levde av (Stålbom 1998a:32). Enligt min uppfattning var traditionen med att lägga ned ett föremål av något slag i en stolpe snarare ett sätt att erhålla en platstillhörighet, blidka jordens makter medan seden att lägga ned en deposition i en grop snarare kan ha skett vid specifika tillfällen och i samband med att huset övergavs som boningshus.

I nio av långhusen från yngre bronsålder fanns det en källargrop i den östra delen, se kap. 3.1.1.2. I fem av dessa källargropar fanns föremål som kan tyda på en deponering av ett visst slag, fig. 29 och tabell 19. I källarna var det vanligt att det fanns en löpare ofta i kombination med en större mängd med keramik. Den övervägande delen av keramiken bestod av s.k. hushållskeramik. Den vanligaste s.k. hushållskeramiken var förvaringskärl eller beredningskärl. I tre hus, husen 166, 170 och 174, fanns även s.k. finkeramik. Löpare förekom i ytterligare tre långhus, men då låg de antingen i källargropar, som i hus 189 och 174 eller i en förrådsgrop som i hus 155.

Det är omöjligt att arkeologiskt belägga att dessa deponeringar i källargroparna har skett i samband med att husen övergavs. På samma grunder är det omöjligt att kunna avgöra när det kan ha skett deponeringar i förrådsgroparna. Även om ett antal förråds- och källargropar uppfyller de andra uppställda kriterierna för att kunna vara en rituell deposition, kvarstår svårigheten att skilja ut dessa från vanligt avfall eller bortglömda saker. Även om det finns skönjbara tendenser i materialet krävs ett större referensmaterial innan dessa frågeställningar kan besvaras med större säkerhet. Till dess får min uppfattning om att depositioner kan ha skett i samband med att husen övergavs eller något betydelsefullt för hushållets medlemmar skedde snarare ses som ett antagande.

Två av källarna i hus 166 och 174 skiljer ut sig från de övriga källarna i husen på bosättningen.

Källargropen i hus 166

I källaren i hus 166 fanns ett för boplatsen ovanligt varierat benmaterial. I källaren fanns ett av våra få bronsföremål i form av en bronsten, samt delar av en s.k. keramikservis. På hela bosättningen påträffades endast nio bronser, varav två fanns i det tidigmedeltida huset, hus 186. Källargropen var rundad med en diameter på 1,70 m och djupet var ca 0,40 m. Fyllningen var homogen och bestod av mörk fet humös mjäla med kol- och sotinslag. Den homogena fyllningen och hur den såg ut i profil föranledde en bedömning att gropen har fyllts igen vid ett och samma

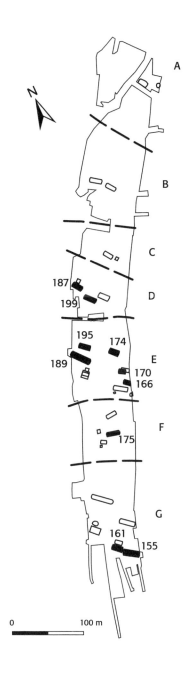

Fig. 30. Spridningsbild över hus med hypotetiska rituella deponeringar.

tillfälle. Stämmer den tolkningen kan fynden uppfattas som en sluten kontext.

I gropen fanns ett varierat benmaterial enligt följande sammanställning:

Får/get/svin:
- rördelen av rörben (brända)
- ländkotor (obrända)

Får/get:
- obrända tänder från underkäken och överkäken
- handlovsben

Svin:
- tänder (obrända)

Häst/nöt:
- rördelen av rörben (brända) + övriga brända ben

Nöt:
- tänder från överkäken (obrända)
- del av kranium, horn
- mellanfotsben.

Därtill kommer enstaka ben från gädda, abborre och karpfisk samt tamgås/grågås och annan obestämd fågelart (Jonsson 1996).

Det är svårt att kunna säkerställa att rester efter djur i nedgrävningar är lämningar efter olika rituella handlingar. För att kunna göra detta måste de på olika sätt urskilja sig från mängden. I England finns på många järnåldersboplatser depositioner som bedömts vara av rituell karaktär. Dessa djurbensdeponeringar ligger endast centralt på boplatserna, i och invid hus eller andra socialt viktiga platser (Merrifield 1987:34 f). Där har man funnit nedläggningar av ben som kan ha en rituell eller symbolisk innebörd, i gropar där den ursprungliga funktionen tjänat ut. Dessa nedläggningar har ansetts vara någon form av övergångsmarkeringar eller offer. Flera av dessa gropar kan ha haft en primär funktion som förvaringsgropar och där skall deponeringen kanske ses som en övergång från förvarings- till avfallsgrop (Merrifield 1987:32).

På en del av dessa boplatser finns djurbenen nedlagda i gropar tillsammans med föremål som kan ha haft en rituell betydelse, som sädeskorn, hela kärl och malstenslöpare (Cunliffe 1992:75 och 1997:196f). Från England finns det även exempel på häst- och nötskallar som ställts på högkant, vilket tyder på en offerhandling (Merrifield 1987:33 och Strandmark 2000:130). På en del järnåldersboplatser i England har man funnit stora cylinder- eller bikupsformade gropar. Groparnas speciella konstruktion har inneburit uppfattningen att de förmodligen har använts för att förvara spannmål (Hill 1995). Enligt Cunliffe kan seden att lägga ned sädeskorn i en grop representera tron på en makt som bevarade sädens grobarhet under tiden från skörd till dess att det kunde användas som utsäde. Så snart man tog upp säden för att använda den som utsäde gjordes ett offer för att erhålla goda skördar. I ett senare skede kunde ytterligare en deposition ske i gropen som en ersättning för en god skörd (Cunliffe 1997:197). Han menar att benen i gropar är tackgåvor till gudomar för att man fick beträda deras domän, i underjorden, för förvaring av säd (Cunliffe 1992:77f och Strandmark 2000:130). På ett liknande sätt tror jag man kan se traditionen med att lägga ned förvaringskärl, kraniedelar från tamdjur och malstenslöpare m.m. i gropar på boplatsen i Pryssgården.

Hayden anser att det kan vara svårt att arkeologiskt skilja ut vad som är rester efter en mindre fest. För att kunna göra detta krävs att det som finns kvarlämnat består av speciell slags mat, särskilda beredningskärl och serviser (Hayden 1999:24). Han har även konstaterat att om ett hushåll varit värd för en festlighet består lämningarna efter denna av kranier och de köttfattiga delarna från tamdjur. Om ett hushåll har varit gäster på en festlighet består resterna efter tillställningen istället av mera köttrika delar från tamdjur (Hayden 1999:36).

I ovanstående exempel, källargropen i hus 166, från Pryssgården är det frågan om en för boplatsen ovanlig föremålskombination, bestående av köttrika och köttfattiga delar från tamdjur, en ten i brons och delar av en servis.

Benmaterialet kan vara rester från en rituell ceremoni, t.ex. lämningar från en måltid där både köttrika och köttfattiga ben samt delar av kranier lagts ned i källargropen. Benavfall efter slakt utgörs förmodligen av ben från djurkroppens köttfattiga delar, medan övrigt hushållsavfall består av ben från den köttrika partierna (Strandmark 2000:142). Kopplingen mellan en rituell ceremoni och en måltid kan vara ett led i en fruktbarhetskult, där djur med viktig symbolisk innebörd för människorna på boplatsen valts ut. Seden att lägga ned delar av djur i en grop innebar att de fixerades till platsen. Materialet kan vara lämningarna från en rituell ceremoni, eventuellt i samband med att huset övergavs. Denna uppfattning skulle kunna styrkas av att det är ett så pass ovanligt varierat benmaterial och att dessa kan vara resterna från en måltid och offerhandlingar. Dessutom förefaller det märkligt att man skulle ha tappat en bronsten i en avfallsgrop. På hela bosättningen fanns endast enstaka bronser.

Ett belägg för att lämningarna i källargropen kan vara rester från en rituell handling är jämförelsen med andra platser och kulturer. Traditionen med att offra de köttfattigaste delarna till gudarna är känd från andra kulturer, bl.a. från antikens greker. I den grekiska antika kulturen var köttkonsumtion detsamma som offer. En del forskare hävdar att man endast dödade djur till föda för att göra ett offer. De som utförde offret och de som deltog i själva offerceremonin gavs visdom, makt och styrka. Deltagarna i offerceremonin åt av det offrade djuret och gav de köttfattigaste delarna till gudarna, genom att bränna rester på ett altare (Olausson 1995:209 och där anf.litt.). Enligt Olausson kan vi inte okritiskt föra över den antika grekiska traditionen med djuroffer till nordisk bronsålder men han anser att det kan fungera som ett redskap i tolkningsprocessen. Han använder sig av detta redskap vid sin analys av deponeringarna i och kring hägnaden i Odensala Prästgård (Olausson.1995:208ff).

Det finns källkritiska aspekter med att jämföra offer- och mattraditioner mellan olika kulturer, eftersom dessa är starkt kulturellt präglade. Jag har ändå velat göra detta i ett försök att vrida perspektiven lite och inte bara slentrianmässigt betrakta allt som ligger i en grop som avfall. Vid ett offer var en viktig del av handlingen att man skulle beröva en varelse dess liv. Detta innebär att ett djuroffer inte bara skall ses som ett matoffer utan som en frigörelse av kraft eller energi som tillägnades gudomarna. En annan form av gåvohandling innebar att människorna gjorde en ekonomisk uppoffring av t.ex. mat eller råmaterial (Merrifield 1987:22 och Strandmark 2000:128). En central tanke bakom offer och andra votivgåvor var att människorna inte skulle kunna upptäcka och nå dem, därför lades de ofta i vattendrag, mossar men även i gropar, schakt eller brunnar (Wait 1985:51 och Strandmark 2000:128). Offerhandlingar har även skett i olika boplatskontexter och där en del av dem kan varit nåbara för människorna.

I Pryssgården skulle förekomsten av delar från djurskallar i husens gropar och stolphål kunna vara exempel på handlingar där man har velat frigöra djurets livskraft och ge det till gudomen. Traditionen att lägga ned delar av förvaringskärl skulle istället kunna ha karaktären av en ekonomisk uppoffring. På boplatsen finns lämningar efter rituella handlingar i husen både i kontexter som man i efterskott inte har kunnat komma åt, t.ex. i de takbärande stolphålen, men även på ställen som man kunnat återvända till, i de olika groparna.

Källargropen i hus 174

På boplatsen fanns i hus 174 en mycket stor källargrop i förhållande till husets totala golvyta, fig. 25. Källaren var oval och den var 3,7×2,0 m stor och 0,60 m djup. Källaren har grävts om åtminstone en gång och fyllnadsmaterialet bestod av lager som låg i flera olika skikt, vilket visar att gropen fyllts igen vid olika tillfällen. Det varierade benmaterialet bestående av såväl brända som obrända ben skulle kunna tyda på att det i denna grop har skett såväl matoffer som djuroffer. En annan förklaring skulle kunna vara att den som sekundär funktion var en avfallsgrop, när huset övergivits. Men varför skulle två malstenslöpare hamnat bland avfallet?

I gropen fanns följande benmaterial:

Svin:
– underkäken (obränd) 48 gram
Får/get/svin:
– rörben (bränt)

Häst/nöt:
– rörben (bränt)
Nöt:
– tänder från överkäken.

I källargropen fanns även två malstenslöpare och rikligt med keramik, 616 gram. Det som särskiljer huset från boplatsens övriga bronsåldershus var att det innehöll ovanligt mycket fynd.

3.4.4 Sammanfattning av föremål i hus – arkeologiska kontexter

"Den arkeologiska kontexten som ett offer hamnar i är bara slutet på en lång händelsekedja där deltagarna i offerceremonin gavs visdom, makt och styrka" (Olausson 1995).

Det vi finner i arkeologiska kontexter är rester efter såväl rationellt som irrationellt mänskligt handlande. En del av materialet kan ha en rituell innebörd, annat inte. På en boplats har det säkerligen funnits flera olika ritualer som kan ha haft en religiös och profan innebörd, eller en kombination av båda. Men hur skall man kunna försöka skilja ut vad som kan vara lämningar efter ett rituellt beteende från vanliga boplatsavfallet, eller det som av någon anledning blivit kvarglömt? En viktig fråga i detta sammanhang är vilken syn som människorna kan tänkas ha haft på avfall, har det funnits någon aktiv avfallshantering eller inte?

I ett försök att strukturera upp fyndmaterialen i husen har jag gjort en modell, rituella handlingar i husets kulturella biografi. Under ett hus livstid har det förmodligen skett flera slags rituella handlingar, varav bara en bråkdel finns kvarlämnat. I modellen har två situationer i husen valts ut, nämligen när de byggs och de överges. Den förra har kallats för husoffer och föremålen finns antingen i stolphålen efter stolpar eller under golv. Den andra har kallats för rituella depositioner som kan ha skett i några av husens förråds- och källargropar. Den senare kategorin är betydligt svårare att försöka belägga och

urskilja från avfallshantering. Om min uppfattning om dessa lämningar som rester efter olika slags rituella ceremonier stämmer, har de skett när husets primära funktion upphörde eller när det skedde något av väsentlig betydelse för hushållet. En möjlig förklaring är att man lade ned föremål i en förrådsgrop eller i källargrop när släktens överhuvud dog, vid barnafödande eller när huset övergavs. Denna handling kan ha varit ett sätt att försöka säkra gårdens fortlevnad och välbefinnande. Den är betydligt svårare att arkeologiskt belägga, men jag har ändå velat lyfta fram hypotesen som en möjlig bedömning av materialet. Stämmer min uppfattning om de olika ritualerna inne i husen förefaller det som om husoffer framförallt skedde i husens västra del medan den andra formen av deponeringar skedde i östra delen. Seden att lägga ned föremål i en grop var måhända ett sätt att som led i en fruktbarhetskult bekräfta förbundet mellan människa och jord. Den viktiga handlingen kan ha varit att deponera en del av rituell rekvisita från någon slags ceremoni. De olika rituella händelserna innebar att människorna kunde upprätthålla sin sociala ställning och sina rättigheter i det småskaliga samhället. Sedvänjan att lägga ned depositioner i husen och på boplatsen kan även ha varit ett sätt att erhålla rätten till en viss plats.

3.5 Odling och djurhållning under yngre bronsålder

Den övergripande frågeställningen för projektet som helhet var att försöka få fram en differentierad bild av boplatsens rumsliga organisation och med denna som grund föra en diskussion kring den yttre ramen för människornas sociala liv. Därmed blev det angeläget att försöka få kunskap om vad man levde av och hur näringssystemet på platsen förändrades under hela bosättningen. Under den första fältsäsongen användes mycket resurser för att försöka få kunskap om odlingsinriktning och lägena för de forntida åkrarna i Pryssgården. För att få svar på dessa frågor inleddes initialt i projektet ett samarbete med Roger Engelmark på Miljöarkeologiska laboratoriet Umeå universitet. Tyvärr var inte bevaringsförhållandena de bästa på boplatsen och vi fick modifiera våra frågeställningar och därmed förändra provtagningsmetoderna. En kortfattad sammanställning av resultaten från de olika naturvetenskapliga analyserna som har skett inom projektets ram finns redovisad i rapporten (Lindgren-Hertz och Stålbom 1998b:156ff).

Vid projektets start fanns det inte så stor kunskap. om jordbruksutvecklingen i Östergötland under bronsålder. Enligt äldre forskning skulle jordbruket ha baserats på ett pastoralt näringssystem (Larsson, T.B. 1986). Denna forskningsinriktning baserades på en modell för bronsålderssamhället som togs fram av Hyenstrand på 1970-talet (Hyenstrand 1977 och 1984, Olausson 1999:319). I modellen antogs det att de människor som bodde i Mälardalen och i de sydöstra delarna av Sverige levde i ett mobilt näringssystem och i stamsamhällen med småhövdingar. I dessa samhällen spelade sädesodlingen en underordnad roll. Istället dominerade hjordar med får och nötkreatur den ekonomiska basen. Den modellen har på senare år blivit kraftigt ifrågasatt, varvid man anser att sädesodlingen inom jordbruket spelade en betydligt större roll än vad man tidigare trodde (Olausson 1999:319). I dagens forskning tror man att introduktionen och innovationerna inom det agrara området var en betydligt mera långdragen process än vad tidigare antagits, där delar av utvecklingen började under bronsålder eller ännu tidigare. Förmodligen skedde det en långsam förändring av odlingssystemet under bronsålder och järnålder (Göthberg 2000:143).

En viktig fråga för projektet var att pröva dessa teorier om ett mobilt pastoralt näringssystem kontra ett samhälle som baserades på en mera omfattande odling under yngre bronsålder.

I det följande arbetet har jag valt att diskutera följande frågeställningar:

– Hade man djuren stallade under yngre bronsålder?
– Går det utifrån makroanalyser se rumsindelningar i bronsåldershusen?

3.5.1 Stallning av djur

I frågan om stallning av djur under vintermånaderna är meningarna delade bland arkeologerna (Barker 1999:273ff, Olausson 1999:319ff, Rasmussen 1999:281ff och 286 och Zimmermann 1999:301ff). Ofta har i äldre forskning förts fram teorier om att klimatförsämringen som skedde efter 500-talet f.Kr. var ett av skälen till att man tvingades att börja stalla djuren under en del av vintermånaderna (Olausson 1999:320 och där anf.litt.). En annan teori är att trycket på marken från betesdjur successivt ökade under bronsålder. Enligt detta resonemang resulterade det i ekologisk kris vid slutet av yngre bronsålder. Introduktionen av stallade djur skulle vara ett sätt att täcka behovet av gödsel men också ett sätt att minska antalet kreatur (Kristiansen 1988:104). Vi vet inte heller om det behövdes. Klimatet var vid denna tid något varmare, med en årlig medeltemperatur som låg mellan en halv till en grad över dagens (Welinder 1998:24) och det fanns andra djurraser (Barker 1999:279), raser som kanske var mera tåliga för att kunna gå ute året om.

I dagens forskning anser man att det är sociala faktorer som är av stor betydelse för att förstå varför vissa kulturgrupper valde att "bo ihop" med sina djur. Det är självklart att klimatet, miljöförhållanden och teknologisk nivå inverkade på hur jordbruket utformades, men dessa faktorer måste även kompletteras med sociala frågor som var viktiga i det lokala samhället (Barker 1999:277). En förklaring till att djuren stallades kunde vara att boskapen fick ett allt större socialt värde för människorna. Genom att hålla boskap kunde de säkra ett ekonomiskt välstånd. Djuren producerade mjölk, man fick kött, de underlättade i jordbruket genom att de var viktiga dragdjur och de gav gödsel. Men boskapen hade också andra värden och var viktiga i samband med gåvoutbyten, offer och alliansbindningar av olika slag. En del forskare menar att boskapen successivt blev allt viktigare för byteshandeln och att den var ett sätt att bekräfta ingångna allianser etc. Stallningen av djuren skulle vara ett sätt att förhindra boskapsstölder. Stallningen av djuren har även förknippats med att det skedde en övergång till ett mera privat ägande och synsätt. Det skulle vara ett sätt att visa omgivningen att djuren tillhörde ett visst hushåll (Barker 1999:277f och där anf.litt.). Förklaringen till att en del människor valde att bo tillsammans med sina djur, trots alla medföljande olägenheter bör sökas i djurens ökade betydelse och värde i bronsålderssamhället (Årlin 1999:303). Hon anser att det var en process där djuren successivt blev rumsrena och där det centrala för förståelsen för uppkomsten av stall är djurens förändrade status i det småskaliga samhället. När djuren väl har blivit tillräckligt delaktiga i människans vardag, först då uppstod idén om att stalla djuren. Det blir accepterat för människorna att dela boning med sina djur (Årlin 1999:301ff).

En annan viktig aspekt som ofta glöms bort i diskussionerna kring stallning av djur under förhistorisk tid är de till människan överförbara sjukdomarna från husdjuren, s.k. zoonoser. Dessa är parasitärer som är till människan överförbara djursjukdomar (Olsson 1997:2f). Införandet av stallade djur bör ha inneburit en försämrad hälsa hos människorna. Eftersom det finns ett stort antal sjukdomar som är gemensamma för djur och människor. Särskilt hund, nötkreatur, häst, svin och får bör ha inneburit allvarliga konsekvenser för människornas hälsa genom den vardagliga kontakten (Olsson 1997:30).

Frågan om stall är en mycket viktig faktor när man skall försöka urskilja de minsta produktionsenheterna, gårdarna på boplatserna. Stallen behöver inte ha legat inne i boningshusen, utan kan ha placerats i egna hus. Endast ett par osäkra belägg för stallning av djur under bronsålder är kända, ifrån boplatserna i Bjerre och Spjald i Danmark (Rasmussen och Adamsen 1993:136 ff). Dessa få hus har ofta kommit att styra uppfattningen av rumsdispositionen i hus från helt andra områden och kulturella sammanhang. Det förefaller som om vi har generaliserat för mycket och bortsett från komplexiteten i bronsålderssamhället. Jag ställer mig skeptisk till att sätta "en mall" för hur man har organiserat sina gårdar och samhällen inom olika regioner – det måste ha funnits åtskilliga varianter beroende på var och vilket samhälle som studeras. Dessutom kan det ha skiftat inom en och samma bosättning. Det räcker inte med att överväga hur många djur ett hushåll har "behövt" för att klara uppehället, använda som dragdjur etc., utan minst lika viktigt är det att tänka på hur djuren värderades under bronsålder.

Carlie har i sin avhandling om järnåldersbebyggelsen i Halland funderat kring praktiska frågor om djurhållning och det agrara samhället. Långhusen ses ofta som "mångfunktionella". De har fungerat som bostad, djuren varit stallade i en del av husen och har även fungerat som förråds- och arbetsytor för olika slags aktiviteter. Carlie har gjort olika beräkningar på hur stora husen behövde vara för att kunna rymma alla dessa olika aktiviteter under ett och samma tak. Inte minst har han räknat på hur stora förrådsytor som skulle ha krävts i husen för att lagra vinterfoder åt djuren (Carlie 1999:124ff). I sina bedömningar ställer han sig skeptisk till om detta har varit möjligt, i många hus skulle man helt enkelt inte fått plats. Beaktas även vilken enorm arbetsinsats som krävdes för att samla in allt vinterfoder åt djuren, hade gårdarnas hushåll behövt vara större än kärnfamiljens. Har djuren varit stallade har det även varit ett stort arbete att forsla ut all gödsel ur husen och ut på åkermarken (Carlie 1999:128ff). I sitt arbete frågar sig Carlie om djuren verkligen behövde vara stallade under vintern. Det kanske var bara några enstaka djur som fick vara inne en kortare tid medan resten var utomhus. Dessutom kan det mycket väl ha funnits andra former av vinterskydd för djuren på gårdarna och dessa skydd kanske inte avsatte så tydliga avtryck för eftervärlden. Den springande punkten var, enligt Carlie, den potentiella arbetskraften. Det var den som styrde omfattningen, inriktningen av åkerbruket och boskapsskötseln på de olika gårdarna (Carlie 1999:137).

Än så länge finns det endast enstaka och vaga arkeologiska belägg för att djuren stallades inne i långhusen under bronsålder. Endast i ett fåtal hus från bronsålder kan man se en båsindelning i den östra delen av husen. Under bronsålder synes det som man hade korta och klena båsindelningar. Eventuellt kan båsen ha stått längs med gaveln (Draiby1985:152ff). Den inre stolpsättningen med tätare satta takbärande stolpar i östra delen av husen har ibland använts som belägg för bedömningen av stall i denna del av husen. I dessa hus skulle det ha funnits stall i en mera traditionell form med båsindelningar (Draiby 1985:154).

Från Skåne finns inga belägg för att man har stallat djuren under bronsålder (Björhem & Säfvestad 1993:110f). På boplatsen i Fosie IV har man kunnat belägga att en gård från bronsålder bestod av ett långhus och ett litet hus; det senare låg alltid strax norr om det större. Husen kan delas in i tre olika delar, med en bostadsdel, en ingångsdel och en ekonomidel. Utifrån resultaten på boplatsen i Fosie IV ställer man sig undrande till om långhusen med källargrop egentligen kunde ha plats för mer än något enstaka kreatur. Björhem och Säfvestad tror inte att man under bronsålder valde att samla människor, djur och aktiviteter under samma tak (Björhem & Säfvestad 1993:169).

Kriterier för en stalldel eller fähus är rester efter bås, mittgång, gödselränna, avsaknad av fynd och härd, samt spår efter fägata som leder fram mot ingången av husen (Myrdal 1996:74 och Olsson 1997:14). Förekomst av stenpackningar och gödselrännor bör främst ses som hygieniska åtgärder för att ta rätt på avföring och urin (Olsson 1997:14). Husen i Pryssgården uppfyllde inte dessa kriterier och bör därmed inte ha haft fähusdel.

3.5.1.1 Stall/fähus under bronsålder i Pryssgården

I Pryssgården har vi ett snarlikt mönster av gårdsbebyggelse som på boplatsen i Fosie IV, även under kap. 4 och 6. Intill långhusen har det funnits ett mindre hus, ofta ett fyrstolpehus. De mindre husen har bara varit ett par tre meter stora. Husen har oftast bedömts vara bodar och förrådsbyggnader. Husen har helt klart varit för små för att kunna rymma några kreatur. Då återstår långhusen. Om vi utgår från stolpsättningen av de inre takbärande stolparna har de flesta husen från yngre bronsålder tätare satta stolpar i östra delen av husen. Ett mycket tydligt särdrag för flera av husen i Pryssgården är att de är avsmalnande, "strutformiga" i sin bärande konstruktion. Stämmer Draibys tes om stolpsättningen skulle

det kunna innebära att i flera av boplatsens långhus från yngre bronsålder hade man en del av djuren stallade, kanske under de kallaste vintermånaderna.

I flera av husen i Pryssgården finns det en stor källare i östra delen av husen och det skulle i så fall innebära att man hade djuren och källarförrådet i samma del av huset, se kap. 3.1.1.2. På boplatsen finns det två olika varianter av källargropar, den ena är mera rund och djup, medan den andra är mera flack och långsträckt. I några av källargroparna finns förhöjda fosfatvärden som skulle kunna tyda på att groparna istället har fungerat som avfallsgrop för hushåll. I ett av husen fanns det mycket förhöjda fosfat- och glödförlustvärden i tre av stolphålen, vilket, enligt Viklund och Linderholm, skulle kunna indikera att det har funnits en gödselgrop/ränna. Stolphålen låg i ekonomidelen i hus 172. Huset är ett av de äldre långa, ganska smala och strutformiga husen på boplatsen. Ytterligare ett hus, hus 189, hade förhöjda fosfatvärden i hela huset, med en tendens till högre värden i anslutning till den stora källargropen. Huset, som var det största från yngre bronsålder, låg i ett av de mest utnyttjade områdena på hela boplatsen. Det kan inte uteslutas att de förhöjda värdena beror på detta. Viklund och Linderholm har ansett källargropen, i hus 189, utifrån de förhöjda fosfat- och glödförlustvärdena vara en stor gödselgrop (Viklund och Linderholm 1996:6f). Denna förklaring är märklig då gropen ligger intill ett antal gropar som ansetts vara olika slags förråd. För mig ter det sig opraktiskt att ha djuren intill gropar. I husen i Pryssgården har vi till skillnad från de danska boplatserna inga rester efter båsindelningar.

Utifrån sammansättningen av de analyserade ogräsfröna bör odlingen på boplatsen ha bestått av vårsådda grödor på gödslade åkrar. Kvävekrävande ogräs är målla, måra och vicker (Viklund och Linderholm 1996:3). En starkt bidragande faktor till åsikten att djuren var stallade redan under yngre bronsålder är just förekomsten av kvävekrävande ogräs som krävt tillförsel av gödsel. Men gödslingen av åkrar måste ha kunnat ske på många andra sätt än att djuren behövde vara stallade inne i långhusen under vintermånaderna. På senare tid har sambandet mellan införandet av gödselbruk och förekomsten av kvävekrävande ogräs ifrågasatts, eftersom det kan vara frågan om skördeteknik (Lagerås & Regnell 1999:268).

Ser man till husens "fysiska" möjlighet att rymma djur under några vintermånader, kan en del hus på boplatsen haft plats och andra inte. Under yngre bronsålder har vi totalt 19 långhus, av dessa hade hälften källargrop i östra delen. I tabell 14 är två av de flackare källargroparna inte medtagna. Antager vi att de flackare "källargroparna" (tre stycken) har fungerat som gödselränna, återstår sex hus med källare. Husen med källare har förmodligen inte haft plats för vinterstallad boskap i någon större omfattning. Möjligen kan man tänka sig att man av något skäl valde att ha något enstaka djur inne. Men både av rumsliga, sanitära och praktiska skäl synes det alltför orimligt att man skulle ha valt att ha djuren stallade på samma plats i husen där man hade ett av sina huvudförråd. Utifrån ovanstående resonemang går det förmodligen att avskriva stallning av djur åtminstone i sex av boplatsens långhus från yngre bronsålder.

De tre husen med "flackare källargropar" hade även andra karaktäristiska drag som skiljer dem från merparten av långhusen på boplatsen. Gemensamt för husen är att de är mycket smala och långa, de är kraftigt strutformiga och de ligger ganska samlat på en mindre yta av undersökningsområdet. Husen har ansetts tillhöra den äldre delen av yngre bronsålder. I avsnittet om olika gårdar betraktas dessa tre hus som olika husgenerationer på en och samma gård, se kap. 4.4.2. De flacka "källargroparna" kan eventuellt ses som rester av gödselrännor och skulle då kunna vara belägg för att man hade djur stallade. Denna gård har funnits samtidigt med andra gårdar på boplatsen, som inte kunnat ha djur stallade (husen med rundade källargropar). För långhusen som saknar källare går det utifrån det arkeologiska källmaterialet inte att avgöra om de har haft stall.

Förmodligen har en del av människorna i Pryssgården valt att inte ha djuren stallade inne om vintern. De hus som hade en stor källargrop har enligt min uppfattning inte haft plats för att ha djuren inne.

Det har dessutom varit olämpligt att ha djur och förråd samlade. Husen som hade rundade källargropar låg framförallt i den centrala delen av undersökningsområdet, i delområde E. Har det funnits en skillnad mellan de olika gårdarna måste förklaringen sökas i hur organisationen av agrarsamhället och samhället har varit uppbyggd i Pryssgården.

3.5.1.2 Rums- och funktionsindelningar i olika hustyper

I några av de analyserade långhusen har det gått att arkeobotaniskt belägga rumsindelningar i husen. I sex av de analyserade husen har man kunnat urskilja en köks- och bostadsdel, nämligen i hus 170, 172, 175, 179 och 187, samt lite mindre tydligt i hus 189. I samtliga fall ligger köks- och bostadsdelen i husens västra del (Engelmark et al. 1995:17f , Viklund och Linderholm 1996:6f). Hus 185 var skadat och stolphålen från den västra delen saknades. De arkeobotaniska resultaten stämmer väl överens med de arkeologiskt bestämda rumsindelningarna.

I källargropen från hus 166 fanns ett mycket varierat fröinnehåll vilket av Viklund setts som ett typiskt avfall. I gropen fanns det sädeskorn från korn, vete, brödvete, råglosta och troligen också lin, medan det bland ogräsfröna fanns måra, pilört och grönknavel, ett par gräsfrön och hasselnötsskal. Fröna har förmodligen inget att göra med gropens primära funktion, utan har hamnat där i samband med att gropen lades igen (Viklund och Linderholm 1996:10). Utifrån lagersammansättningen har gropen troligen fyllts igen vid ett och samma tillfälle. Istället för att se lämningarna i källargropen som fanns i hus 166 som avfall tror jag att de har lagts ned med ett rituellt syfte. För denna grop kan det vara frågan om rester av en offerceremoni i samband med att huset övergavs. Det varierade fröinnehållet i gropen kan ha offrats just därför att de var betydelsefulla grödor för människorna på boplatsen.

De analyserade fyrstolphusen innehöll endast enstaka fröer. Det innebär att vi utifrån de gjorda makrofossilanalyserna ej kan avgöra husens primära funktion. Dessa hus kan i alla fall mycket väl ha

Tabell 20. Sammanställning av växtmaterial i husen från bronsålder, som baseras på en bearbetning av tabell 1 och tabell 2 samt tabell 1, tabell 3, tabell 5 och tabell 6 (Viklund och Linderholm 1996:13 samt Engelmark et al. 1995:14ff).

Trots att det bevarade frömaterialet i husen inte var speciellt omfattande kan konstateras att man har odlat olika slags grödor. I alla hus, utom i två, har proverna tagits i fyllningen från stolphålen. I hus 187 togs även ett makroprov från härden. Hus 187 innehöll ett för boplatsen ovanligt rikligt frömaterial, men eftersom huset är ett av de bronsåldershus som kan ha brunnit och fröna låg i olika stolphål har dessa inte uppfattats som husoffer.

Eftersom bevaringsförhållandena för makrofossiler var dåliga i Pryssgården prioriterades provtagningen efter ett tag till stolphålen som låg i anslutning till härdarna i husens västra del. Hus 255 var ett grophus och i hus 166 togs endast ett makroprov från huset i källargropens fyllning. I det äldre bronsåldershuset, hus 153, fanns sädesfröer från naket korn, men det är osäkert om havren kom från odlad havre eller var flyghavre. Makrofossilanalyser gjordes i fyra av fyrstolphusen; 181, 205, 229 och 230. Hus 205 var vid analystillfället bedömt vara från äldre järnålder. I några av husen gjordes även kemiska och fysikaliska undersökningar av jorden i proverna, för att bestämma fosfatinnehåll, glödförlust och magnetisk susceptibilitet. Stolphålens fyllning kan antas vara nedrasat golvmaterial och genom makrofossilanalyser och andra analyser kan man i gynnsamma fall påvisa olika aktivitetsytor i husen.

	Hus nr. 153	166	170	172	175	179	181	185	187	189	205	229	230	255	S:a
Odlat															
Korn	5	8	4+1?	4	2	1			125	1?		1	1		151+2?
Brödvete		1	1?	1		1									3+1?
Skalvete		1?	1						2	13+1?					16+2?
Vete			1?					1	1+2?						2+3?
Havre	1					2			4	1?					7+1?
Sädeskorn indet	2	9	8	5	2	3		4	132	1	1		1		168
Losta		1		1											2
Lin		1?													1?
Oljedådra			1?												1?
Ogräs															
Målla			1	1				8	6	1					17
Pilört		2	1					2	1	1	1				8
Åkerspergel			1												1
Måra		1	1												2
Grönknavel		1													1
Åkerbinda								2	1						3
Sommar-vicker									1	1					2
Övrigt															
En	3			1				2					1		7
Starr											1				1
Gräs	2							2					1		5
Hasselnöts-skal	1					1		1					1		4
Frö indet	2								3	1					6

fungerat som förråd för säd och foder, men det kan inte beläggas genom de utförda analyserna. För att det skall finnas bra bevaringsförhållanden för makrofossiler krävs det att husen har brunnit. De gjorda analyserna har inte heller hjälpt oss att få fram funktionen för grophuset, hus 255.

3.5.2 Odling under yngre bronsålder på boplatsen i Pryssgården

I samband med utgrävningen av boplatsen undersöktes möjligheterna till att göra en pollenanalys för att kunna få reda på vegetationsutvecklingen i området. Dessvärre fanns det i närområdet ingen lämplig plats för att ta en borrkärna. Den närmsta pollenanalysen är gjord på en borrkärna från Herrebrokärret. Kärret ligger på andra sidan om Motala ström, ca 3 km från boplatsen i Pryssgården. I pollenanalysen går det att ungefär samtidigt med klimatförsämringen århundradena kring Kristi födelse se ökade mängder pollen från vegetationen bestående av enebuskar och ljungväxter. Detta kan tyda på att det skedde en omfattande röjning bl.a. för att skapa ett mera öppet beteslandskap. Vid denna tid går det även att se att lövträden går tillbaka. Successivt bildades ett mera hedliknande landskap. De tidigare utbredda skogarna med ädellövträd försvann och ersattes efter hand med granskog (Kaliff 1992a:18f).

Vid en analys av en gårdsbebyggelse är det viktigt att försöka finna relationen mellan gårdarna och gravfälten, respektive gårdarna och marken som odlades. Denna typ av frågor försökte besvaras, inte minst under det första årets fältundersökningar. Initialt på undersökningen av boplatsen lade vi ned mycket tid på att försöka avgränsa den fossila åkermarken, genom analyser av olika slags lager och dess rumsliga utbredning. Prover togs således i kulturlager som inte ansågs vara rester av gårdsplaner och aktivitetsområden. De olika analyserna av lagren visade på att marken använts såväl för boplatser som för åkermark. De olika lagren var alla mer eller mindre påverkade av den sentida och omfattande odlingen i området. Årderspår fanns endast uppe i den norra delen av undersökningsområdet som antogs vara betydligt yngre än bronsålder. Det fanns inga arkeologiska belägg för årderspår under husen från bronsålder. Eftersom platsen har utnyttjats som boplats under större delen av förhistorisk tid och nyttjats för odling från förhistorisk tid fram till idag, var det fossila landskapet för skadat för att vi skulle kunna avgränsa odlingslotterna från yngre bronsålder. Således gick det inte, trots omfattande försök i fält och i laboratoriemiljö, att finna relationen mellan gård och åker under bronsålder i Pryssgården.

Däremot kunde vi konstatera att det redan under yngre bronsålder fanns en omfattande och varierad odling på boplatsen. I Pryssgården odlades korn, brödvete, speltvete, lindådra, råglosta men även förmodligen havre och lin, tabell 20. Under äldre bronsålder odlades naket korn som under yngre bronsålder ersattes med skalkorn. Genom de arkeobotaniska analyserna har ett tjugotal olika arter identifierats på boplatsen. Sammansättningen av grödorna i Pryssgården visar att bosättningen har tillhört den sydskandinaviska kulturkretsen och här liksom inom andra områden har man vid denna tid experimenterat med olika grödor. På flera håll runt om i Europa fanns samma mångfald i odlingen med samma slags grödor. Under mellersta och yngre bronsålder synes det ha varit vanligt att man odlade flera olika slags sädesslag och kulturväxter (Viklund och Linderholm 1996:11 och där anf.litt.).

Resultaten från Pryssgården visar att det funnits en omfattande odlingsverksamhet på boplatsen redan under yngre bronsålder och att vi kan ifrågasätta den äldre forskningens teorier om ett pastoralt näringssystem i Östergötland.

3.6 Sammanfattning

I studiet av småskaliga samhällen beskrivs ofta huset som det centrala för människorna, kring vilket allting kretsade. Genom att strukturera sitt hus försökte människan att skapa ordning i ett kaos. I denna typ av samhällen tror man att huset, bostaden var en *imago mundi*, dvs. en avbildning av kosmos, den ordnade världen (Eliade 1968:29ff). Kopplingen mellan hus och kosmos har många forskare sett som betydelsefull för förståelsen av hur äldre kulturer strukturerade sina boplatser och hus. En viktig del i förståelsen av äldre samhällen är den syn de hade på sina anfäder. I samhällen där det fanns en rädsla för de dödas andar betedde man sig på ett sätt som t.ex. kunde innebära att man gjorde rituella stängningar av hus eller att man valde att flytta till en ny plats. I andra samhällen var anfäderna viktiga för att visa på en kontinuitet och rättigheter och då hade man ett annat förhållningssätt till de döda.

För människorna i Pryssgården var fruktbarhetskulten en naturlig del i det dagliga livet och en viktig beståndsdel var förmodligen även dyrkan av anfäderna. Bosättningen har bestått av en jordbrukande befolkning och för dem har det varit angeläget att kunna visa på kontinuitet och rätt till en viss plats. Om ett sätt att visa på kontinuitet till en plats var genom anfäderna, måste människorna stå på god fot med de döda, vilket förmodligen har skett genom olika rituella ceremonier och offer. En viktig inspirationskälla i mitt arbete är Gerritsens modell *Husens kulturella biografi*, där husens livscykel kopplas samman med ett hushålls. Husen är en social enhet och produktionsenhet, en symbol som ger dess invånare en identitet och en social ställning i det småskaliga samhället. När ett nytt hushåll har bildats på en bosättning har ett nytt hus byggts upp, vilket även har inneburit nya sociala konstellationer (Gerritsen 1999).

Den stora bosättningen i Pryssgården har legat i en god miljö och husen har troligen fått stå under 50–75 år. När släktens överhuvud har dött och man inte längre har kunnat bo kvar i det gamla huset, möjligen i samband med att det har skapats ett nytt hushåll, har huset lämnats och ett nytt byggts strax intill det gamla. På bosättningen förefaller det som om människorna visat vördnad för de äldre husen. Det finns en del deponeringar i husen som kan hänga samman med en rituell ceremoni i samband med att husen övergavs. Enligt min uppfattning fick de gamla husen stå och förfalla på boplatsen, varigenom man kunde visa på en kontinuitet och erhålla vissa

rättigheter i samhället. Kanske trodde de att anfädernas andar bodde i de gamla övergivna husen.

Från yngre bronsålder finns det 19 långhus och utslaget över tid kan det ha funnits två till tre samtida gårdar bara inom undersökningsområdet. Bosättningen har legat i ett landskap som förmodligen redan under yngre bronsålder har varit tättbebyggt och där gårdarna i någon form har samverkat.

I flera olika kulturer med en stor geografisk och tidsmässig spridning finns en utbredd tradition med att göra husoffer. I dessa kulturer har det funnits ett stort behov av att försöka skydda och markera den plats som man bodde på. Inom nordiskt område finns kända husoffer från neolitikum och ända långt fram i historisk tid (Paulsson 1993 och Karsten 1994). Tidigare har man hävdat att det skedde en förändring av husoffrens sammansättning under järnålder som innebar att man började att offra lerkärl och ben från husdjur. Denna förändring av offrens sammansättning har förknippats med att man successivt under järnålder gick över till mera permanent odlade åkrar och hade djuren stallade under vintermånaderna (Paulsson 1993). I ett samhälle som bestod av en jordbrukande och mera bofast befolkning var avkastningen från jorden det centrala för allt liv. Det är i denna föreställningsvärld som traditionen med husoffer hör hemma. Ett husoffer gjordes för att ladda huset med fruktbarhet och för att ge det en väktare. Genom att ta till olika magiska ritualer försökte gårdens invånare skydda och bevara sina tillgångar samt att försöka att få dem att växa och förökas.

I Pryssgården kan det ha funnits olika rituella handlingar i husen som syns i det arkeologiska materialet. Den ena kan ha skett i samband med att huset byggdes och lämningarna efter den typen av deponeringar finns ofta i stolphålen i husens västra del. Den andra handlingen är svårare att förklara och källkritiskt osäkrare att belägga. Den har skett i någon av husens förrådsgropar eller i källargropen, i husens östra del. Den senare gruppen med handlingar kan vara av rituellt slag och ha skett i samband med att husets primära funktion upphörde eller när det skedde någon annan väsentlig händelse för hushållet.

På bosättningen kan förändringen av husoffrens sammansättning skett redan under yngre bronsålder. På boplatsen finns husoffer i form av keramikkärl. I stolphålen finns det antingen delar av ett kärl som kan symbolisera ett helt kärl eller miniatyrkärl. I husen finns det även husoffer i form av ben som bestod av delar från käkar eller kranier från tamdjur. Dessa båda kategorier av husoffer förknippas normalt med järnålder. Det vanligast förekommande föremålet som var nedlagt i stolphål i husen var löpare, men det fanns även andra föremålstyper som hörde till jordbrukets och vardagens sfär. Husoffren låg alltid i husens västra del och i nära anslutning till härden.

Ett annat resultat från Pryssgården som är lite ovanligt är att husoffer förekom så ofta. I 8 av de 19 långhusen fanns husoffer i stolphålen och i ytterligare fyra hus fanns det andra former av deponeringar som bör vara lämningar efter rituella handlingar. I ett av småhusen fanns det ett husoffer i form av ett miniatyrkärl. I husen från äldre bronsålder har vi inga belägg för husoffer och förändringen under bronsålder kan hänga samman med att jordbruket successivt spelar en allt större roll i samhället. Mellersta och yngre bronsålder beskrivs ofta som de stora jordbruksexperimentens tid. Då är det rimligt att antaga att olika föremål som varit betydelsefulla inom jordbrukets sfär också har ingått som en rituell rekvisita i olika offerhandlingar.

Långhus från yngre bronsålder beskrivs ofta som tredelade i en bostadsdel, ingångs- och ekonomidel. Husen i Pryssgården har den indelningen även om proportionsförhållandena mellan de olika delarna av husen har varierat på olika sätt. Dessa variationer har inte varit kronologiskt betingade utan har berott på olika sociala faktorer hos gårdarna på bosättningen. De långhus som har tillhört en gård har samma proportionalitet mellan bostads- och ekonomidel.

Har ett hus på en gård haft en ovanligt stor bostadsdel finns det även i nästa husgeneration på gården.

Husens ingångar ligger i den södra långväggen och är något förskjutna mot ekonomidelen. Härden ligger i husens västra del och gärna så långt bort från ingången som möjligt. På bosättningen i Apalle hade härdarna en motsvarande tillbakadragen placering i husen under bosättningens äldsta fas men låg mera centralt placerade i husen under den yngre fasen. I Pryssgården låg härdarna i samma avskilda läge i husen under hela yngre bronsålder. Först i slutet av yngre bronsålder, i övergången till förromersk järnålder skedde en motsvarande rumslig skiftning som den i Apalle. Den rumsliga omdispositionen av husen i Apalle har förklarats hänga samman med att det under bosättningen skedde en förändring i det småskaliga samhället där man successivt gick över till ett mera privat markutnyttjande (Ullén 1995b).

Även om härdarna har legat kvar på samma plats i husen har det skett andra rumsliga förändringar under yngre bronsålder i Pryssgården. Dessa kan iakttagas genom utbredningen av förrådsgropar i husen. I början under yngre bronsålder fanns groparna utspridda i olika delar av husen, men samlades successivt till den västra delen i anslutning till härden. Under bronsålder har en del av förråden samlats till bostaden, till den del som har varit det centrala för huset och hela gården. Varför har man gjort så? Skall det sättas i samband med att jordbruket, sädesodlingen, under yngre bronsålder successivt spelade en allt större roll i det småskaliga samhället? Kan utvecklingen ha inneburit ett mera privat förhållningssätt till en viss plats, till ett stycke mark och utfallet från jorden? Är det därför som det är vanligt att det under yngre bronsålder finns förrådsgropar i husen – där groparnas placering visar på ett allt mera privat ägande av mark? En förklaring till

Fig. 31. Den sönderslagna keramikfigurinen. Foto: Göran Billeson.

att förrådsgroparna samlades till bostadsdelen var att man började med att stalla djuren under de kallaste vintermånaderna. Det som talar mot den uppfattningen är att det i några av husen finns en stor källargrop i husens östra del och att vi inte har några rester efter båsindelningar i husen. I en del av husen har källargropen tagit en så stor del av golvytan i ekonomidelen att det inte fanns någon plats för djuren. Dessutom ter det sig opraktiskt och sanitärt olämpligt att samla gödsel i en grop inne i husen. Min bedömning av källargroparna är att de har fungerat som någon slags förråd och att man inte hade djuren stallade inne. Källargropar fanns i hälften av långhusen från yngre bronsålder. Hus med källare låg företrädesvis i de centrala delarna av bosättningen, i delområde E. Källare fanns i alla tre typerna av långhus och de kunde finnas såväl i mycket stora hus som i små hus. Detta aktualiserar frågan om vad som var status under yngre bronsålder och om det utifrån ett husmaterial går att se statusskillnader?

Det fyndmaterial som fanns kvar i husen var inte omfattande och var atypiskt för husens brukningstid. Materialet var antingen deponerat som en offerhandling eller som avfall. När människorna övergav ett bostadshus tog man med sig sina saker till det nya huset. Vi har från boplatsen inga säkra belägg för att något av husen skulle ha övergetts i panik. Därmed är det material som finns kvar i husen inte representativt för husens brukningstid. Boplatsen har dessutom varit utsatt för omfattande odling under lång tid vilket innebär att mycket av den materiella kulturen gått förlorad. Kvar i husen finns således endast enstaka föremål och utifrån dessa är det inte rimligt att försöka bilda sig en uppfattning om innebörden av skillnaderna i fyndsammansättning mellan de olika husen.

De hus som hade källare innehöll ofta mera föremål än andra hus vilket delvis kan förklaras med att föremålen oftast fanns i gropars fyllningar. I sex av de 19 långhusen från yngre bronsålder fanns det skärvor från dryckeskärl och bordskärl, varav fem av dessa hus hade källare. Två av de hus som tillhörde husgrupp C hade stora källare och i de husen

påträffades olika fynd som eventuellt kan tyda på att det fanns skillnader mellan gårdarna på bosättningen. I det ena huset, hus 170, fanns det bitar av lerklining med rester av obemålad puts. I det andra huset, hus 166, fanns en ten i brons. Det senare fyndet kan ha ingått i en rituell ceremoni i huset. Bronser var mycket sällsynta föremål på bosättningen (Stålbom 1998c:140f). Det fanns ett hus, hus 174, som skilde sig från de övriga och innehöll ett rikligt och varierat föremålsbestånd. Dessa tre hus var samtliga små, de innehöll s.k. finkeramik och låg inom en samlad yta av den centrala boplatsen i delområde E, tabell 16. I alla tre fanns det husoffer nedlagda i den västra delen, se tabell 18. I husen fanns det dessutom andra depositioner som kan vara lämningar efter en rituell ceremoni, se tabell 19. Husen har funnits under olika delar av yngre bronsålder. Frågan är om det var viss kategori av människor som bodde i dem? Kan det ha varit frågan om ett prästerskap eller en annan kategori människor med bättre social ställning som bodde i dessa hus? Intill dessa hus fanns boplatsens största koncentration med stora gropar och gropsystem. Inom delområdet fanns majoriteten av boplatsens bevarade keramikmaterial (Stålbom 1998c:107ff). I närheten av de tre husen, hus 166, 170 och 174, fanns en offerplats som bl.a. innehöll den unika lerfigurinen, fig. 31.

Det allra största huset från yngre bronsålder, hus 189, var i det närmaste helt fyndtomt, trots att det hade en stor källargrop och sex förrådsgropar. Dessa exempel från boplatsen visar hur vanskligt det är att försöka belysa sociala skillnader mellan hus när en stor del av den materiella kulturen har gått förlorad och det som finns kvar är atypiskt för husens brukningstid. Det innebär att det inte går att utifrån fyndsammansättningen i husen visa på sociala skillnader mellan de olika husen på boplatsen i Pryssgården. Däremot kan en mera framkomlig väg att få fram sociala skillnader vara andra företeelser i husen som rumsproportioner, förekomst av källargropar och antal förrådsgropar.

På boplatsen fanns under yngre bronsålder en omfattande och varierad odling. I Pryssgården odlades korn, brödvete, speltvete, lindådra, råglosta, men även förmodligen havre och lin. Under äldre bronsålder odlades naket korn. Sammansättningen av grödorna i Pryssgården visar att bosättningen har tillhört den sydskandinaviska kulturkretsen och här liksom på många andra ställen har man experimenterat med olika grödor. Resultaten från undersökningen visar att vi på goda grunder kan ifrågasätta den äldre forskningens teorier om ett pastoralt näringssystem i Östergötland under yngre bronsålder (Larsson, T.B. 1986).

Frågan om djuren var stallade är betydelsefull för förståelsen av en jordbrukande befolknings bosättningar. Inom forskningen förefaller det finnas mycket olika uppfattningar om när och varför man började att stalla djuren. I den äldre forskningen var det ofta ekologiska och ekonomiska faktorer som dominerade diskussionerna. I den yngre är fokus istället satt på sociala faktorer. Än så länge finns endast enstaka och vaga belägg för att djuren stallades inne i långhusen under bronsålder. Endast i ett fåtal hus kan man se en båsindelning i östra delen. Ibland har fenomenet med de tätare satta stolpparen i den östra delen av husen använts som belägg för att stallen låg i denna del av husen (Draiby 1985:152ff, Rasmussen och Adamsen 1993:136ff). Dessa få hus har kommit att styra uppfattningen om rumsdispositionen i hus från helt andra områden och kulturella sammanhang. Min åsikt är att vi har tenderat att generalisera för mycket och bortsett från komplexiteten i de olika samhällsstrukturer som bör ha funnits under bronsålder.

I husen från boplatsen i Pryssgården har vi inga arkeologiska belägg för att djuren stallades inne under vintermånaderna. I husen finns inga lämningar efter båsindelningar och i flera av husen finns en stor källargrop i östra delen vilket innebär att i dessa hus kan inte djuren ha fått plats. Uppenbarligen har i alla fall delar av befolkningen valt att inte bo ihop med sina djur, det kanske inte behövdes? Förmodligen har det funnits andra sätt att lösa vinterskyddet för sina djur än att behöva ha dem inne i boningshuset.

Gården

kapitel 4

Frågeställningar
— hur var en bronsåldersgård organiserad?
— vilka är de bakomliggande faktorerna till att
gårdarnas utformning förändras över tid?

I DE TIDIGARE AVSNITTEN har talats om olika hus, hus som har hört till olika gårdar. Begreppet gårdar har bara nämnts i förbifarten utan att det närmare preciserats vad det egentligen står för. Vad menas med en gård under bronsålder och hur såg den ut? Vad symboliserade en gård och vilken attityd hade människorna till de olika gårdarna under denna tid? På en bosättning utgör gården den minsta sociala och ekonomiska enheten. De olika hushållen i ett samhälle har tillhört och identifierats med olika gårdar. Hos en agrarbefolkning var gården det centrala för allt liv och den har därmed intagit en betydelsefull plats i människornas medvetande och vardag. I agrarsamhällen spelade förmodligen gårdstillhörigheten, platstillhörigheten och kontinuiteten således en viktig roll för människorna.

Inom agrarforskningen har man länge försökt definiera en förhistorisk gård utan att uppnå någon egentlig enighet. En del forskare har menat att man måste se till de ekonomiska och funktionella aspekterna för att kunna göra en definition, medan andra istället sagt att man måste ha ett vidare synsätt, där

man även skall försöka beakta de förhistoriska människornas föreställningsvärld och värderingar för att kunna försöka förstå en gård. De senare resonemangen har framförallt präglat senare års järnåldersforskning kring boplatser och gårdar (Zachrisson 1994, Burström 1995 och Kyhlberg 1998). Den vanligaste beskrivningen av gårdar har dock hittills kännetecknats av definitioner i analytiska termer, där arkeologer och kulturgeografer utgått från olika ekonomiska, funktionella och morfologiska aspekter. En stor del av forskningen har varit koncentrerad till att analysera agrarteknik och hur produktionen varit organiserad.

I de följande avsnitten förs en diskussion kring hur gårdar definierats såväl ekonomiskt som socialt, hur gårdarna ansågs vara organiserade under bronsålder. Slutligen ger jag min syn på situationen i Pryssgården. I mitt arbete prövar jag om det går att tillämpa och föra tillbaka en del av resonemangen som finns för järnålderns gårdar till bronsålder. Järnåldersforskningen har kommit betydligt längre i analysen av gårdar och strukturer på boplatser än vad

Foto: Hans Lundenmark, Vitlycke museum.

man har gjort för bronsålder. Det är bakgrunden till att en del av resonemangen kring järnåldersbebyggelsens strukturer medvetet tagits med trots att mitt material handlar om yngre bronsålder. Ett annat skäl till detta är min uppfattning att det redan under yngre bronsålder i Pryssgården fanns en stabil bosättning som levde på jordbruk. Det innebär att vi därmed kan ha en likartad situation som på många järnåldersbosättningar.

4.1 Ekonomisk definition av gård

En ganska vid definition av en gård gör Welinder i publikationen *Jordbrukets första femtusen år:* "*En gård är en bebyggd tomt. Om den ligger på landet och är knuten till jordbruk kallas den för bondgård. Gården är också en grupp människor, i skrifthistorisk tid oftast med ett gift par i centrum, en kärnfamilj eller en annan kvinna och manrelation. Gruppen är självständig, självförsörjande. Med den som utgångspunkt kan gården ses som ett hushåll*" (Welinder 1998:126).

I fråga om den förhistoriska gården modifierar Welinder innebörden av en gård något. Benämningen "gård" under bronsålder skulle istället kunna avse ett boningshus med en grupp människor (ett hushåll) som bedriver jordbruk som sin huvudförsörjning. Boningshuset bör enligt honom vara tillräckligt stort för att kunna vara ett långhus. Successivt under yngre bronsålder fanns på gårdarna förutom ett långhus ofta även ett eller ett par uthus. Till gårdarna hörde dessutom olika aktivitetsytor, där det finns förrådsgropar, kokgropar, härdar och avfallsgropar m.m. Aktivitetsytorna kunde ligga upp till 300 m från långhuset. Därtill kom gårdarnas åkermarker och betesmarker (Welinder 1998:127f). Denna definition av en gård är framförallt ekonomisk till sin karaktär.

4.2 Gården som en social enhet

För att studera gårdar och gårdsbebyggelse räcker det inte att bara se till olika ekonomiska förutsättningar, utan man måste inta ett vidare synsätt som omfattar sociala strukturer, värderingar och den övergripande ideologin som präglade det lokala samhället. Under senare år har flera forskare vidgat synsättet på forskningen om gårdar, en av dem är Zachrisson. I de samhällen som bestod av mera bofasta jordbrukare är det rimligt att tänka sig att hemmet och det enskilda huset blev en mera central del i människornas föreställningsvärld. Människorna identifierade sig och identifierades med sin gård. Ett hus var inte längre bara ett hus, om det nu någonsin har varit det. Hemmet representerade det tama, det kontrollerade och kontrasterades mot det vilda otämjda som fanns utanför (Hodder 1990). Det synsättet har präglat många forskare som ser ett samband mellan järnålderns mytologi och den rumsliga struktureringen av den jordiska gården (Burström 1995:163ff).

Gården och dess boningshus var den agrara bebyggelsens medelpunkt. Gården var inte bara ett antal huskroppar utan var ett hushåll, en social enhet som knöt människor samman i landskapsrummet. Enligt Zachrisson var gården i det förhistoriska samhället en social och juridisk institution, som mer eller mindre "ägde sina människor" (Zachrisson 1994:219f). Flera forskare anser att järnålderns mytologi, med Asgård, Midgård och Utgård, var en kosmisk parallell till den jordiska gårdens tomt och tun, inägor eller utmarker (Zachrisson 1994:219f, Burström 1995:163–177 och Kyhlberg 1998:195). På liknande sätt kan man se bronsåldersgårdarnas struktur som en kosmisk ordning där hushållen identifierade sig med olika gårdar.

I småskaliga samhällen innebar gårdarna förmodligen mera än bara en fysisk struktur. Husen på de olika gårdarna kan ha uppfattats både som en social enhet och en produktionsenhet. Gården är ett symboliskt uttryck för värderingar och den visar på invånarnas identitet och mentalitet. En gård är ett medium för att visa invånarnas status i samhället. Gårdarna kan visa på en social kontinuitet, för en släkt där de till skillnad mot den enskilde individen kunde leva vidare under flera olika generationer. De olika husen som tillhörde en gård är inte heller oförändrade under sin livstid, utan påverkas av dem som bor där.

Olausson hävdar att det inte räcker med att betrakta en gård uteslutande som en funktionell enhet, med hus, gärdesgårdar och brunn. Man måste även se till de rådande mentaliteter som fanns och där boplatsen kan sägas spegla världsordningen. I sina analyser av husen framför han att de utgör ett världscentrum, där dörren och tröskeln representerar både en fysisk och andlig gräns. Huset är synonymt med "hemmets kärna" och kan ses som en metafor för hela tillvaron där sociala och ekonomiska strategier kan manifesteras, som t.ex. status (Olausson 1998:96). Denna typ av tankebanor har redan berörts i kap. 3.3. En som vidgar vyerna ytterligare är Burström, som hävdar att det inte räcker med att studera gårdar i förhållande till agrarteknik eller sociala samverkansformer i produktionen, utan man måste ha ett betydligt friare förhållningssätt i sin analys. En definition av en gård är att den skall omfatta en bosättning som var baserad på jordbruksekonomi och var permanent. En gårdsstruktur kan även innefatta delar som inte uppfyller dessa villkor, som t.ex. fäbodar och visten avsedda för jakt eller fiske. Gården kan heller inte begränsas till ett bostadshus eller en gårdstomt utan begreppet fyller hela gårdsterritoriet. Inom varje gårds territorium avsätts flera materiella spår, mer eller mindre direkt knutna till gårdsidentiteten. Det kan även avsättas materiella lämningar från gården långt utanför själva gårdsterritoriet (Burström 1995:163ff). En sådan utvidgning av gårdsbegreppet är i högsta grad rimlig men är desto svårare för att inte säga omöjlig att arkeologiskt belägga.

I diskussionen kring gårdar och gårdsbegrepp behöver det synsätt som människorna hade på sitt omgivande landskap beaktas. Relationen mellan det av människor omformade gårdsterritoriet och det omgivande landskapet har ibland beskrivits som relationen mellan kultur och natur. Burström ställer sig frågan om detta har varit relevant för den förhistoriska människan, som enligt honom skulle uppfatta sig som en del av naturen. Trots detta antagande bör relationen mellan gården och vad som är människornas domän i landskapet ha varit föremål för tankar och spekulationer (Burström 1995:170).

4.3 Diskussion kring gårdar från bronsålder

I äldre forskning trodde man länge att bebyggelsen från bronsålder bestod av ett rörligt bosättningssystem. Idag har man ett annat och mera nyanserat synsätt, även om man inte är helt klar över bronsåldersbebyggelsens utformning och struktur. I Danmark förefaller det som om bebyggelsen kan ha sett olika ut på skilda platser. I Spjald, synes det t.ex. ha funnits många hus medan andra har få, som i Vorbasse och Lille Bavn. På några ställen ligger bebyggelsen i klungor som t.ex. i Højgård medan det på andra platser har istället funnits en mera utspridd bebyggelse, som i Omgård. En av svårigheterna med att bedöma utseendet och strukturen på bronsåldersboplatser är att vi inte vet vilka hus som med säkerhet har funnits samtidigt på boplatserna. Avsaknaden av identifierade inhägnader på boplatser från bronsålder gör det svårt att diskutera samtidighet respektive icke samtidighet. Trots att bebyggelsen från bronsålder saknar inhägnader kan man ofta se på husens inbördes placeringar att det funnits en gemensam organisation under bronsålder. Dessutom kan det ha levt betydligt fler människor på en boplats än vad man normalt räknat med i en bebyggelse med ensamgårdar (Rasmussen och Adamsen 1993:137ff).

Den allmänna uppfattningen om bronsåldersbebyggelsen inom danskt område är att den har varit uppbyggd kring små grupper med hus eller produktionsenheter (gårdar) utan någon markerad gräns (Jensen 1987:161). Enligt Jensen förefaller det även som om antalet gårdar per boplats var mycket begränsat. En viktig orsak till detta kan vara att de flesta undersökningarna har skett på Jylland, ett område som till stora delar består av magra sandjordar. Detta innebär att man inom andra områden bör kunna få fram helt andra resultat och förhållanden.

På Jylland har man tidigare antagit att det funnits ett brott i bebyggelsen i övergången mellan yngre bronsålder och förromersk järnålder, ett synsätt som nu håller på att revideras (Rindel 1999). De stora hallbyggnaderna från yngre bronsålder ersattes med flera mindre hus som ofta låg i byliknande klungor och där bosättningen var mobil till sin karaktär. Brottet i bebyggelsens utformning har man satt i samband med sociala förändringar där man gick från ett mera släktbaserat samhälle till ett som mera baserades på kärnfamiljen (Kristiansen 1988:104). I de stora hallarna från bronsålder tror man att det bodde flera närstående kärnfamiljer per hus, medan det i de mindre husen från äldre järnålder bodde bara en kärnfamilj per hus (Tesch 1993:172ff).

Tesch som har studerat bebyggelseutvecklingen under förhistorisk tid i Skåne och framförallt Köpingeområdet har ej funnit samma brott i bebyggelsen som på Jylland. Bronsåldershusen från Köpingeområdet var små, jämförbara med de tidiga jylländska förromerska husen. I Köpinge var de tidiga förromerska och de äldre romerska långhusen stora. Under sen romersk järnålder bestod en gård i Köpingeområdet av ett mindre långhus och ett till ett par småhus. Generellt sett brukar förekomst av småhus förknippas med mera stabila bosättningar och anses höra till tidig romersk järnålder. Skillnaden i byggnadstradition mellan Jylland, övriga Danmark och Köpingeområdet har ansetts bero på olika ekonomiska förutsättningar och sociala strukturer. Utvecklingen i Köpinge visar snarare på kontakter med övriga Skåne, Halland och Mälarområdet, åtminstone vad gäller storleken på husen och utformningen av gårdarna (Tesch 1993:173). En vanlig uppfattning av bosättningsformerna under yngre bronsålder och äldre järnålder är att den bestod av ensamgårdar (Carlie 1999:73). Lämnas danskt och skånskt område för att istället se till hur man har föreställt sig bronsåldersgårdar och bebyggelsestrukturer i Mälardalen och Uppland kompliceras bilden ytterligare och det blir allt tydligare att det inte är lämpligt att generalisera bronsålderssamhället.

Ofta har de ytmässigt stora bronsåldersbosättningarna setts som lämningar efter kollektivt boende. Runt 1000-talet f.Kr. skedde en skifte i husteknologin som har förklarats att det nu fanns ett ökat behov av att manifestera det enskilda inom bosättningarna. Den processen kallar Michael Olausson för boplatsernas och bygdernas fragmentisering och den leder till framväxten av gårdsstrukturer. Förändringen bottnar

i en övergång till en mera privat syn på det enskilda hushållet kunde även innebära att man gick över till att privat bruka åkermarken. Enligt Olausson kunde åkermarken dessförinnan ha varit en kollektiv angelägenhet (Olausson 1998:111). Detta resonemang ställer jag mig undrande till, har det inte alltid funnits gårdar sedan man blev en jordbrukande befolkning? Varför skulle åkermarken ha ägts kollektivt tidigare och vad menar han med kollektivt ägande? Menar han att marken ägdes kollektivt under bronsålder och varför skulle det ha varit fallet? Enligt min uppfattning bör känslan av ägandet av mark och brukande av åkermarken ha varit kopplad till de enskilda gårdarna allt sedan man blev en jordbrukande befolkning. Det skulle i såfall innebära att jorden ägdes privat åtminstone sedan bronsålder och att det fanns tydliga gårdsstrukturer i delar av nordiskt område. Privatiseringsfrågan är mycket omdiskuterad inom forskningen och det går att problematisera begreppen ägande och privat mycket långt. Vad är det som egentligen avses med privat, ägande och rätt till nyttjande? I detta sammanhang går jag inte in på dessa frågor närmare.

Landskapet under bronsålder ser Olausson som tredelat, där gravarna fanns i de högst belägna nivåerna, boplatserna på mellannivåerna; hällristningar och skålgropar på de lägsta nivåerna, vid vatten och lermarker. Under yngre bronsålder slår brandgravskicket igenom och de döda läggs i gravfält i närheten av boplatserna och skulle kunna göra en grund för framväxten av gårdsstrukturer. Längre fram under äldre järnålder dras det rumsliga förhållandet ytterligare samman och landskapet struktureras på ett annat sätt än under tidigare perioder (Olausson 1998:111). Strategiskt bör "gården" och i vidare bemärkelse "hemmet" ses som en plats som integrerar de levande och de döda, dvs. en sinnebild för platskontinuitet och dispositionsrätt. "Hemmet" torde under förhistorisk tid mentalt och fysiskt ha representerats av vad vi idag kallar "bygd" (Olausson 1998:97). Enligt min uppfattning motsäger sig Olausson, där han säger att det under yngre bronsålder finns förutsättningar för framväxt av gårdsstrukturer samtidigt som han säger att den rumsliga ordningen inte låter sig inordnas i gårdsstrukturer.

Förmodligen bottnar motsägelsen i att vi fortfarande saknar tillräcklig kunskap om bronsålderssamhällets utformning och dess variationer. Däremot finns det några exempel på bronsåldersbosättningar där det går att strukturera samhället i olika gårdar, som i Fosie IV, Apalle och Pryssgården. På dessa bosättningar bör det ha varit angeläget med en platskontinuitet och där kan man tänka sig att anfäderna har spelat en betydelsefull roll för att erhålla rättigheter i samhället.

Hedemark har ett liknande synsätt som Olausson. I sin uppsats hävdar hon att gårdsstrukturen under bronsålder och tidig järnålder var mera utspridd än under mellersta järnålder. Gårdarna från bronsålder skulle, enligt henne, ha legat utplacerade i naturen utan någon fast organiserad gårdsstruktur. Under mellersta järnålder förändras bilden och gårdsstrukturerna blir mera samlade än under tidigare perioder. I anslutning till de olika boningshusen fanns flera anläggningstyper och aktivitetsytor. Sammandragningen kan exemplifieras genom att härdar och brunnar placerats nära gårdarna. Den antagna förändringen i rumsuppfattningen skulle även ha inneburit att ritualer knöts närmare gården, vilket var ett uttryck för ett annat förhållningssätt mellan religion och vardagsliv (Hedemark 1996:44f). Återigen känns bilden av bronsålderssamhället och dess gårdar diffus och svävande. Det beror förmodligen på att kunskaperna om bronsåldersbosättningar länge har varit sämre än för bosättningar från järnålder.

Bosättningar från delar av Uppland och Västmanland visar att det var vanligt att bebyggelsen under yngre bronsålder–början av förromersk järnålder bestod av få hus som hade flera funktioner under ett och samma tak. Husen var troligen självständiga ekonomiska enheter, motsvarande gårdar. Ofta förefaller samma bebyggelseläge ha använts endast en gång, vilket kan bero på att det har varit frågan om ett rörligt bosättningsmönster. Men samtidigt har man på andra ställen, som t.ex. i Apalle, funnit att det har varit frågan om stabila bosättningar under lång tid (Göthberg 1999:99f).

Dessa exempel visar att bebyggelseutvecklingen inte har varit så enkel och att det inte är lämpligt att göra generella antaganden om hur utvecklingen har skett. De visar även på att kunskapsläget om bronsålderssamhället och dess bebyggelse är bristande. I det följande avsnittet diskuteras gårdar och bebyggelsens utformning under bronsålder i Pryssgården. Till skillnad från en del av ovanstående resonemang hävdar jag att det redan under yngre bronsålder fanns en fast etablerad gårdsstruktur på boplatsen i Pryssgården, där det går att följa de olika gårdarna under några generationer. Enligt min uppfattning fanns det i Pryssgården en fast och stabil bosättning. Samlat till de olika gårdarna har funnits olika aktivitetsområden med härdar, kokgropar, förråds- och avfallsgropar. Centralt på boplatsen har det även funnits brunnar och lämningar efter olika rituella aktiviteter. Det fanns en samlad bebyggelse bestående av en fast gårdsstruktur, där olika ritualer och vardagsliv var intimt förknippade med varandra. Genom tillhörigheten till olika gårdar identifierade sig och identifierades de olika människorna, vilket gav dem en social ställning i det småskaliga samhället. Liksom i Köpingeområdet går det inte att se något brott i bebyggelsens utformning på bosättningen utan snarare fanns det en tydlig kontinuitet på boplatsen.

4.4 Definition av en gård i Pryssgården

I frågan om uppfattningen av gårdar i ett arkeologiskt material är det lika betydelsefullt att se till de sociala och symboliska aspekterna av en gård som till de mera funktionella och ekonomiska faktorerna. Gården har fungerat både som en social enhet och en produktionsenhet i det småskaliga samhället. Försöket att göra en definition av förhistorisk gård är förenat med många svårigheter. En faktor är det bristande källmaterialet, en annan är att vi inte vet hur människorna själva såg på gårdarna. Under mera optimala förhållanden är det lämpligt att se till relationen mellan gårdar och åkermark, betesmark etc. För Pryssgårdens del var detta omöjligt eftersom de äldre odlingshorisonterna var påverkade av sentida odlingsverksamhet. Det andra kriteriet kan inte alltid uppfyllas, eftersom alla småhus inte har kunnat identiferas. De långhus som saknar småhus har ändå definierats som gårdsbebyggelse.

Definition av gård:
Arkeologiska belägg:
- Ett bostadshus med en bostads- och ekonomidel
- Bostadshus med tillhörande uthus
- Intill huset/en koncentration med samtida anläggningar och kulturlager.

För att studera gårdar måste man även försöka se till olika kulturella, ekonomiska och sociala faktorer för att kunna försöka förstå det förhistoriska samhället. Till ovanstående definition bör därför även föras följande påståenden angående en förhistorisk gård:
- Gården har utgjort den minsta produktionsenheten på boplatsen.
- Familjen (tregenerationsfamilj) har utgjort basen för minsta produktionsenheten åtminstone från och med yngre bronsålder – dvs. ett hushåll per gård.
- Gården som social samlingspunkt.

Hur människorna valde att strukturera sina gårdar och det lokala samhället måste även ha präglats av tradition, kultur och deras föreställningsvärld om vardagsmagi och kult. Tänker man sig att det har varit en mera bofast befolkning bör det ha varit betydelsefullt för dem att visa sin platstillhörighet på olika sätt. I dessa fall blir det angeläget att följa traditionen för att visa på långvarig kontinuitet och tillhörighet. Här kommer man in på frågor som handlar om synen på anfäderna samt vilka kultutövningar och olika magiska riter som gjordes för att visa tillhörighet till en gård och säkra dess framtid.

Samtidigt måste det ha funnits människor som av olika anledningar ville bryta mot det traditionsbundna och på det sättet manifestera sin särart. Likaså är det rimligt att tänka sig att vissa människogrupper har varit mera mottagliga för innovationer och influenser medan andra har varit mera restriktiva och varit mera traditionsbundna. För att försöka förstå ett förhistoriskt samhälle är det angeläget att beakta att de har sina specifika kulturella koder. Sammantaget medför detta att utformningen av en gård och ett lokalt samhälle har varit olika från en plats/grupp till en annan. Istället för en given mall bör man kalkylera med en mångfald i utformning av gårdar och lokalsamhällen.

4.4.1 Avgränsning av en gård på boplatsen

Som brukligt är på bronsåldersboplatser, saknas lämningar efter inhägnader runt de olika långhusen på boplatsen i Pryssgården. Under fältarbetet sökte vi aktivt efter inhägnader runt de olika husen. På en så stor boplats som Pryssgården finns ett stort antal stolphål och käpphål som inte har ingått i hus, utan som har fungerat som andra inhägnader, fundament till olika konstruktioner etc. Inom mindre ytor kunde vi finna ett antal käpphål eller mindre stolphål som stod på rad, men ofta gick de bara att följa en kortare sträcka och kan knappast ha varit rester av en hägnad. En del av dessa stolphål och käpphål kan även vara från senare tider och har då inte haft något att göra med själva bronsåldersbosättningen. Avsaknaden av inhägnader på boplatserna från bronsålder gör att det är svårt att förstå bebyggelsestrukturer och bosättningsmönster. Den kunskap som man har idag om bronsåldersboplatser är att de kan ha mycket olika strukturer (Rasmussen & Adamsen 1993:137ff). I flera fall har man kunnat se att bosättningsformerna på bronsåldersboplatserna dessutom sinsemellan kunde skifta.

Hela undersökningsområdet på boplatsen i Pryssgården har varit uppodlat under modern tid och plöjningen har delvis påverkat lager, förstört anläggningar samt utplånat olika eventuella hägnader och odlingsspår från förhistorisk tid. Det medför att vi inte kan se om en yta har utnyttjats för odling direkt efter det att den har övergetts som bostadsyta; ett mönster som annars förefaller ha varit vanligt på de danska boplatserna från bronsålder (Draiby 1985:169f och där anf.litt.).

På en begränsad yta som ett exploateringsområde som har utnyttjats under flera tusen år är det svårt att särskilja de komponenter som hör till de olika skedena på bosättningen. Det finns en risk att man överdriver innebörden av de olika "anläggningstäta" respektive "anläggningsfria" ytorna. Dessutom är det svårt att skilja ut vad som är samtidigt respektive icke samtidigt inom en sådan yta. Genom materialets beskaffenhet och omfattning har det ändå gått att se vissa genomgående strukturer i lämningarna på boplatsen i Pryssgården.

Utmärkande för de arkeologiska lämningarna på boplatsen i Pryssgården var att det fanns anhopningar med hus, fynd och anläggningar. Mcllan dessa ansamlingar fanns mera anläggningstomma ytor (Borna-Ahlkvist et al. 1998:152ff). De koncentrationer med hus och anläggningar respektive de mera fria ytorna har möjliggjort en skiktning av lämningarna på boplatsen. I anslutning till långhuset, kunde det finnas ytterligare långhus och det fanns en riklig förekomst av gropar, härdar och andra anläggningar. De olika långhusen som låg 10–30 m från varandra har setts som olika husgenerationer på en och samma gård. Husen som låg nära varandra hade likheter i sin konstruktion och rumsliga disposition, se kap. 2.3 och 3.1.1.2. Dessa likheter tyder på att det inom en gård fanns en traditionsbundenhet där byggandet av ett nytt långhus på en gård var förknippat med ritualer och ceremonier.

Inom en hustät yta fanns det likheter mellan de olika långhusen, medan det fanns skillnader i husens utformning mellan två hustäta områden. Upprepningen hos långhusen inom en hustät yta torde hänga samman med olika husgenerationer på en gård. Husen inom en hustät yta ligger dessutom aldrig överlagrade, snarare synes det som om man visade respekt för det äldre huset när man byggde det yngre. Intrycket är att tradition och ritualer har varit centrala för människorna. Det var betydelsefullt att kunna visa på en kontinuitet och platstillhörighet. Husen och anläggningarna är lämningar som varit förknippade med olika aktiviteter som förekommit på gården. I en radie lite längre bort från långhuset blir det relativt tomt på sådana anläggningar. Detta

ger, förenklat uttryckt; "små öar" bestående av relativt anläggningstäta områden, som i kombination med huslämningar kan vara rester av gårdskomplex. På boplatsen ligger hus och aktivitetsområden samlade i komplex. Här skiljer sig resultaten i Pryssgården från hur man normalt uppfattar bronsåldersbebyggelsens struktur.

I nära anslutning till de olika gårdslägena har det funnits ett aktivitetsområde bestående av härdar, kokgropar, förråds- och avfallsgropar. Dessa lämningar låg oftast norr eller öster om husen, medan söder om husen var det ganska tomt på anläggningar och konstruktioner. Bronsåldersgården på bosättningen har bestått av ett långhus och ett mindre förrådshus, ofta i form av ett s.k. fyrstolpehus. På boplatsen kan dessa mindre hus ligga lite olika i förhållande till långhusen. Småhus på bosättningar har tidigare ansetts hänga samman med mera bofasta befolkningar och förts till järnålder. På boplatsen synes det ha varit något vanligare med småhus på gårdarna under den äldre delen av yngre bronsålder.

Nio småhus har förts till fas A och två till fas B. Det skulle kunna innebära att det under yngre bronsålder skedde en förändring av gårdarnas utformning, samtidigt som man samlade förrådsgroparna till bostadsdelen i långhusen. I anslutning till ett långhus var det vanligt att det fanns ytterligare långhus. Dessa långhus låg på 10–30 m avstånd från varandra och har bedömts vara husgenerationer på en gård. Inom en anläggnings- och hustät yta fanns det likheter i utformningen av de olika långhusen, medan det fanns skillnader i husens utformning mellan två hustäta områden, se även fig. 11–12 och tabell 5–10. Husen som låg nära varandra uppvisade likheter i sin konstruktion, utformning och inre disposition. Längden och bredden stämde väl överens mellan dessa hus men likheter fanns även i dimensionerna i timmerkonstruktionen. Hus som låg intill varandra hade ungefär lika stor bostadsdel och detsamma gällde för ekonomidelen. Även fyndmaterialet uppvisar likheter inom en hus- och anläggningstät yta som kan motsvara en gårds behov av att visa sin särställning inom det lokala samhället (Stålbom 1998c:134f).

Fig. 32. Illustration av en bronsåldersgård. Gården kan under en husgeneration ha bestått av boningshuset 175, ekonomibyggnaden 179 och fyrstolpehuset 181.
Teckning: Staffan Hyll, Riksantikvarieämbetet, UV Syd.

De olika ansamlingarna med hus och anläggningar ligger 70–130 m från varandra. I några fall fanns i nära anslutning till hus rester av kulturlager. En förklaring på dessa kulturlager är att de kan utgöra rester av gårdsplaner. De arkeologiska lämningarna på boplatsen bildar ett mönster som bildar olika gårdskomplex. Det förefaller som att man på boplatsen

under yngre bronsålder medvetet valde att samla sina hus och en del av sina aktivitetsområden till en mera begränsad yta. Detta skulle kunna tyda på att man ville ha en mera "privat sfär". Dessvärre går det inte p.g.a. bevaringsförhållandena i Pryssgården att få fram relationen mellan gårdar och åkermark. Däremot vet vi genom olika markkemiska

fasen (800–700 f.Kr.) se att man samlade sina aktiviteter i anslutning till de olika långhusen. Denna skillnad kan bero på att man under yngre bronsålder hade gått över från ett mera kollektivt markutnyttjande till ett mera privat (Ullén 1995b:70 och 73). Från boplatsen i Apalle men även från andra sydskandinaviska boplatser finns det tecken som tyder på att det enskilda hushållet/gården mera sätts i centrum under yngre bronsålder (Skoglund 1998:19). Denna utveckling bör hänga samman med att jordbruket under bronsålder spelade en allt större roll och därmed bör man ha fått ett annat förhållningsätt till mark. I Pryssgården kan vi se liknande tendenser till ett ökat privat tänkande, bl.a. genom att hus och anläggningar ligger väl samlade och att man valde att samla sitt avfall i gropar. Detta kan vara ett uttryck för att det fanns en snarlik övergripande ideologi i yngre bronsålderssamhället. Kanske hade man en ideologi där det enskilda hushållet och rätten till mark var några av de bärande ledelementen i det småskaliga samhället?

4.4.2 Gårdsbebyggelse på boplatsen i Pryssgården

4.4.2.1 Äldre bronsålder

Under äldsta bronsålder sker en första etablering i den södra delen av undersökningsområdet.

Den äldsta gården på boplatsen består av hus 153, vilket var ett stort tvåskeppigt långhus från äldre bronsålder. Huset låg på en svag platå i södra delen av boplatsen i delområde G, fig. 33. Långhuset låg i en VNV–OSO:lig riktning och hade ena långsidan vänd mot Motala ström. Huset har legat i ett manifest läge och det har synts på långväga håll i det dåtida landskapet.

Längre fram i äldre bronsålder, kan vi återigen följa bosättningen på boplatsen. Den har nu flyttat något längre söder ut inom delområde G och det sker även en etablering längs uppe i den norra delen av området, fig. 34. Under denna tid byggdes de första treskeppiga husen på boplatsen. Tyvärr var dessa huslämningar ganska fragmentariska och svårbestämbara. Eftersom vi har ett uppehåll i

och makrofossilanalyser att det har funnits en omfattande odling på boplatsen. Söder om bosättningen fanns stora sankområden som kan ha varit lämpliga som betesmark.

I Pryssgården kan vi se ett likartat mönster med "privata zoner" som från den yngre fasen i Apalle. På den senare boplatsen kan man under den senare

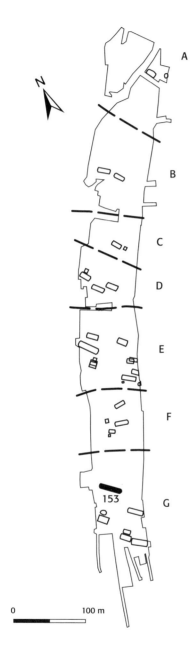

Figur 33.

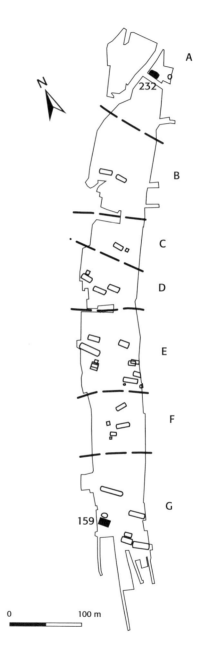

Figur 34.

bosättningen under närmare 400 år kan vi inte säga när man har gått över till att bygga treskeppiga långhus. I slutet av äldre bronsålder fanns ett långhus och ett småhus. Det ena huset, hus 159, låg ca 35 m sydväst om det äldsta huset. Huset har fått en datering 1307–1116 BC cal (Ua-7871). Detta hus hade en något mera oklar konstruktion och lämnas därmed utan någon vidare bearbetning. Längst uppe i norra delen av exploateringsområdet i delområde A byggdes ett mindre hus, hus 232. Huset har fått en datering 1260–1030 BC cal (Ua-8202). Avståndet mellan den södra och norra aktivitetsytan var ca 600 m.

Under äldre bronsålder förefaller det som om varje gård hade ett relativt stort resursområde till sitt förfogande och avståndet mellan gårdarna kan ha varit 500–1000 m. Bebyggelsen har förmodligen bestått av stora ensamliggande gårdar. Hur bosättningsmönstret såg ut under äldre bronsålder på boplatsen i Pryssgården har vi egentligen dålig kunskap om. Mitt resonemang i denna artikel och i rapporten bygger på antagandet att det inte fanns fler stora långhus på boplatsen, förutom ett från äldsta delen av äldre bronsålder. Bebyggelsen från äldre bronsålder låg placerad i landskapet på markerade höjdlägen.

Materialet på boplatsen från äldre bronsålder är betydligt magrare än det från senare tidsperioder. I den materiella kulturen ser vi ett motsvarande mönster där fyndmaterialet domineras av keramik från yngre bronsålder (Stålbom 1998c:103ff och 135). Det gör att det är svårt att bilda sig någon närmare uppfattning om bosättningsstrukturen under denna tid. Den troligaste förklaringen är att det bör ha varit ensamgårdar som har legat utspridda i landskapet och det skulle stämma väl överens med den gängse bilden över hur bebyggelsen såg ut under äldre bronsålder i södra Skandinavien (Jensen 1987:156, Carlie 1992:78, Rasmussen och Adamsen 1993:141).

4.4.2.2 Yngre bronsålder

Under yngre bronsålder sker en kraftig utveckling av bebyggelsen på boplatsen. Från den tiden finns det 19 treskeppiga långhus och det finns 11 småhus. I närområdet har det utförts ett par mindre undersökningar som har gett dateringar till yngre bronsålder–äldre järnålder. Dessa resultat visar på att bosättningen har varit betydligt mera utsträckt mot öster och väster och att exploateringsområdet för motorvägen skär igenom ett stort boplatskomplex (Johnsson 1995, Nielsen 1995 och Gruber i tryck).

Fig. 33. Skede 1 under äldre bronsålder fanns det en gård bestående av hus 153 i den södra delen av undersöknings-området. Huset har fått en datering 1677–1517 cal (Ua-6420). I anslutning till huset fanns inga andra konstruktioner som kunde föras till samma tidsperiod. Lämningar från denna tid fanns ej heller inom de övriga delarna inom exploaterings-området. På boplatsen fanns inget i fyndmaterialet som tydligt visade på någon aktivitet från äldre bronsålder (Stålbom 1998c:135). Stolphålen i det stora långhuset hade endast en mycket svag färgning och hade det inte varit för att några stenar stack upp på den avbanade ytan, som bestod av fin sand, hade vi aldrig upptäckt huset. Det kan således mycket väl ha funnits flera långhus från denna tid som vi inte lyckades identifiera vid undersökningen av boplatsen; en faktor som gör att det blir svårt att egentligen tala om bebyggelsens utbredning under äldre bronsålder. I anslutning till exploateringsytan har det vid andra tillfällen utförts mindre undersökningar och från en av dem finns det dateringar till äldre bronsålder. Uppenbarligen kan det ha funnits ytterligare bebyggelse från äldre bronsålder inom närområdet.

Fig. 34. Skede 2 två hus från slutet av äldre bronsålder. Från denna tid fanns det två hus på bosättningen, husen 159 och 232. De låg cirka 600 m från varandra och utgör rimligen två gårdskomplex.

Redan under den äldre fasen av yngre bronsålder, fas A, samlas bebyggelsen och vi får en förtätning på boplatsen. Bebyggelsen koncentreras nu till den mellersta delen av undersökningsområdet, inom delområde E och F. Dessa områden kommer sedan under hela bosättningen att framstå som den centrala delen av boplatsen. Från den tiden finns det hus från samtliga hustyper.

Under den äldre delen av yngre bronsålder fanns det två samtida gårdar inom undersökningsområdet. Avståndet mellan gårdarna var knappt 150 m. I den senare delen av perioden har det skett en inre kolonisation och det finns tre samtida gårdar. Två av gårdarna ligger närmare på halva gårdsavståndet, dvs. ca 70 m från varandra och den tredje på samma avstånd som tidigare. Den inre kolonisationen kan illustreras genom fem tidsbilder, se fig. 36–40. Varje tidsbild motsvarar inte ett visst antal kalenderår utan skall snarare ses som en illustration över bebyggelseutvecklingen inom den undersökta delen av boplatsen, en boplats som sträcker sig utanför undersökningsområdet.

Fig. 35. Illustration av en bronsåldersgård från tidig yngre bronsålder. Mellan boningshuset, hus 175 och ekonomibyggnaden, hus 179, fanns ett par jordkällare, eldstäder och ett fyrstolpehus, hus 181.
Teckning: Staffan Hyll, Riksantikvarieämbetet, UV Syd.

Fig. 36. Skede 3 i det äldsta skedet under yngre bronsålder har bebyggelsen funnits i södra halvan av undersökningsområdet, inom delområden F och G. Inom respektive område har det funnits hus, kultur-lager och ett antal anläggningar. Det två ytorna ses som två gårdskomplex. Den södra gården bestod av ett stort långhus och ett mindre verkstadshus, husen 155 och 152. Långhuset ligger i kanten av exploate-ringsområdet. Det kan ha funnits flera hus intill det undersökta. Långhuset på den södra gården hade ett mycket brett mittskepp och en stor stenpackning i mellersta delen – en rest av golvbeläggning. Huset hade den typiska stolpsättningen med tätare satta stolpar i östra änden, där det också fanns en stor förrådsgrop.

På den norra gården fanns tre långhus. Till varje lång-hus fanns det även ett fyrstolpehus. Husen ligger nära varandra och har inte ansetts vara samtida. Snarare har husen ersatt varandra, men det går inte att säga med säkerhet vilket av dem som är äldst. Två av långhusen är lika varandra i sin form. Större delen av husens östra del upptas av en långsträckt flack grop. Husen hade divergerande och extremt smala mittskepp. Det ena av långhusen, hus 185, var skadat och lämningar fanns endast efter den östra delen av huset. Intill långhuset fanns ett fyrstolpehus, hus 230. Det tredje långhuset var något mindre och hade en annorlunda stolpsättning. Mellan två av långhusen, hus 175 och 179, fanns rester av ett kulturlager som kan vara rester av en gårdsplan/aktivitetsyta. De båda husens dörrar vette ut mot kultur-lagret och det mindre fyrstolpehuset, hus 181. Möjligen kan gården under ett skede ha bestått av ett större långhus med bostads- och ekonomidel, ett mindre hus och en stolpbod. De båda gårdarna låg ca 150 m från varandra.

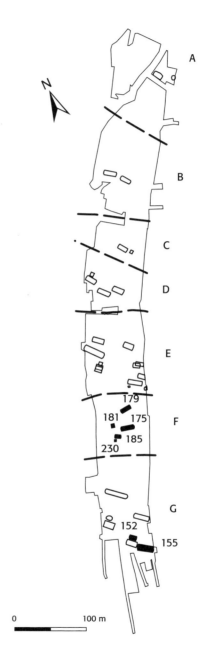

Figur 36.

Fig. 37. Skede 4 två gårdar från yngre bronsålder. Bebyggelsen har nu dragits lite mera mot det som senare kom att bli den centrala delen av boplatsen. Vi ser en kolonisation i delområde E och en ny i delområde D.

Den södra gården från förra skedet har försvunnit, vi kan i alla fall inte längre följa den inom undersökningsområdet. Bebyggelsen har dragits längre norrut, vi har fått en gård i det som under de resterande delarna av bosättningen kommer att framstå som den centrala delen av boplatsen. Gården som låg inom delområde F har nu flyttats till södra delen av delområde E. Det stora långhuset, hus 172 påminner mycket i sin konstruktion och inredning om husen 175 och 185. Dessa likheter gör det sannolikt att det är en tradition som har fortlevt och att det kan vara samma gård, som har flyttats en kortare sträcka i terrängen. Söder om långhuset, hus 172, fanns tre grophus, hus 255–257. Långhuset hade sin dörr vänd mot söder och de tre grophusen kan ha hört till gården. Grophusen låg i kanten av exploateringsområdet och det är fullt möjligt att det har funnits fler i närheten.

Norr om hus 172 fanns ett mindre långhus, hus 166. Dessa båda hus kan utifrån dateringarna ha stått samtidigt på boplatsen, husen ligger bara 4 m från varandra. Det större huset skulle i så fall ha skuggat det mindre huset, vilket innebär att det är mindre troligt att de varit samtida.
En gård har etablerats norr om den centrala boplatsen, i delområde D. Gården bestod av ett långhus och en stolpbod, husen 187 och 225.

Fig. 38. Skede 5 fyra gårdar från yngre bronsålder. Bebyggelsen fortlever inom de centrala delarna av boplatsen, i delområden D och E. Inom respektive delområde sker det smärre förflyttningar när ett nytt hus byggs upp. Samtidigt kan vi se att det sker en fortsatt inre kolonisation på boplatsen. En gård etableras i delområde B. Hypotetiskt kan vi nu tala om en förtätning i bebyggelsen och att vi nu har fyra gårdar inom undersökningsområdet.

Den södra gården består av huset 189, en stolpbod 251 och ett mindre uthus 252. Inom den östra delen av delområde E fanns även ett hus av hustypen C, hus 170. Det senare husen har förmodligen tillhört en annan gård och inte hört till det stora huset 189.

Mellangården bestod av huset 194 och här ser vi hur en gård har flyttats en aning inom sitt gårdstun, jämfört med fig. 37.
Den norra gården bestod av huset 211. Avståndet mellan gårdarna varierar mellan 75 m respektive 150 m.

Fig. 39. Skede 6 tre gårdar under yngre bronsålder. Tre gårdar ligger inom undersökningsytan och bebyggelsen finns kvar inom delområdena B, D och E. Det förefaller inte ha skett någon ytterligare inre kolonisation på boplatsen. De befintliga gårdarna har levt kvar och vi kan se är en ny "husgeneration" på respektive gård. Ingen av de tre nu befintliga gårdarna har någon källare i sina hus. I ett av husen, hus 195, fanns det gott om stora förrådsgropar som kan ha haft samma funktion som en större källargrop.
Den norra gården bestod av hus 210. Den mellersta av hus 199 (3:e husgenerationen inom delområde D) och den södra bestod av husen 195 och 253. Avståndet mellan de olika gårdarna är ungefär detsamma som under förra skedet, dvs. 60–150 m.

Fig. 40. Skede 7 gårdsbebyggelsen vid slutet av yngre bronsålder, bestående av tre gårdar. Bebyggelsen lever kvar i de centrala delarna av boplatsen i delområde E, i alla fall med en gård, hus 174. På den centrala boplatsen finns nu den sista av hustypen C, hus 239.

Ungefär mittemellan den norra och mellersta gården under förra tidsskedet etableras nu en ny gård, bestående av långhuset 201 och en stolpbod hus 205. Denna gård har ej närmare kunnat dateras men har förmodligen hört till senare delen av yngre bronsålder.

Längst nere i söder, i delområde G får vi nu en ny gårdsbebyggelse. Den gården kan vi följa under två "husgenerationer", där hus 161 varit äldst och ersatts med hus 150. Det senare huset hade en något annorlunda stolpsättning som mera påminner om den från äldre järnålder. Mot slutet av yngre bronsålder förefaller stolpsättningen i husen uppenbarligen ha förändrats. Husen på den södra delen av undersökningsområdet hade flacka runda källargropar i den östra delen av husen.

Dateringarna av en del av dessa hus har fått långa intervall. Andra har inga dateringar alls, vilket gör det svårt att kunna säga att de har funnits samtida på boplatsen.

Det synes som omfattningen av bebyggelsen minskar mot slutet av bronsålder. Men vi ser inget kontinuitetsbrott i övergången mot förromersk järnålder. På den centrala delen av boplatsen lever bebyggelsen vidare och vi har två långhus som har kunnat dateras till äldsta delen av förromersk järnålder. De äldsta förromerska långhusen var ungefär lika stora som husen från yngre bronsålder.

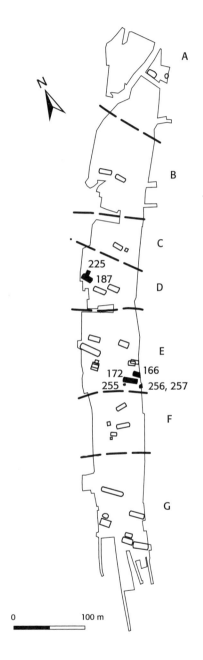

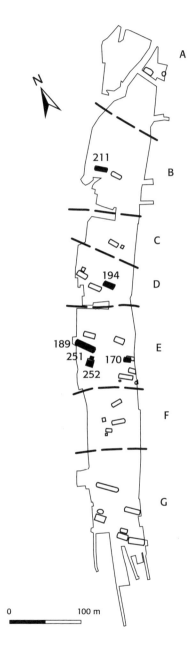

Figur 37.

Figur 38.

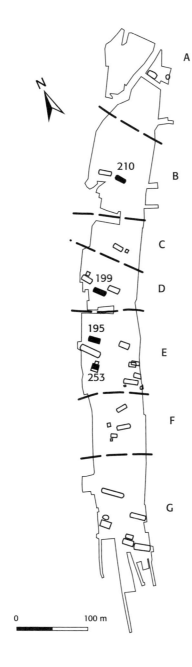

Figur 39.

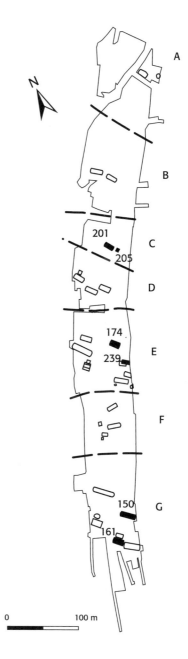

Figur 40.

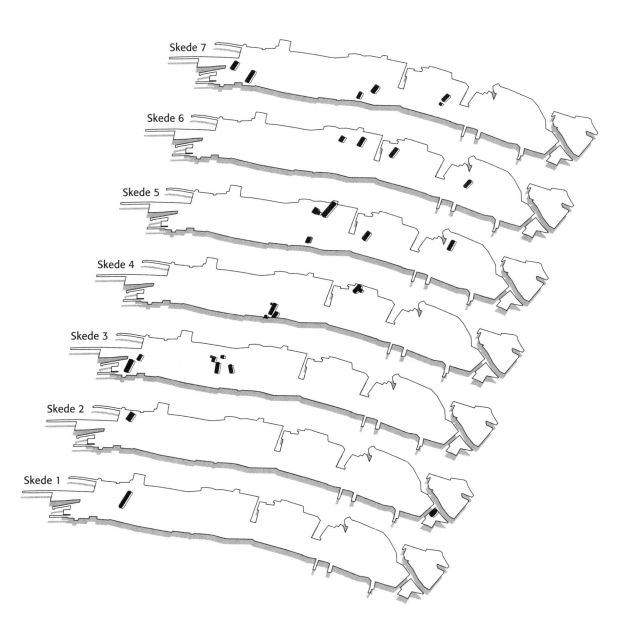

Fig. 41. Bebyggelseutvecklingen i Pryssgården har delats in i sju tidsskeden. Dessa motsvarar inte ett visst antal kalenderår utan skall snarare ses som en illustration över bebyggelseutvecklingen inom den undersökta delen av boplatsen.

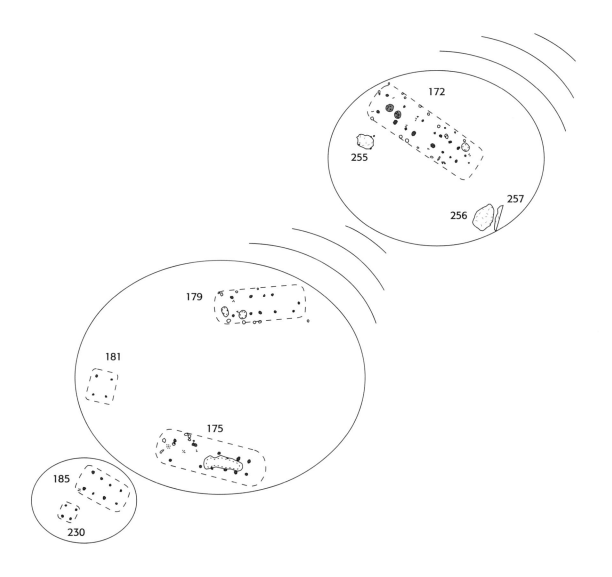

Fig. 42. Illustration över en gårds utveckling under tre husgenerationer. Gården är från tidig yngre bronsålder. Vi vet inte om det äldsta boningshuset på gården var hus 185 eller 175. Figuren får snarast ses som en hypotetisk illustration över de olika skedena på en gård. Till långhus 185 fanns ett fyrstolpehus 230. Till boningshuset 175 fanns en ekonomibyggnad, hus 179 och ett fyrstolpehus 181. Från denna tid fanns även ett par jordkällare som hört till gården. I det sista skedet som vi kunnat följa gården, bestod den av boningshuset, hus 172 och de tre grophusen, husen 255–257. Skala 1:600.

4.5 Sammanfattning

Inom agrarforskningen har man länge försökt att definiera en förhistorisk gård utan att nå någon egentlig enighet. I den äldre gårdsforskningen var man främst intresserad av att se till olika ekonomiska och funktionella aspekter, medan den yngre forskningen är mera inriktad mot att se till olika sociala och symboliska aspekter i definitionen av en gård. Inte minst inom järnåldersforskningen har man fört fram tankar där man skall beakta de förhistoriska människornas föreställningar och värderingar för att kunna förstå en gård. I det förhistoriska samhället kan gården som social och juridisk institution mer eller mindre ha "ägt" invånarna som bodde på gården (Zachris-

son 1994:219ff). I ett samhälle som bestod av bofasta jordbrukare är det rimligt att tänka sig att gården fick en central roll i människornas föreställningsvärld. Många forskare har velat se en parallell mellan järnålderns kosmologi och organisationen på de jordiska gårdarna (Zachrisson 1994:219f, Burström 1995:163ff och Kyhlberg 1998:195). I analyser av bosättningar från järnålder har gårdarna antagits utgöra den agrara bebyggelsens medelpunkt. Gården bestod inte bara av ett antal huskroppar, utan var ett hushåll, en social enhet som knöt människor samman i landskapsrummet. I mitt arbete har jag velat visa att detta synsätt på gården kan vara minst lika

Teckning: Nils Forshed.

relevant för förståelsen av bronsåldersbosättningar. Under bronsålder var jordbruket betydelsefullt, det fanns en etablerad gårdsstruktur där gårdarna bör ha intagit en central roll i människornas medvetande. Ofta har bronsåldersbosättningar ansetts bestå av en spridd och mindre fast gårdsstruktur där samma gårdsläge bara har utnyttjats en gång (Hedemark 1996, Olausson 1998 och Göthberg 1999). Här skiljer sig resultaten från Pryssgården där det istället förefaller vara frågan om en fast och etablerad gårdsstruktur redan under yngre bronsålder. Människorna identifierade sig med sina gårdar och hade härigenom en viss social ställning i det småskaliga samhället. Gården har fungerat både som social enhet och produktionsenhet, där de olika delarna inte kan särskiljas i en analys. Hos en agrarbefolkning har det varit viktigt att kunna visa på platstillhörighet och kontinuitet, varigenom man har fått vissa rättigheter i samhället. Det bör ha varit ett traditionsbundet samhälle, där fruktbarhetsdyrkan och dyrkan av anfäderna var en naturlig del i människornas vardag. Allt för att säkra utkomsten från marken och gårdens framtid.

De olika husen och anläggningarna är lämningar efter olika aktiviteter som förekom på en gård. I en radie lite längre bort från långhuset blir det relativt tomt på denna typ av anläggningar. På boplatsen har det funnits små öar med anläggningstäta områden som enligt min uppfattning kan ses som huslämningar i olika gårdskomplex.

Welinder har i boken Jordbrukets femtusen första år kalkylerat med att gårdarna från yngre bronsålder ibland kunde ligga så tätt som 400–600 m. Han har där räknat med att de har haft mindre än en kvadratkilometer till sitt förfogande. Behovet för varje gård var 1–2 ha besådd åker av totalt 20–50 ha, vilket innebar att den största andelen mark låg för träda och kanske användes som betesmark. På de skånska kustslätterna låg gårdarna tätare under yngre bronsålder än under äldre bronsålder och befolkningstäten har uppskattats till 6–13 personer per kvadratkilometer (Welinder 1998:189ff).

Gårdarna i Pryssgården låg under den äldre fasen av yngre bronsålder ca 150 m från varandra, lite längre fram i den yngre fasen av yngre bronsålder skedde en förtätning av bosättningen och nu låg de istället inom 60–130 m. När ett äldre långhus på en gård hade tjänat ut byggdes ett nytt ett tiotal meter från det äldre. En gård under yngre bronsålder kunde bestå av ett långhus och ett fyrstolpehus. Under yngre bronsålder synes det ha funnits en stabil och kontinuerlig bosättning i Pryssgården.

Den äldsta gården är från period I och låg i den södra delen av undersökningsområdet. Gården har legat i ett manifest läge och har synts på långväga håll i det dåtida landskapet. I anslutning till boplatsen har det skett mindre exploateringar. Där har man fått dateringar till äldre bronsålder vilket tyder på att det har funnits ytterligare bosättningar från denna tid. Längre fram i äldre bronsålder, period III kan vi återigen följa bosättningen på boplatsen, nu fanns det två gårdar som låg på 600 meters avstånd. Under äldre bronsålder förefaller avståndet mellan gårdarna kunnat ligga mellan 500 och 1000 m. Bebyggelsen från denna tid bestod sannolikt av ensamliggande gårdar. Under yngre bronsålder skedde en förtätning av bosättningen och gårdarna låg nu på betydligt närmare avstånd. Under den äldre fasen av yngre bronsålder, fas A, kan det ha funnits två samtida gårdar inom undersökningsområdet, medan det under den yngre fasen, fas B, fanns tre till fyra samtida gårdar. Förtätningen av bebyggelsen har förklarats som en inre kolonisation och har sammanfattats i fem tidsbilder. På boplatsen har således husen och gårdarna inte legat utspridda hur som helst i landskapet, utan tillgången till mark kan ha varit begränsad. Gårdarna har förmodligen haft en medveten placering i det fysiska landskapet. Enligt min uppfattning kan sammandragningen av bebyggelsen och den ökade stabiliteten ha skett redan under yngre bronsålder. På vissa platser har det fysiska rummet varit ordnat och strukturerat tidigare än vad som framförts inom den arkeologiska bebyggelseforskningen.

Relationen mellan olika gårdar

kapitel 5

Frågeställningar
– Går det att diskutera och belägga samtidighet respektive icke samtidighet på en förhistorisk boplats?
– Har det funnits samtida gårdar?
– Vilka är orsakerna bakom bebyggelsens utformning – har det varit ensamgårdar, kringflyttande gårdar, stationär bebyggelse eller bybildning?

UTFORMNINGEN AV DE LOKALA SAMHÄLLENA måste ha berott på människornas värderingar, deras syn på landskapet och sociala tillhörighet. Även de ekonomiska och ekologiska förutsättningarna har skiftat mellan olika platser som påverkat utformningen. Detta innebär att det har funnits flera former av lokala samhällen, vilket även avspeglas i bebyggelsens struktur och inre organisation. För att kunna göra en analys av de senare är det betydelsefullt att kunna klarlägga vilka gårdar som kan ha funnits samtidigt på en boplats. Dessvärre finns en del svårigheter med att diskutera samtidighet/icke samtidighet mellan gårdar när man inte har rester efter inhägnader eller hus som överlagrar varandra. Dateringarna genom kolprover och föremål ger dessutom ganska vida intervall och underlättar inte slutsatser om samtidighet respektive icke samtidighet. Hur detta källkritiska dilemma kringgåtts beskrivs i samband med bearbetningen av husen och gårdarna på boplatsen.

Innan man börjar att diskutera bebyggelsestrukturen mera allmänt och i Pryssgården måste man vara på det klara med vad som avses med begrepp som ensamgårdar, kringflyttande/stationära gårdar och byar.

Med en stationär bebyggelse menar jag en gårdsbebyggelse som kan följas under flera husgenerationer. De äldre boningshusen på de olika gårdarna ersätts successivt med yngre, där de yngre husen "visar hänsyn" till de äldre och inte överlagrar de äldre husen. Det bör även gå att se att det finns vissa traditioner som lever vidare i den materiella kulturen och i det yngre huset. Under yngre bronsålder när man har fått en mera samlad struktur på boplatserna, dvs. att hus, fynd och aktivitetsytor ligger närmare varandra än under tidigare perioder, bör man lättare hypotetiskt kunna avgränsa ett gårdstun. Närheten mellan samtida hus och anläggningar visar även på att det enskilda hushållet har uppfattats som en privat sfär. På de olika gårdarna bestod hushållet av tregenerationsfamiljer. Det privata förhållningssättet kan även indikera att man identifierade sig med en viss plats och kan tyda på att det fanns stationär bebyggelse på boplatsen åtminstone sedan yngre bronsålder.

Foto: Tom Carlsson, Riksantikvarieämbetet.

5.1 Kringflyttande eller stationära gårdar under bronsålder?

Stationärt eller icke stationärt markutnyttjande kan förmodligen sättas samman med två olika förhållningssätt till landskapet. I det mera stationära samhället har man haft en större känsla av att man tillhörde en viss plats och detta bör även ha påverkat människornas attityder och värderingar i det dagliga livet. Det är rimligt att antaga att människor som bodde i icke stationära samhällen hade andra förhållningssätt, attityder och värderingar till landskapet.

En kringflyttande bebyggelse bör ju i och för sig ha varit stationär under en kortare tid, motsvarande en husgeneration, för att sedan bryta upp och flytta ett antal hundra meter till ett nytt läge för en boplats. Den gamla boplatsen kan sedan ha använts för odling och bete. Hur kan man då se arkeologiskt om det har varit den ena eller den andra formen av bebyggelsestruktur? Enligt min uppfattning bör den senare avslöjas genom uppenbara brott i kontinuiteten. Ett exempel på ett sådant brott kan vara att två bronsåldershus överlagrar varandra, ett annat att man kan "datera" överlagrande årderspår till "samma" tidsperiod. Årderspår och överplöjda bebyggelselämningar bör visa på om användandet av en plats har skiftat mellan att vara en boplats och vara till för odling. I Pryssgården fanns det inga bevarade årderspår i anslutning till husen från bronsålder. Boplatsområdet har varit utsatt för långvarig odling och de årderspår som säkerligen har funnits på platsen har förmodligen blivit bortplöjda av sentida odling.

Rasmussen har analyserat sambandet mellan bronsåldershögar, bosättningar och åkermark från äldre och mellersta bronsålder. I sin analys för hon fram en trestegs modell för en roterande bebyggelse från äldre bronsålder (Rasmussen 1993:180). I det första skedet i modellen låg bosättningen nära åkermarken och betesmark och högarna en bit bort, i nästa skede hade bosättningen flyttat något och nu utnyttjades en del av den gamla bosättningsytan som åkermark och betesmark. I detta skede hade även en

hög uppförts i närheten av den gamla bosättningen. I det tredje skedet hade bosättningen flyttat ytterligare en bit och nu utnyttjades det äldsta boplatsområdet för bete och odling. Högar byggdes upp över den gamla bosättningen och över den tidigare brukade åkermarken. Med den modellen har Rasmussen försökt att förklara att det finns olika rumsliga samband mellan boplats, åkermark och gravhögar i ett samhälle som präglas av kringflyttande bebyggelse. I Pryssgården vars bebyggelse framförallt är från yngre bronsålder har vi ett annat rumsligt samband mellan åker och bebyggelse, där bebyggelsen förmodligen har varit mera stationär. På boplatsen i Pryssgården har vi inte kunnat analysera sambandet mellan boplats och gravar.

Vad var orsakerna till att husen under bronsålder och delar av äldre järnålder försvann efter en "husgeneration"? När och varför övergick man till att ha mera stationära gårdar och bebyggelse? En allmän uppfattning är att man tror att övergivandet av ett gårdsläge hänger samman med två olika faktorer. Livslängden på stolparna i ett hus med stolpkonstruktioner och utsugningen av jorden anses vara förklaringen till att man valde att flytta husen och gårdarna runt inom resursområdet. Gerritsen anser att det inte räcker med dessa förklaringar för att förklara fenomenet med kringflyttande gårdar. Han menar att man även måste se till aktuella odlingssystem, bruket att gödsla/icke gödsla åkrarna och åkerbruket för att finna förklaringar till fenomenet med de kringflyttande gårdarna samt varför man övergick till mera stationära bosättningar under äldre järnålder. En svårighet är att vi utifrån dagens situation inte kan avgöra om åkermarken har varit mager eller rik (Gerritsen 1999:139). Det är inte heller tillräckligt att bara studera de ekonomiska och ekologiska förutsättningarna för att förstå ett bosättningsmönster. Minst lika viktigt är att se till de bakomliggande kulturella och sociala strukturerna i det dåtida samhället. För att en bosättningsform skall kunna kallas för stationär bör det gå att följa en gård under flera husgenerationer eller finnas andra former av lämningar som visar på en kontinuitet.

Varför människorna valde att flytta gården en bit inom territoriet kan ha berott på en rädsla för stamfaderns ande i det gamla huset, men kan även ha hängt samman med rättigheterna till marken. Rätten till mark kan ha hört ihop med respektive hus. När huset övergavs av någon anledning förlorade hushållet sin rätt till just den biten mark; rättigheter som istället gick över till det småskaliga samhället. Enligt Gerritsen hänger övergången till mera stabila bosättningar samman med att man upphörde med att begrava de döda i stora urnegravfält. Traditionen med att begrava de döda i urnegravfält började i och med övergången till yngre bronsålder och varade till slutet på perioden, dvs. från ungefär 1050 till 600/500-talet f.Kr. Man tror att mellan tre till fem hushåll brukade lägga sina döda på samma urnegravfält (Gerritsen 1999:145). Att man upphörde med urnegravfälten kan också hänga samman med att det skedde en förändring i attityden till de döda. Nu kanske man istället såg en tradition mellan de olika generationerna, genom att man lät anfaderns ande få leva kvar på platsen/i det gamla huset och såg det som en kontinuitet mellan dåtid och framtid. Samtidigt som man upphörde med att lägga de döda i de stora urnegravfälten började man istället lägga stamfadern i eller i anslutning till bostaden. Detta förändrande synsätt kan även ha inneburit att man hade en annan attityd till jorden och att det nu blev viktigt med en platskontinuitet. Det skulle kunna förklara uppkomsten av en mera stationär bebyggelse (Gerritsen 1999:146f). Med en sådan bosättning får man även räkna med att det blev allt viktigare för en släkt att behålla sina rättigheter till marken och se till de kommande generationernas förväntade behov. Genom strategiska giftemål mellan olika släkter/familjer har man kunnat se till att utöka sina markrättigheter (Gerritsen 1999:147). I kap. 3.3 har jag diskuterat sambandet mellan ett hus livscykel och hushållets livscykel. Rättigheterna i samhället kan ha varit förknippade med ett hus och inneburit att människorna har kun-

nat visa på en platskontinuitet genom att låta de gamla husen på en gård stå och förfalla. Härigenom har de kunnat upprätthålla rätten till sin mark och behålla sin sociala ställning i det småskaliga samhället.

5.1.1 Bebyggelsens struktur på boplatser i södra Skandinavien och Nederländerna

På kontinenten, bl.a. i Nederländerna, anses bosättningarna under bronsålder och äldre järnålder bestå av spridda kringflyttande gårdar. I en struktur med kringflyttande bosättningar har gårdarna legat kvar på samma plats endast under en kortare tid för att sedan flytta till en närbelägen plats. Århundradena före Kr.f. började mera stationära bosättningar uppträda. Från den tiden kan man på samma plats följa en gård under tre till fyra husgenerationer. Nu började även gårdarna samlas i mera byliknande strukturer, men parallellt fanns det även ensamgårdar (Myhre 1999:126).

En annan bild av markutnyttjandet under bronsålder har förts fram på boplatsen i Fragterup i Danmark, där man har sett att "de samtida" bronsåldershusen låg i parallella rader och att de låg ganska nära varandra. Flera husgrunder på boplatsen låg ovanpå varandra och det föreföll inte heller vara helt ovanligt att husen hade byggts om eller till. Detta kan enligt Draiby bero på att bosättningen har varit mera stabil och att människorna eftersträvat att under så lång tid som möjligt kunna bo kvar på samma plats (Draiby 1985:168ff). Draiby ställer sig därmed mera tveksam till teorierna om de kringflyttande gårdarna.

På andra boplatser, som t.ex. i Fosie IV i Skåne, har man sett ett bebyggelsemönster där det nya huset har anpassats och lagts intill den gamla hustomten. Man antog också att det gamla huset eller åtminstone delar av det stod kvar under tiden som man byggde det nya huset. Det gamla huset behövde sannolikt ersättas med ett nytt. Det tyder på att de olika gårdarna har följt varandra nära i tid. De båda husen hade en liknande gårdsstruktur som förstärker känslan av kontinuitet i bebyggelsen

(Björhem & Säfvestad 1993:168). På Fosie IV-boplatsen har man sett att det under yngre bronsålder skedde en expansion, som vittnar om en inre kolonisation av bebyggelsen (Björhem & Säfvestad 1993:356). Om det istället hade varit frågan om en ägosplittring eller omstrukturering skulle man ha fått en annan relation mellan de olika långhusen. Problemet är att man kan i värsta fall få fram ett likartat mönster i det arkeologiska källmaterialet av två helt olika processer. På boplatsen i Fosie IV bör invånarna ha föredragit att bygga ett nytt hus intill det gamla huset under bronsålder. Man har heller inte funnit belägg för att man har byggt om husen, genom att byta ut takbärande stolpar. Däremot har man ett par hus som kan ha byggts till och förlängts (Björhem & Säfvestad 1989:125).

Ett helt annat synsätt på bosättningsstrukturer har förts fram av Peter Skoglund som har analyserat Ystadprojektet. Enligt honom talar den iakttagna förändringen i landskapsutnyttjandet i övergången mellan äldre och yngre bronsålder, för att man hade haft någon form av fäboddrift. En sådan fäboddrift bör ha påverkat hela samhällsstrukturen och borde även ha inneburit att samhället var mera rörligt än under tidigare perioder (Skoglund 1998:14f och där anf. litt.). Skoglund anser att under yngre bronsålder när kärnfamiljen blev den minsta sociala enheten i det småskaliga samhället, har detta möjliggjort ett mera flexibelt utnyttjande av kulturlandskapet. Med detta menar Skoglund att i och med att "släktens grepp" släppte om det enskilda hushållet fick dessa större möjligheter att utforma sin bostad och välja var man ville bosätta sig. Övergången från det mera släktskapsbaserade och kollektiva samhället till det mera familjebaserade och privata samhället skulle möjliggöra ett mera dynamiskt utnyttjande av kulturlandskapet, samt underlätta nykolonisering av mark (Skoglund 1998:18). Han ser därmed en annan förklaringsmodell till det snabba expansionsförloppet som föreslogs för Ystadområdet och för fram teorier om att det istället skulle vara frågan om ett kolonisationsförlopp, möjliggjort genom övergången till det "friare" familjehushållet (Skoglund 1998:18).

I Mellansverige kan bebyggelsen under bronsålder och äldre järnålder ha flyttat inom mera begränsade områden, inom boplatsernas resursområde. Bosättningarnas rörlighet bör ha inneburit att markanvändningen, speciellt åkermarken, inom resursområdet var relativt flexibel. På Gotland kan markanvändningen ha bestått av en roterande brukning av åkermarken, där endast mindre delar av åkermarken årligen odlades och resten låg i träda. Den del av marken som låg i långa trädesperioder kan ha använts som betesmark för djuren (Göthberg 1998:122 och 2000:140ff och där anf. litt.).

Förutom i något enstaka undantagsfall, som t.ex. i boplatsen Apalle i Uppland, förefaller det inte som om man under bronsålder hade sina gårdar inhägnade. I alla fall hade man inte samma slags tydliga inhägnader som finns på många bosättningar från järnålder. Vid analysen av gårdsstrukturer och bebyggelsemönster från järnålder har man kommit betydligt längre än vad man har gjort för bronsålder. Det kan ha funnits två olika huvudtendenser bestående av stationära och rörliga bebyggelsemönster. Trots att inte så många bronsåldersboplatser har undersökts visar de att bebyggelsestrukturen kan ha sett olika ut. Boplatsen i Apalle har varit stationär under bronsålder medan bebyggelsen i Tibble i Litslena socken i Uppland var rörlig. Ofta har man inom forskningen ansett att en mera stationär bebyggelse började förekomma i slutet av förromersk järnålder där stabiliteten karaktäriseras genom att samma hus- eller gårdsläge återanvändes under längre tid (Ullén 1995b:68ff, Göthberg 1998:121 och 2000:140f).

Ovanstående är bara några få exempel på hur olika man har uppfattat bebyggelsestrukturer och utnyttjandet av kulturlandskapet under yngre bronsålder. Kan det ha skilt sig så mycket mellan olika regioner eller är det några tolkningar som är "fel"? Liksom Carlie har hävdat i sin avhandling om järnåldersbebyggelsen att den präglades av en mångfald, anser jag att vi måste vara lika öppna i sinnet i våra försök att förstå bronsåldersbebyggelsen. Hävdar vi istället att utvecklingen har skett på ett och samma sätt överallt, oavsett övergripande samhällsideologi och ekonomiska förutsättningar, generaliserar och förenklar vi komplexiteten i bronsålderssamhällena. Utvecklingen måste ha skett på flera sätt och tagit sig olika uttryck på skilda platser och regioner. I det följande avsnittet går jag över till att diskutera hur bebyggelsestrukturen kan ha varit i Pryssgården under yngre bronsålder.

5.1.2 Kringflyttande eller stationära gårdar i Pryssgården?

Bara de senaste tio årens arkeologiska undersökningar i Östergötland har gett oss en helt annan bild och kunskap om förhistorien. Den stora undersökningen på boplatsen i Pryssgården har bidragit med mycket ny kunskap och ökat vår förståelse för förhistorien i landskapet.

Bosättningen i Pryssgården har funnits under stora delar av förhistorien, från slutet av stenålder och upp i medeltid. Platsen ligger i åkermark som varit uppodlad under större delen av historisk tid. Det innebär kraftigt omrörda lager, där mycket av de ursprungliga lämningarna från boplatsen har försvunnit och det finns inblandningar i materialet från flera olika tidsperioder. Trots dessa förhållanden anser jag att man kan urskilja gårdar och bosättningsmönster under bronsåldern. På boplatsen i Pryssgården går det att se ett mönster. Det stora materialet ger möjligheter till att se vissa upprepningar och utifrån dessa att få inblick bl.a. i bosättningsmönstret. En starkt bidragande orsak till att det har varit möjligt att rekonstruera olika gårdstun är att hus och anläggningar ligger samlade på begränsade ytor. Mellan de olika anläggningstäta ytorna finns mera "tomma" ytor, där det även förefaller finnas en tidsmässig kontinuitet vilken innebär att ett område som varit anläggningstomt fortsatte att vara det över tid. Inom en del av de anläggningstäta ytorna fortsatte de att vara anläggningstäta även under andra tider, som t.ex. i delområde E under järnålder. Mönstret på bosättningen är att det fanns ett antal utspridda koncentrationer med anläggningstäta ytor. De anläggningstäta ytorna har inte bara använts under en kortare tid, även om det är så i en del fall, utan många innehåller hus och

konstruktioner från flera olika tidsperioder. Detta innebär att det inte går att säga att just den anläggningen tillhör det huset. Man får nöja sig med en mera allmän bild och göra en grov "skiktning" av de olika skedena inom ytan.

Ett vanligt mönster på boplatsen i Pryssgården är att det inom en anläggningstät yta ligger två till tre långhus och kanske ett par småhus, som dateras till bronsålder. Ser man till dateringarna av de olika husen genom ^{14}C-metoden ligger de ofta inom samma långa tidsintervall. Utifrån dateringarna kan man förmoda att husen har stått samtidigt på platsen eller att de efterträtt varandra nära i tid. Enligt min åsikt kan dessa hus ha varit olika husgenerationer på en gård. De olika långhusen har förmodligen inte använts samtidigt utan har efterträtt varandra. När ett nytt långhus har uppförts på gården har man visat hänsyn till det gamla huset och låtit det få stå kvar och sakta förfalla. Det är möjligt att, när ett hus övergavs och dess primära funktion upphörde, det istället blev en boning för anfäderna, där anfäderna visade på en kontinuitet bakåt i tiden som gav människorna på gården vissa rättigheter till mark och en viss social ställning i det småskaliga samhället. Detta tyder på att det har varit frågan om en stabil bosättning och att det har funnits en kontinuitet på de olika gårdarna. På en gård har det bott en tregenerationsfamilj och när den yngre generationen har tagit över huvudansvaret för gårdens skötsel och ett nytt hushåll har skapats har man samtidigt låtit uppföra ett nytt boningshus på gården. De olika långhusen på en gård har således bebotts av en och samma familj under flera generationer.

I definitionen av en gård i Pryssgården har tregenerationsfamiljen (ett hushåll) ansetts utgöra basen för den minsta produktionsenheten. Med en tregenerationsfamilj, avses ett par med ett antal barn, föräldrar och eventuella hemmaboende syskon och ensamstående äldre släktingar. För att ett hus skall kunna kallas för en gård måste det ha funnits ett långhus med en bostadsdel och ekonomidel. Intill långhuset har det ofta funnits ett mindre hus som har fungerat som en slags ekonomibyggnad på gården. Med den definitionen förefaller det mindre sannolikt att det skulle ha funnits flera näraliggande samtida bostadshus inom en anläggningstät yta. Med näraliggande hus menas hus som ligger endast 5–30 m från varandra. Husen ligger inom en anläggningstät yta, med konstruktioner som har ansetts tillhöra samma tid som husen, genom fynd eller ^{14}C-dateringar. Vid en jämförelse av spridningsbilden av fynden och dateringar på husen fick vi fram olika aktivitetsområden från samma tidsintervall (Borna-Ahlkvist et al. 1998:150ff). Givetvis blir det svårare att skilja ut vilka anläggningar som har tillhört en viss gård i områden där det har legat flera skikt med bosättningar från flera olika tider. I dessa mera komplicerade områden har jag valt att göra analogiska bedömningar utifrån iakttaget mönster från mera "rena" områden på boplatsen.

Enligt min slutsats av utbredningen av de olika gårdskomplexen har de under yngre bronsålder legat ca 70 m respektive 140 m från varandra. Inom de olika gårdskomplexen har det funnits flera långhus som har haft en likartad utformning. Dessa hus har setts som olika husgenerationer på en och samma gård. Stämmer detta antagande skulle det innebära att det redan under yngre bronsålder i Pryssgården har funnits en mera stabil bosättning. Beträffande bosättningsstrukturer från äldre järnålder har det ofta framförts argument där företeelser som att husen har byggts om eller att det finns flera långhus intill varandra skulle kunna vara belägg för att det har varit frågan om en mera stationär bebyggelse (Göthberg 2000:140). Enligt min uppfattning kan denna bebyggelseform beläggas tidigare på boplatsen i Pryssgården, till yngre bronsålder.

Vad som ytterligare talar för en stabil bosättning är att det i det arkeologiska källmaterialet går att se vissa stildrag går igen i husen som legat nära varandra som kan visa på en traditionsbundenhet. Enligt min teori har man på familjenivån (släkten) varit ganska konservativ och traditionsbunden när man har byggt och inrett sina hus. Det skulle kunna innebära att det är frågan om att en och samma "familj" (släkt) har bott och brukat en gård under flera generationer. Därmed utesluter jag inte en öppenhet för nya idéer och influenser, vilket vi även kan se i materialet. Det är emellertid uppenbart att det finns en viss traditionsbunden "tröghet" som enligt min uppfattning möjliggör urskiljandet av olika gårdar över tid.

Det kan inte uteslutas att långhusen på en gård (husgenerationerna) under en kortare tid kan ha funnits samtidigt, t.ex. när man höll på att bygga och inreda det nya långhuset. Hypotetiskt kan man tänka sig att man även återanvände byggnadsmaterial så långt det var möjligt och övergivandet av det gamla huset skedde under kontrollerade former. Det skulle kunna vara en rimlig förklaring till varför husen på Pryssgården är relativt städade på föremål. Husen förefaller inte ha övergivits i panik utan fick kanske istället stå och sakta förfalla.

I uppfattningen om i vilken ordning som husen uppfördes inom en anläggningstät yta har olika faktorer vägts samman. Var för sig ger dessa faktorer inte tillräckligt smala dateringar för att kunna bedömas, men väl avvägda och tillsammans kan de ge ett underlag för en modell. Till dessa faktorer räknas de långa tidsintervallen i ^{14}C-metoden, husens utformning, hur långhusen ligger inbördes i förhållande till varandra och de slutsatser som tagits utifrån fyndmaterialet. Det är lätt att hamna i ett cirkelresonemang och de olika variablerna ger fortfarande för stora intervall i dateringar. Det gör att den förklaring som nedan framförs i den inre rörelsen inom en anläggningsyta bara skall illustrera hur det kan ha gått till. Utifrån det arkeologiska källmaterialet är det omöjligt att säga med någon större exakthet att det har skett just på det beskrivna sättet. Men trots bristerna i materialet är det möjligt att antaga att man inom en yta med två till tre "husgenerationer" kan följa en och samma gårds utveckling under närmare ett par hundra år.

Som tidigare visats har det skett förändringar i husens placering över tid. Detta är en rörelse som skulle kunna ses som lämningarna efter en kringflyttande bebyggelse. Analyseras materialet närmare framgår det att det finns två olika rörelser inom undersökningsytan. Den ena sker inom varje anläggningstät yta och den andra sker mellan de olika anläggningstäta ytorna.

Min uppfattning om innebörden av flera hus på en anläggningstät yta är att det är rester av ett gårdstun. Invid långhusen har det funnits olika aktivitetsytor som avspeglas i det arkeologiska materialet i form av härdar, mindre kokgropar, olika slags täkt-, förråds- och beredningsgropar. Gården har bestått av ett långhus (ett boningshus) och ofta ett mindre hus av något slag. Detta kan illustreras av figurerna 20 och 32 över delområde F. När det gamla huset har ersatts har man byggt ett yngre hus strax intill det gamla, kap. 3.3.3. På detta sätt går det enligt min uppfattning att följa en gårds utveckling över flera "husgenerationer" där en s.k. platskontinuitet på mikronivå, syns bl.a. genom att de olika långhusen ej överlagrar varandra. Detta skulle kunna vara den ena formen av rörelse inom boplatsen (se fig. 42).

Den andra rörelsen i Pryssgården ses som en inre kolonisation på boplatsen. På den centrala delen av ytan, inom framförallt delområde E, har det under större delen av yngre bronsålder funnits en gårdsbebyggelse som fortlever in i förromersk järnålder. På den centrala ytan är det enda stället där vi har ett "blandskick" med olika långhustyper. Vid undersökningen såg vi att bosättningen fortsatte i åkermarken utanför exploateringsområdet. Förekomsten av olika hustyper visar att platsen varit bebodd under ett långt tidsintervall, en företeelse som kan förklaras med att det inom delområdet har funnits två olika gårdar, dvs. "samtida" enheter, som låg nära varandra. Men eftersom vi endast kunde undersöka en del av den centrala ytan har vi bara kunnat ringa in delar av dessa gårdars utveckling. Samtidigt med gårdsbebyggelsen på den centrala delen av boplatsen, delområde E, har det funnits ytterligare ett par gårdar inom undersökningsområdet som har kunnat följas under ett par tre husgenerationer (se fig. 41).

I diskussionen om samtidighet eller icke samtidighet mellan olika anläggningstäta ytor ger det arkeologiska källmaterialet svårigheter. Liksom inom de olika anläggningstäta ytorna har olika faktorer vägts samman för att kunna ge ett förslag till tolkning. Har man t.ex. två olika "gårdstun" där dateringarna av husen ger samma tidsintervall är dessa för vida för att man direkt skall kunna säga att dessa gårdar har stått samtidigt på boplatsen. De båda gårdarna kan antingen ha efterträtt varandra eller vara ett belägg för en flyttande gårdsstruktur på boplatsen. Ser man även till hur många långhus som det har stått inom varje "gårdstun" går det att följa två till tre "husgenerationer". Därmed blir det sannolikt att husen på de olika "gårdstunen" åtminstone under en tid har funnits "samtidigt", även om det inte exakt går att säga att två olika hus har funnits samtidigt på boplatsen. Närmare än så går det inte att komma genom det arkeologiska källmaterialet. Detta förhållande innebär att mina slutsatser av samtidighet mellan de olika gårdarna får ses som ett förslag till hur bebyggelseutvecklingen kan ha gått till på boplatsen i Pryssgården.

Koncentrationerna med hus och anläggningar och de mellanliggande mera fria ytorna visar att människorna på boplatsen inte haft så stort svängrum i sitt markutnyttjande som under tidigare delar av förhistorien. Även om man ser till hur husen ligger placerade på jämna avstånd inom undersökningsytan, ger det ett intryck av att det har funnits någon form av reglering. I Pryssgården kan det ha funnits begränsningar i resursområdet. Det förefaller som om det har funnits en medveten styrning av utnyttjandet av marken. Ser vi undersökningsytan som ett litet tvärsnitt genom en mycket större bosättning bör åtminstone delar av området som sträcker sig mellan Östra Eneby, Himmelstalund och Ekenberg i det närmaste ha varit tättbebyggt. I ett sådant område minskar människornas utrymme och det bör även innebära vissa regleringar i markutnyttjandet. Bebyggelseformen i Pryssgården under yngre bronsålder var troligen stabil, man har inte haft ett system med kringflyttande gårdar och det kan ha funnits någon form av markreglering på boplatsen.

5.2 Ensamgård eller by

Gränsdragningen mellan en ensamgård eller by kan vara svår och man måste ta ställning till följande frågeställningar: Vad avses egentligen med benämningen en ensamgård? Behöver det innebära att bara för att en gård ligger för sig själv det verkligen är frågan om en ensamgård? Kan den vara en del av bygemenskapen? Vilken grad av och form av gemenskap skall det vara mellan olika gårdar för att kunna kallas för by? Hur många gårdar skall det finnas och hur nära skall de ligga för att det skall kunna vara frågan om en by? Dessa frågeställningar blir ännu svårare att ta ställning till när man bara har ett arkeologiskt källmaterial. En forskare som tydligt illustrerar svårigheterna är Riddersporre som anser att i bydiskussionen måste man även ta in frågan om själva organisationen av landskapet. I en modell ser han såväl till de rumsliga aspekterna av bosättningen som till markanvändningen. I modellen arbetar han med fyra olika faktorer: leva tillsammans/leva åtskilda respektive arbeta tillsammans/arbeta självständigt (Riddersporre 1999:173f och Myhre 1999:126).

Under det senaste århundradet har forskningen kring bybildning varit i fokus. Länge ansåg man att byar tillhörde mera komplexa samhällen. Bybildningen skulle innebära en övergång från förhistorisk till historisk tid, och utgöra en gräns mellan det enklare och det mera komplexa samhället. En del forskare ansåg att bebyggelsen bestående av spridda ensamgårdar var ett karaktäristiskt drag för Skandinavien och berodde på att vi låg i utkanten av den kontinentala kulturkretsen och att vi hade för magra jordbruksmarker för att kunna försörja en bybebyggelse. Andra förde fram teorier om att den spridda bebyggelsen mera var frågan om ett kulturellt särdrag som var typiskt för Skandinavien (Myhre 1999:125 och där anf. litt.). I aktuell forskning anser man att byliknande bebyggelse har funnits i Skandinavien sedan tidig äldre järnålder. Benämningen byliknande bebyggelse visar att man tenderar till att vara lite svävande i sina bedömningar och beskrivningar av bebyggelsen. Ensamgårdar synes ha funnits inom samma områden parallellt med den mera samlade bebyggelsen. Utformningen av bebyggelsen inom ett område förefaller snarare ha kunnat variera över tiden (Myhre 1999:125).

Tidigare hävdade kulturgeograferna att bybildningen skedde tidigast under 600-talet eller under vikingatiden, medan arkeologerna ansåg att det skedde senare, under medeltiden. Kulturgeograferna trodde att bybildningen uppkom i samband med att man gick över till tvåsädesbruket. Länge hävdades att jordbruket hade en dominerande ställning under järnålder och att en omläggning i jordbruket automatiskt skulle ha lett till en förändring i bosättningsstrukturen. Arkeologerna ansåg istället att bybildningen hade sin grund i att ensamgårdarna delades under början av medeltiden (Fallgren 1993:59ff). Idag har de båda forskningsinriktningarna mötts. Kulturgeograferna anser att bybildningen skedde under medeltiden och arkeologerna medger att det finns s.k. "multicentered settlement structures" redan under järnålder.

Enligt Mikkelsen bör definitionen av en ensamgård vara olika om man talar om en förhistorisk eller historisk gård.

"A single farm is an independent economic unit which is clearly delimited and isolated from other coeval settlements" (Mikkelsen 1999:179).

I definitionen av en by måste man i förhistoriska sammanhang primärt se till synliga bebyggelsemönster och sekundärt till icke synliga eller delvis synliga funktionella och sociala faktorer. Begreppet landsby fastslår egentligen bara en materiellt betingad bakgrund för en samlad lokalisering av produktionsenheter framför en individuell placering.

Frågan blir då när kan man säga att en gård har varit en isolerad ekonomisk enhet? Bevarade inhägnader runt gårdarna är ett sätt, men dessa är ingen garanti för att de skulle ha varit ensamgårdar, eftersom det finns inhägnade gårdar som legat i byar med bysamverkan av något slag. Avsaknaden av inhägnader behöver ju inte heller betyda att de aldrig har funnits utan de kan ha försvunnit över tiden (Mikkelsen 1999:180f). Bronsåldersbebyggelsen saknar oftast rester efter inhägnader. Gårdarna har man länge trott har legat mera utspritt i landskapet, men att de ändå hade någon form av gemensam organisation (Adamsen & Rasmussen 1993:141).

Bronsåldersbyggelsen var kanske inte inhägnad vilket medför att det blir det svårt att försöka belägga samtidighet/icke samtidighet och relationen mellan näraliggande långhus. Enligt Draiby kunde den ligga i små ansamlingar med hus som låg i en öppen "bystruktur", intill den odlingsbara marken. Hon tror inte att det under bronsålder har funnits större och sammanhängande landsbyar. Det senare antagandet grundas på att områdena inte rymde så många gårdar (Draiby 1985:170ff).

I Danmark har det funnits inhägnade och icke inhägnade byar där övergången till de inhägnade byarna under förromersk period II och III har setts som ett led i en utveckling där de allmänna strukturerna, som t.ex. gemensamma inhägnader och vägar gradvis ersattes med mera individuella strukturer. Denna utveckling anses inte ha inneburit en försvagning av bygemenskapen (Rindel 1999:90f). På Jylland uppträder de första byarna under tidig förromersk järnålder (Rindel 1999:96).

5.2.1 Definition av bybegreppet

Ett problem i forskningen har varit att man har använt sig av olika terminologi för att definiera by. Detta har medfört att likartade bosättningsformer på olika håll i Skandinavien har bedömts och beskrivits på olika sätt, när de egentligen har visat på likartade företeelser.

Inom byggnadshistorisk forskning brukar man definiera en by som bestående av minst tre gårdar med ägosamverkan. Detta är en definition som också har använts inom arkeologin (Fallgren 1993:61 och där anf. litt., Mikkelsen 1999 och Rindel 1999). För att räknas som en by måste den bestå av minst tre ekonomiskt självständiga enheter. Det märkliga i denna definition är att den måste bestå av minst tre gårdar för att kunna räknas som en by.

I publikationen "Jordbrukets femtusen första år" beskrivs en by enligt följande:

"En by utgörs av flera gårdar som ligger nära varandra och samarbetar inom jordbruket med förvaltningen av gemensamma tillgångar och

gemensamma skyldigheter. Inom byn, eller byalaget, har man informella och formella vägar för att fatta gemensamma beslut" (Welinder 1998:128).

I definitionen av byar från t.ex. bronsålder måste de ses utifrån arkeologiskt synliga kriterier; ligger gårdarna nära varandra, ligger de grupperade i någon gemensam plan, finns det gemensamma hägnader, en gemensam kultplats och gravplats. En svårighet blir att försöka visa att de olika gårdarna som skulle kunna ha varit en by har fungerat samtidigt och inte är resultaten av en och samma gård som har flyttat inom resursområdet (Welinder 1998:128).

I den danska definitionen av en by, skulle det även finnas gemensamma regler för invånarnas försörjning. För att kunna betecknas som en by, krävs ett visst antal gårdar inom ett begränsat avstånd och det skulle ha funnits givna former för samverkan mellan de olika gårdarna (Fallgren 1993:59f).

Jankuhn har gjort följande definition av by:

"A village is a group settlement (number of holdings immaterial, i.e. at least two), with objects or structures that with respect to function comprise more than the single entity and which more than one entity have a share in: e.g. joint fortification, fencing, road system, wells, single buildings serving a common purpose, or perhaps common cemeteries" (Jahnkun citerad i Rindel 1999:80).

Enligt min uppfattning har Mikkelsen gjort en bra sammanfattning av definitionen av by (Mikkelsen 1999:179). Hon anser att i fråga om en by i förhistoriska sammanhang skall man primärt se till bevarade synliga bebyggelsemönster och sekundärt till icke synliga eller delvis synliga funktionella och sociala faktorer. Bostaden med sina nyttobyggnader och jorden utgör ramen för ett hushåll, familjen och dess utbredning. Det sätt på vilket man har valt att strukturera sin bosättning visar hur människorna har organiserat sina liv vilket i sin tur har en avgörande betydelse för förståelsen av bosättningars organisation och struktur (Mikkelsen 1999).

5.2.2 Varför började människor flytta samman i byar?

Har topografin avgjort bebyggelsens utformning, om den har bestått av ensamgårdar eller byar? Har det varit den totala ekonomin som har styrt utformningen av bebyggelsen? Mikkelsen menar att de topografiska förhållandena och kvalitén på jorden ofta kan ha avgjort om man har levt i byar eller i ensamgårdar. Men hon hävdar också att man även måste se till andra faktorer som sociala och politiska förhållanden för att få grepp om bebyggelsens utformning (Mikkelsen 1999:187ff). Under hela järnålder finns det såväl ensamgårdar som gårdar som ligger i byar/byliknande bebyggelse och som skiljer ut sig genom att vara betydligt större än den gängse bebyggelsen. De stora gårdarna kan vara ett uttryck för makt och social manifestation i det lokala samhället.

Ensamgårdar kan ses utifrån ett annat perspektiv, där det istället har varit frågan om nybyggare som av någon anledning inte velat inordna sig i den allmänna gemenskapen och helt enkelt valt att ligga lite vid sidan av den övriga bebyggelsen. Men de kan även vara ett uttryck för att man inte varit accepterad, att man har stått längst ned på den sociala hierarkin och varit socialt utstött i det lokala samhället. Svårigheten blir att försöka förstå de bakomliggande skälen i det enskilda fallet (Mikkelsen 1999:189). Kan ensamgårdar utgöra en rest av en bebyggelse som har "vandrat vidare" eller som skulle till att vandra? I Hodde kan man se att först placerades den största gården och därefter anlades de övriga gårdarna i byn. I Vorbasse finns ett annat mönster, där har det funnits en beredskap för ytterligare gårdar, men som aldrig byggdes (Mikkelsen 1999:189f).

Ensamgården kan i vissa fall ha inneburit att man odlade sin egen mark och att man var relativt oberoende av andra för sitt uppehälle. Men även en ensamgård har ingått i ett samhälle och har därmed haft juridiska, sociala och politiska relationer till andra gårdar, till närmaste byn etc. Dessutom har de förmodligen haft sina djur ute på den allmänna betesmarken och har härigenom ingått i någon slags gemenskap med andra gårdar (Mikkelsen 1999:192). Enligt min uppfattning är benämningen ensamgård olämplig, eftersom den kan ha sin grund i många olika faktorer. Trots sin belägenhet kan den ha ingått i en samverkan med andra gårdar i relativ närhet.

I äldre forskning ansåg man att bybildningen hängde samman med införandet av plogen och övergången till två- eller tresädessystem. Tekniska innovationer skulle ha möjliggjort bybildningen genom att övergången till ett mera effektivt jordbruk gav större avkastning på jorden. Ett argument mot detta synsätt är att den nya teknologin infördes "samtidigt" såväl på ensamgårdar som i byarna och kan därmed inte ha avgjort bebyggelsens utformning (Myhre 1999:128 och där anf. litt.).

Enligt Gerritsen räcker det inte med att studera jordens kvalité, husens utformning, agrarteknologi med mera för att få förklaringar till varför man gick över till en mera stationär bosättningsform under tidig järnålder. Enligt honom kan övergången hänga samman med rättigheterna till jorden. I ett samhälle med "kringflyttande gårdar" kunde markrättigheten vara förknippad med huset/hushållets livslängd. När huset inte längre fanns kvar förlorade människorna rätten till sin jord och där rättigheten istället gick över till lokalsamhället. Kring Kr.f. kan, enligt honom synen på jorden ha förändrats, till ett mera individuellt och permanent jordägande. Härigenom möjliggjordes mera långvariga bosättningar som i sin tur skulle kunna vara en förklaring till uppkomsten av byar (Gerritsen 1999).

5.2.2.1 Har det funnits byar i Pryssgården?
I historisk tid har det uppenbarligen funnits byar i området, vilket manifesteras genom byn Östra Eneby. De äldsta skriftliga beläggen för Eneby är från tidigt 1400-tal (Nilsson 1989:2). Östra Eneby kyrka är äldre och går åtminstone tillbaka till senare delen av 1100-talet. Troligen har stenkyrkan föregåtts av en äldre träkyrka, som bör vara från 1000-talet (Nisbeth 1962:4). Frågan om det har funnits en by under

yngre järnålder faller inte inom mitt arbetsområde, men kommer att diskuteras i ett annat sammanhang.

Boplatsen har fortsatt utanför exploateringsområdet vilket medför att vi inte vet hur stor den var under bronsålder. Förmodligen har bebyggelsen redan under yngre bronsålder legat relativt tätt och landskapet kan ha varit fullkoloniserat. Inom den undersökta delen av boplatsen har det funnits minst två till tre samtida gårdar. Detta innebär att det förmodligen har funnits betydligt flera samtida gårdar i Pryssgården.

Utifrån det arkeologiska källmaterialet går det inte att belägga en bybebyggelse i Pryssgården under yngre bronsålder, se fig. 36–40. En möjlig tolkning av den centrala delen av undersökningsområdet, delområde E, är att det där har funnits två samtida gårdar som

Foto: Avenagruppen.

157

har legat endast 40 m från varandra. Dessa gårdar skulle kunna vara ett embryo till en by på boplatsen. En annan förklaring kan vara att de har fungerat som huvudgårdar till omgivande satellitgårdar. Hur det faktiskt har förhållit sig är omöjligt att visa genom det arkeologiska materialet. I området fanns en stor del av boplatsens förråds-, arbetsgropar och gropsystem, samt en övervägande del av fyndmaterialet. I området fanns tre av boplatsens fem brunnar, varav två har daterats till bronsålder (Lindgren-Hertz 1998:79f). Dessutom de tre grophusen från yngre bronsålder, samt de mindre långhusen av hustyp C och centralt i området fanns en liten gudom i keramik som låg i en offerhärd daterad till 902–807 f.Kr., se fig. 31. Sammantaget ger detta ett intryck av att delområde E hade en central funktion på bosättningen under yngre bronsålder.

Frågor om bebyggelsestrukturer är svåra, om inte omöjliga, att klargöra med enbart arkeologiskt källmaterial. I Pryssgården har vi dessutom inte lyckats komma åt det fossila agrarlandskapet eftersom marken har blivit kraftigt påverkad av flera tusen års jordbruksdrift. Vad vi kan se är att vi förmodligen har haft någon form av markreglering redan under yngre bronsålder, att det har funnits samtida gårdar och att vi möjligen kan ha ett embryo till en byliknande bebyggelse i den centrala delen av undersökningsområdet. Men med tanke på att vi endast har kunnat undersöka en bråkdel av en större bosättning blir bedömningen av denna mera hypotetisk.

Fokkens har på ett elegant sätt kringgått svårigheterna som är förknippade med byproblematiken, genom att införa ett begrepp som han kallar "local community". Detta var enligt honom ett samhälle som bestod av en grupp människor som bodde och utnyttjade samma område, delade på verktyg, hjälptes åt med att bygga hus av olika slag, begravde sina döda i samma gravfält, delade på rituella platser, historik, myter etc. Detta perspektiv i analyser av bosättningar och landskap, ger bättre möjligheter till olika rumsliga, ekonomiska men även ideologiska aspekter på boende och brukande av jorden. Detta innefattar även relationen mellan de levande och de döda (Fokkens 1999:35).

5.3 Sammanfattning

Hur människorna valde att utforma sina samhällen har berott på deras värderingar och ekonomiska förutsättningar. Det har inneburit att samhällen har kunnat vara utformade på olika sätt och att vi därmed kan räkna med en mångfald även beträffande bronsålderssamhällenas utformning och karaktär. I detta avsnitt har diskuterats begrepp som ensamgårdar, kringflyttande eller stationära gårdar och byar, dels i en mera allmän diskussion men även kopplat till bebyggelsestrukturen på boplatsen i Pryssgården. Liksom i föregående huvudkapitel om gårdar finns en del resonemang kring järnålderns bebyggelse och strukturer trots att mitt material behandlar bronsålder. Det kan enligt min mening vara motiverat eftersom det redan under yngre bronsålder i Pryssgården fanns en stabil bosättning som levde på jordbruk.

Om en bosättning har haft en mera stationär eller mera kringflyttande bebyggelseform kan förmodligen höra samman med vilket förhållningssätt man hade till det omgivande landskapet. I ett stationärt samhälle hade man antagligen en större känsla av platstillhörighet. Detta innebar att det var betydelsefullt för människorna att kunna visa på kontinuitet till en viss plats för att kunna upprätthålla sin sociala ställning och erhålla olika rättigheter i samhället. En kringflyttande bebyggelse har inte haft mer än en husgeneration per gårdsläge, medan en stationär kan ha haft flera. Inom forskningen har man diskuterat orsakerna till varför det kan ha funnits en kringflyttande bebyggelse under delar av bronsålder och äldre järnålder. En av de föreslagna orsakerna har varit att jorden blev utsugen och att man tvingades att flytta till ett nytt gårdsläge. En annan orsak kan ha varit att det fanns en rädsla för anfäderna och därför flyttades gården en bit inom territoriet. Men det kan även hängt samman med rättigheterna till mark. Där rätten till mark kan ha hört ihop med respektive hus; när hushållet upplöstes och huset övergavs förlorades rätten till just det markstycket. Övergången till en mera stationär bebyggelse har av Gerritsen ansetts hänga samman med att man upphörde med att begrava de döda i stora urnegravfält (Gerritsen 1999). Traditionen med att successivt lägga de döda anfäderna i anslutning till gårdslägena har förklarats med ett förändrat synsätt och attityd till mark, där det nu blev viktigt att kunna upprätthålla en platskontinuitet. Genom att begrava de döda anfäderna i anslutning till gården kunde man visa på kontinuitet och därmed upprätthålla vissa rättigheter i det småskaliga samhället. Mina slutsatser av materialet från Pryssgården är att denna kontinuitet kunde ta sig andra uttryck, t.ex. de gamla övergivna boningshusen på boplatsen kunde vara ett sätt att ge vissa rättigheter till en gårds invånare.

Synen på hur bebyggelsen har varit strukturerad på bronsåldersboplatser varierar mellan olika regioner och områden. På en del platser tror man att det har varit frågan om en kringflyttande bebyggelse, som t.ex. i Nederländerna och i delar av Uppland. På andra platser som t.ex. i Skåne och på en del bosättningar i Uppland har bebyggelsen från bronsålder varit av mera stationärt slag (Björhem och Säfvestad 1993:168 och 356, Ullén 1995b:68ff, Myhre 1999:126 och Göthberg 2000:140f). Uppenbarligen har det under bronsålder parallellt funnits två olika bebyggelsemönster som antingen kunde vara stationära eller rörliga. Dessa resultat är enligt min uppfattning inte så märkliga eftersom förutsättningarna bör ha skiftat mellan olika platser. Detta innebär att det bör ha funnits en mångfald i bosättningars utformning redan under bronsålder.

Bebyggelsen i Pryssgården har under större delarna av yngre bronsålder bestått av åtminstone två till tre samtida gårdar inom undersökningsområdet.

På boplatsen låg gårdarna under yngre bronsålder ganska tätt och med mellan 70 och 140 meters avstånd från varandra. Inom den centrala delen av undersökningsområdet, delområde E, har det tidvis under yngre bronsålder funnits två samtida gårdar som låg endast 40 m från varandra. Dessa gårdar skulle kunna vara ett embryo till en by eller så har de fungerat som någon slags huvudgårdar till omgivande satellitgårdar. Det arkeologiska materialet är dock otillräckligt för att kunna belägga en bybebyggelse redan till yngre bronsålder. Bebyggelsen på boplatsen har varit stabil och permanent, inte av en kringflyttande gårdsbebyggelse. Området har förmodligen redan under yngre bronsålder varit fullkoloniserat. I anslutning till gårdarna fanns det "samtida" anläggningar vilket kan användas som belägg för att det har funnits en mera samlad struktur på boplatsen. Gårdarna har baserats på individen och tregenerationsfamiljer har utgjort den minsta sociala enheten på boplatsen. En gårds utveckling kan följas under några "husgenerationer". Detta innebär att det är rimligt att antaga att människorna hade någon form av "rättigheter till marken" och att de kände en mental tillhörighet till platsen. För dem har det förmodligen varit angeläget att legitimera sin tillhörighet till gårdarna.

I kulturlandskapet från bronsålder levde människorna och deras djur, där fanns den uppodlade marken, förfäderna och det övernaturliga intimt sammanflätat i en komplex kosmologi. I denna kosmologi var gårdarna med sina omgivande marker själva hjärtat i den rumsliga dimensionen av det småskaliga samhället.

Tre bronsåldersbosättningar i ett jämförande perspektiv

kapitel 6

Frågeställningar:
- Hur var en gård organiserad på boplatserna?
- Bestod bebyggelsen av en stationär eller av en rörlig struktur?
- Skedde det förändringar av bebyggelsens inre struktur under bronsålder på de olika boplatserna och i såfall varför?

BOSÄTTNINGEN I PRYSSGÅRDEN sätts in i ett vidare perspektiv genom att göra en komparativ analys med två andra större bronsåldersbosättningar, Fosie IV i Skåne och Apalle i Uppland. Min jämförelse har begränsats till att framförallt diskutera husen, gårdarna och bebyggelsestrukturerna på de olika bosättningarna. Bakgrunden till mitt val av just dessa boplatser är att de båda är ganska omfattande och innehållsrika. De är mycket olika till sin karaktär och hade skiftande bevaringsförhållanden. Det unika med Apalleboplatsen är att den hade tjocka kulturlager, där fynd och konstruktioner låg i sin ursprungliga kontext, vilket är ovanligt för en förhistorisk boplats. Båda platserna har relativt nyligen undersökts i samband med större exploateringar, vilket innebär att förutsättningarna för dem har varit ganska likvärdiga. Ingen av dem har blivit totalundersökt och de har givit ny kunskap om bronsålderns samhälle i sin region. En orsak för mitt val är att Fosie ligger i centrala delarna av den sydskandinaviska bronsålderskulturens sfär medan Apalle ligger i dess utkant. För mig har det också haft en stor betydelse att

materialen har bearbetats utifrån två olika forskningstraditioner. Vid analysen av Fosiematerialet har Björhem och Säfvestad framförallt haft en funktionell och ekonomisk inriktning. Ullén har i sin bearbetning av Apalle mera varit inriktad mot sociala, symboliska frågeställningar och bedömningar av materialet. Detta förhållande har försvårat mina möjligheter att jämföra bosättningarna med varandra, men uppvägs av möjligheten av att kunna få en mera nyanserad bild av bronsålderssamhället.

Jämförelsen mellan bosättningarna har inte heller varit helt lätt att göra eftersom resultaten från Apalle ännu ej har publicerats annat än i mindre artiklar (Ullén 1995a, 1995b, 1996, 1997, 1999). Rapporten från Apalle är under tryck och en fördjupad bearbetning av resultaten är under utarbetande i en doktorsavhandling. Resultaten från undersökningen i Fosie är mera lätt tillgängliga och är publicerade; i en doktorsavhandling (Björhem & Säfvestad 1993), i en publikation (Björhem & Säfvestad 1989) samt i ett antal artiklar och rapporter. I denna jämförelse har jag uteslutande använt mig av doktorsavhandlingen.

Foto: Hélène Borna-Ahlkvist, Riksantikvarieämbetet.

6.1 Presentation av Fosie IV och Apalle

Fosie IV

Bosättningen låg ca 9 km från Öresundskusten i en övergångszon mellan lerslätten som dominerar sydvästra Skånes kustområde och moränbacklandskapet som täcker en stor del av inre södra Skåne. Den fanns i utkanten av Malmö och låg i Lockarps socken och Oxie socken. Innan området blev industrimark har marken varit uppodlad under lång tid. Boplatsen låg i ett småkuperat landskap omgivet av mera låglänta partier. Genom områdets östra delar rinner Risebergabäcken. Bosättningen i Fosie låg 27–40 m ö h och fanns till största delen på lerig, sandig, moig morän med partier med morängrovlera. Den undersöktes i 52 månader under åren 1980–83 och omfattade en yta på 400 000 m² (Björhem & Säfvestad 1993:3ff).

Bosättningen har delats in i sex olika boplatsytor I–VI. Den har funnits under lång tid och har sträckt sig från senneolitikum till vikingatid. Från bronsålder känner man till ett tjugotal huskonstruktioner av skiftande karaktär och bevaringsgrad. Utmärkande för boplatsen var att den hade ett stort antal gropar och gropsystem av olika slag. I anslutning till den finns ett antal kända fornlämningar med dateringar till bronsålder bestående av boplatser, fyra brandgravfält och ett 15-tal gravhögar. Inom undersökningsområdet fanns två urnebrandgravar och två brandgravar (Björhem & Säfvestad 1993:18ff och 165). I Fosie har det uppenbarligen funnits ett nära samband mellan bosättning, den äldre bronsålderns gravhögar och yngre bronsålderns gravfält. På boplatsen fanns fyra brunnar varav tre har daterats till senare delen av yngre bronsålder. Brunnarna låg strax öster om boplatsyta I och VI, i närheten av gårdar från yngre bronsålder. Fyndmaterialet på bosättningen från bronsålder dominerades av keramik, totalt påträffades 223 kg keramik. Bland stenredskapen dominerade malstenslöpare, i övrigt fann man någon enstaka slipsten (eventuellt ett bryne), en stenklubba, ett sänke och fyra skålgropsstenar. Bland redskapen i flinta dominerades fyndmaterialet av skrapor (skivskrapor) men det fanns även ett 60-tal lövknivar, knackstenar, eldslagningsstenar och ett mindre antal pilspetsar varav några hade urnupen bas. I Fosie IV fanns endast enstaka bevarade benredskap och bronsföremål. Under bronsålder har man förmodligen även ägnat sig åt bronshantverk. Det osteologiska materialet var dåligt bevarat (Björhem & Säfvestad 1993:41 och 58–80).

Apalle

Boplatsen ligger i Uppland, ca 50 km nordväst om Stockholm. Bronsåldersboplatsen låg på södra kanten av en flack dalgång. Under bronsålder utgjorde delar av dalen en lagun, 15–20 m ö h. Själva bosättningen låg ca 28–31 m ö h. Under bronsålder var hela Håbolandet en ö, i öster fanns Ullfjärden och i väster fanns Ekolsundsviken. Förutom vid Apalle finns på Håbolandet andra kända bronsåldersboplatser, skärvstenshögar, rösen och stensättningar. Rösena ligger ofta på bergskanten till den forna ön och är exponerade ut mot vattnet. Intill flera av bosättningarna finns hällristnings- och skålgropslokaler. De vanligaste motivet på Håbobygdens hällristningar är skepp, vilka ofta exponerades ut mot dalgången. Dessa hällristningar utgör utlöpare till det stora hällristningskomplexet vid Enköping som ligger 15 km bort (Ullén 1995b:68 och i tryck). Området kring Apalle och Håbolandet utgör en av de rikaste skålgropslokalerna i Uppland. Bronsåldersboplatsen i Apalle ligger söder om Apalle bytomt och området blev inte åkermark förrän under senare delen av 1800-talet. Boplatsen undersöktes i drygt 20 månader under åren 1986–87 och 1989–90 med anledning av ett motorvägsbygge mellan Bålsta och Enköping. Totalt undersöktes ca 23 000 m² som utgjorde en del av bosättningsytan. Av de bitvis metertjocka kulturlagren undersöktes drygt 6 000 m² för hand, medan resten banades av med maskin (Ullén i tryck). Inom den undersökta ytan identifierades ett 80-tal hus med dateringar från senneolitikum till folkvandringstid, varav ett drygt 70-tal hörde till bronsålder. Det fanns sju brunnar, två labyrintliknande stolpkonstruktioner, ett par odlingshägnader, ett stort antal härdar, gropar och enstaka gropsystem. Några av groparna har setts som stenklädda förrådsgropar. Centralt placerat fanns dessutom två skärvstenshögar som hörde till mellersta bronsålder (Ullén i tryck). Boplatsen innehöll ett mycket rikligt fyndmaterial, med ett 60-tal bronser, 360 kg keramik, 800 stenredskap, 1,7 ton lerklining och 850 kg ben (Ullén 1996:174 och 1999:63). På boplatsen har man ägnat sig åt ett omfattande bronshantverk. Det osteologiska materialet är unikt och utgör ett av Nordeuropas största från bronsålder (Ericson et al. i tryck). Liksom på boplatsen i Fosie fanns det i Apalle ett par skålgropsstenar. Dessa stenar har förmodligen haft en symbolisk innebörd som kan ha kretsat kring livet på boplatsen och vid olika ritualer kring döden. Enligt Ullén kan dessa stenar ha cirkulerat mellan människor på boplatserna på Håbolandet (Ullén 1997).

6.2 Huset och gården

Fosie IV och Pryssgården

På boplatsen Fosie IV fanns det stolpbyggda långhus, fyrstolpehus och några grophus med dateringar till bronsåldern. De flesta grophusen hör till den senare fasen under yngre bronsålder (Björhem & Säfvestad 1993:144ff). De stolpbyggda husens form varierade, det fanns några som var konvexa medan andra var raka till något trapetsoida. Långhusen var exklusive väggar 12,5–20 m långa medan småhusen var 6–8 m långa. Bredden på mittskeppen i långhusen varierade från under 3 m till över 4 m vilket har ansetts ha en kronologisk betydelse (Björhem & Säfvestad 1993:82f och 105ff). För en mera utförlig jämförelse mellan husens utformning i Fosie och Pryssgården hänvisas till rapporten (Borna-Ahlkvist 1998a:34ff och 1998b:54f).

De flesta husen från Fosie har en annan stolpsättning än husen från Pryssgården. Ett par av dem hade en källargrop i husens östra del, i ett hus fanns en förrådsgrop medan de flesta saknade härdar. I de fall härdarna fanns bevarade kunde de ligga på lite olika lägen i husen. De flesta husen innehöll relativt små

mängder med föremål, i ett fåtal fanns det malstenslöpare, medan det var vanligare med spånknivar och bearbetad flinta. Husen i Fosie förefaller dessutom ha innehållit mindre mängd keramik än i Pryssgården.

Boplatsen i Fosie var påverkad av senare tiders odlingsverksamhet vilket gör det svårt att diskutera husens funktion och hur de har varit disponerade i detalj. Husen har ansetts vara uppdelade åtminstone i tre delar, med en bostadsdel, ett ingångsparti och en ekonomidel. Bostadsdelen har utifrån härdens placering förmodats vara i husens västra del och ekonomidelen i den östra (Björhem & Säfvestad 1993:110). Husen har troligen haft lerklinade väggar och eventuellt lergolv. Möjligen hade husen från den äldre fasen av yngre bronsålder endast delvis lerklinade väggar. En del av lerkliningen var bemålad med en krit-/kalkslamning, vilket är känt från andra bronsåldersbosättningar (Björhem & Säfvestad 1993:140). Två av husen innehöll en källargrop i husens östra del, vilket anses utesluta möjligheten till stall i denna del. Källargroparna tror de har fungerat som ett slags förrådsgropar som kan ha tömts i samband med att husen övergavs. Husen synes ej ha brunnit eller övergivits i panik (Björhem & Säfvestad 1993:109f).

Husen i Fosie har grupperats kronologiskt och olika enheter har skilts ut. Den varierande storleken på husen har ansetts bero på funktionella och sociala faktorer som ej närmare har preciserats. Gårdsenheterna har framtagits genom att närliggande hus med likartad bredd på mittskeppen har uppfattats utgöra en gård. På boplats I har tre gårdar identifierats som var och en har bestått av ett långhus och ett mindre uthus. På boplatsytan har man kunnat följa en gård under minst 160 år (Björhem & Säfvestad 1993:141). Det mindre huset har alltid legat norr om det större långhuset. På boplats VI har man inte kunnat föra något småhus till långhusen, men inom boplatsytan fanns det tre långhus som kan representera olika gårdar. På boplatsytan har man kunnat följa en gårds utveckling i tre faser under drygt 200 år. Vid en jämförelse mellan husen på de båda boplatsytorna I och VI har man funnit att det kan ha varit större likheter i husens inre konstruktion inom respektive breddgrupp (på mittskeppet) på de båda boplatsytorna än på den enskilda boplatsytan (Björhem & Säfvestad 1993:105f och 141). Här skiljer sig resultaten från Pryssgården där det istället finns likheter i husens konstruktion inom de olika delområdena, medan den skilde sig mellan ytorna. Vad beror denna skillnad på – är det frågan om olika bebyggelsestruktur i Fosie och Pryssgården?

En gård i Fosie synes under yngre bronsålder bestå av ett stort och ett mindre hus. Det är inte klarlagt om dessa hus indikerar skilda verksamheter eller ett differentierat boende. Mönstret med ett stort och ett litet hus med en identisk placering i förhållande till varandra har ansetts tala för en mera kontinuerlig bebyggelse (Björhem & Säfvestad 1993:168). På de olika boplatsytorna fanns det dessutom grophus som förmodligen har använts till något annat än som boningshus.

Den skiftande utformningen av bronsåldershusen har uppfattats som belägg för att människorna inte valde att samla alla människor, djur och aktiviteter i ett och samma hus (Björhem & Säfvestad 1993:169). Liksom i Pryssgården förefaller det som att när ett nytt hus eller en gård uppfördes på boplatsen i Fosie tog man hänsyn till den äldre gården/huset. Gårdsbebyggelsen i Pryssgården var möjligen inte så strikt strukturerad som i Fosie, utan det mindre huset kunde ligga i olika lägen i förhållande till långhuset, se kap. 4.4.2.

Apalle och Pryssgården

Bronsåldersbosättningen på Apalle har delats in i fem olika bebyggelseskeden under mellersta och yngsta delen av bronsålder (Ullén 1999:63). I Apalle fanns det 79 huslämningar som förutom några enstaka har tillhört bronsålder. De flesta har ansetts vara bostadshus, 54 stycken, men det fanns även ett drygt 20-tal mindre byggnader vilka förmodligen har fungerat som förråd. Husen hade lerklinade väggar. På boplatsen var sju av husen s.k. fyrstolpehus som framförallt har hört till den senare delen av yngre bronsålder (Ullén i tryck). Husmaterialet i Apalle knyter väl an till den nordvästeuropeiska traditionen (Ullén 1995b:70).

Den vanligaste huslängden för bostadshusen på boplatsen låg på 9,5–11,5 m respektive 14–16 m och det fanns endast några hus som var 20–25 m långa. Bredden var 5,5–8,5 m där bredden på mittskeppet varierade mellan 2,3 och 4,3 m. På bosättningen har Ullén ansett att det inte förefaller ha funnits någon korrelation mellan husens längd, totalbredd och bredd på mittskeppen (Ullén i tryck). Under den senare delen av yngre bronsålder tenderade husen att bli kortare, men eftersom bredden på mittskeppen har varit ungefär densamma under hela bronsålder, har proportionerna blivit annorlunda i de yngre husen. Bredden på mittskeppen synes, som i Pryssgården, inte heller i Apalle vara direkt kronologiskt betingad, utan kan ha haft andra orsaker. I detta skiljer sig resultaten mellan de tre bronsåldersboplatserna. Frågan är om det är en faktisk skillnad eller en bedömningsfråga.

De äldre bronsåldershusen hade rundade gavlar medan de yngre hade mera avfasade gavlar (Ullén 1995b:70). De flesta husen innehöll härdar av olika karaktär, i husen fanns allt ifrån stora härdgropar till mindre härdar som låg på golvnivån. Den senare typen av härdar har ansetts vara någon slags s.k. lerhärdar, där härden har legat på en lerplatta. Möjligen kan den senare typen vara av samma slag som fanns i ett par av husen, hus 172 och 174 i Pryssgården.

Även i husen från Apalle fanns det olika slags förvarings- och källargropar (Ullén i tryck). I rapporten framgår det inte var de fanns i husen eller hur pass vanligt förekommande de var. Dessvärre har Ullén inte diskuterat om det skedde någon rumslig förändring över tid i dessa gropars placering inne i husen. Det hade varit intressant om hon hade gjort det eftersom hon kunnat se att det skedde andra rumsliga omdisponeringar i husen och på boplatsen under loppet av bronsålder. I Pryssgården kunde jag se att förvaringsgroparnas placering i husen ändrades under yngre bronsålder. Under yngre bronsålder koncentrerades förrådsgroparna till rummet med härden, se kap. 3.1.1.2. Orsaken till denna förändring är inte klarlagd men en förklaring kan vara att jordbruket och sädesodlingen fått en allt större betydelse för människorna på boplatsen.

De flesta husen på boplatsen i Apalle var indelade i två rum, men det fanns även en del hus som hade två till tre rum och några enstaka som hade fler än tre rum. Det finns inget samband mellan husens längd och antal rum. I Fosie har husen ansetts vara tredelade (Björhem & Säfvestad 1993:110). Samma förhållande kan ha gällt för husen i Pryssgården men det fanns även enstaka hus som kan ha innehållit flera rum, se kap. 3.1.1.2. Stolpsättningen i en del av husen från Apalle var mycket snarlik den som fanns i Pryssgården. Framförallt gäller det för de mindre husen, som t.ex. hus 2 i Apalle, som påminde mycket om Pryssgårdens hustyp C, dvs. hus utan någon tydlig rumsindelning. I Apalle hade denna hustyp ett heltäckande lergolv, något som inte har kunnat beläggas från Pryssgården. Härden låg i husens västra del och ingången i den östra (Ullén 1995b:72). Dessa hus har sannolikt fungerat som bostadshus.

Hälften av husen på bosättningen i Apalle har brunnit. Flera av husen förefaller ha blivit omstolpade, som kan vara belägg för att man har reparerat och återuppbyggt hus (Ullén i tryck). I både Fosie och Pryssgården har vi inga eller endast enstaka hus som har brunnit. Frågan är vad dessa skillnader beror på, är det kulturella skillnader eller beror de olika uppfattningarna på skilda bevaringsförhållanden? Husen i Apalle låg betydligt tätare än vad husen gjorde på de två andra boplatserna, vilket kan ha medfört en ökad brandrisk. Men människorna på boplatsen kan också av någon anledning ha valt att bränna ned husen efter deras användningstid.

Tack vare att bevaringsförhållandena har varit ovanligt goda i Apalle har Ullén kunnat få fram detaljer om hur husen har varit disponerade under olika skeden. Hon har kunnat se att interiören i husen förändrades över tid. Under såväl mellersta som yngre bronsålder har det funnits avgränsningar mellan rummen i husen som tog sig skiftande uttryck. I de äldre husen skilde de rummen åt (oftast två) genom en rad med stolpar eller stenar. Det ena rummet hade ett golv bestående av lera. Ingången till huset låg i det rum som hade lergolv och det var detta rum som innehöll flest föremål. I det andra rummet, det mera avskilda som innehöll härden, fanns det mycket färre föremål.

Dessa skillnader i husen har Ullén förklarat med att rummen med lergolv tillhörde en mera offentlig sfär. I detta har man exponerat sin status, medan härdrummet har tillhört en mera privat sfär i hushållet. Dessa skillnader mellan rummen förstärks av att stråk av kalk fanns i anslutning till rummen med lergolv, som kan vara rester efter en invändig bemålning. I ett av husen fanns det delar av käkar och kranier som låg i vägglinjen. I rummet med härden fanns käkdelar från får/get medan lergolvsrummet hade käkdelar från nötkreatur (Ullén 1995b:71f). Härdarna i de äldre husen har framförallt ansetts fungera för uppvärmning medan matlagningen förmodligen skedde utomhus (Ullén 1995b:73).

I husen från yngre bronsålder på Apalle fanns inga tydliga rumsavgränsningar. Husens inre täcktes nu av lergolv och härden låg centralt placerad. I några av de yngre husen fanns skärvstenspackningar i anslutning till väggarna. Vilken funktion dessa skärvstenspackningar har haft är inte klarlagd. I anslutning till härden fanns de flesta av husens föremål och dessa hus saknar kalkbemålningar. Härdarna var nu större och djupare, vilket kan ha inneburit att man nu tillredde maten inomhus. I dessa yngre hus synes det som om man eftersträvade en större öppenhet, där det inte längre går att urskilja en privat och offentlig del (Ullén 1995b:72f).

På boplatser som ligger i åkermark, som Pryssgården, är husen sämre bevarade. I dessa hus vill man se härdrummet som husens centrala del, som fungerat som bostadsdel. Det andra rummet har p.g.a. de dåliga bevaringsförhållandena förklarats vara något annat mera obestämbart, ofta kallat för ekonomidel. Ibland har man velat förlägga stallet till denna del. Resultaten från Apalle visar tydligt att det är en alldeles för grov bild som vi har av husens inre disposition. Även om Apalle boplatsen varit något speciell ger den oss betydligt mera information om hur husen kan varit rumsligt disponerade och sociala förhållanden under bronsålder. Resultaten från undersökningen kommer att vara ett viktigt komplement vid analysen av sönderplöjda bronsåldersbosättningar och ge en mera nyanserad bild av bronsålderns samhälle.

6.3 Bebyggelsens utformning på bosättningarna

Fosie IV och Pryssgården

På boplatsen i Fosie förefaller det ha funnits två olika omlokaliseringar av gårdslägen, där den ena utgjordes av uppdelningar av en enhet som på boplats I och den andra bestod i längre flyttningar till en plats som under lång tid inte varit utnyttjad som boplatsyta. Den senare formen av omlokalisering kan även vara frågan om en uppsplittring av enheter, men den har setts som en expansion eller nyetablering. Under senare delen av yngre bronsålder ökar antalet boplatser vilket har ansetts vara belägg för att det skedde en befolkningsökning i området. En framförd teori är att denna befolkningsökning först gav sig till känna genom delningar av befintliga enheter och i ett senare skede i form av nyetableringar (Björhem & Säfvestad 1993:169).

I Björhems och Säfvestads analys av bebyggelsemönstret i Fosie kunde de inte slutligen avgöra om det varit frågan om en mera fast eller rörlig bebyggelsestruktur på boplatsen under bronsålder. En framförd uppfattning är att det möjligen kunde ha funnits en relativt fast bebyggelse med kontinuerligt bebodda boplatsytor under lång tid (Björhem & Säfvestad 1993:143). Under senneolitikum skedde en omläggning av bebyggelsen där mera monumentala lägen favoriserades och där de våtmarksbaserade bosättningarna övergavs. Denna omläggning har ansetts hänga samman med att det uppstått ökade sociala spänningar och där konkurrensen om tillgången till mark hårdnade. Detta innebar att människorna fick behov av att hävda sin rätt till ett visst territorium, vilket man kan ha gjort genom att placera boplatserna och gravhögarna i monumentala lägen (Björhem & Säfvestad 1993:355).

Under äldre bronsålder stabiliserades bebyggelsen och den fanns kvar i de högre lägena. Expansionen under senneolitikum har setts som en intern kolonisation. I övergången till äldre bronsålder skedde det även en successiv omlokalisering till tidigare icke utnyttjade boplatsområden. Under äldre bronsålder förefaller bebyggelsen ligga kvar på ungefär samma platser som tidigare och det förekom endast mindre förflyttningar. Under yngre bronsålder skedde en intern kolonisation i form av utflyttning till nya boplatsytor. Denna kolonisation har ansetts hänga samman med att det samtidigt skedde förändringar på det ekonomiska området (Björhem & Säfvestad 1993:356).

På boplatsen i Fosie tror Björhem och Säfvestad att gårdarna har samverkat i någon form redan under yngre bronsålder (Björhem & Säfvestad 1993:364). Deras antagande baseras på tätheten mellan de olika boplatsytorna och på omfattningen av åkermarken. Integrationen av åkermark, boskapsskötsel, betesmark och boplatsytor har ansetts kräva en hög grad av samordning för att kunna fungera på ett tillfredsställande sätt. Detta resonemang skulle innebära, enligt Björhem och Säfvestad, att de organisatoriska skillnaderna mellan gård och by inte behöver vara så stora. Snarare kanske det är frågan om en rumslig definition av bebyggelseenheternas spridning på den arkeologiska kartan (Björhem & Säfvestad 1993:364). De anser att det var mycket mera effektivt om gårdarna låg utspridda, på ett hör- och synavstånd. I ett system med spridda gårdar skulle man få ett mera rimligt avstånd mellan åkermark och boplats, än om gårdarna låg mera tätt tillsammans (Björhem & Säfvestad 1993:364).

Apalle och Pryssgården

På boplatsen i Apalle har det gått att följa bosättningar från övergången senneolitikum–äldre bronsålder fram till yngre järnålder. I de äldre skedena var bosättningen mera blygsam, men under mellersta bronsålder ökade den till att omfatta ett drygt 10-tal hus per fas under resterande delar av bronsålder. Bebyggelsen har legat kvar på samma plats hela tiden och det förefaller inte ha skett några mera omfattande flyttningar mellan olika områden av boplatsen. Placeringen av brunnar, lertäkter och hägnader fanns under denna tid kvar i de södra och västra delarna av boplatsytan (Ullén i tryck). Bosättningen i Apalle har antagits bestå av en fast organisation, där det har funnits en stark kontinuitet i bebyggelsen. På boplatsen synes det ha varit viktigt att bevara traditioner, som manifesteras i såväl den rumsliga organisationen som i återanvändningen av äldre hus vid uppförandet av nya (Ullén i tryck). Enligt Ullén bör husen på bosättningen från bronsålder inte ha ingått i ett system med ensamliggande gårdar, utan snarare bör bebyggelsen i Apalle jämföras med de mindre jylländska landsbyarna från slutet av bronsålder–äldre järnålder. I Apalle skulle den byliknande bebyggelsen ha upphört i slutet av bronsålder (Ullen i tryck).

I ett antal artiklar har Ullén skrivit om deponering och avfallshantering på boplatsen i Apalle (Ullén 1995a och 1995b). Hon har funnit att det samtidigt som husens inre disponering förändrades under bronsålderns lopp kan ha skett förändringar i avfallshanteringen på boplatsen. Under de äldre skedena samlades avfallet centralt på boplatsen, i de centralt placerade skärvstenshögarna. Runt högarna fanns det hus från de äldre faserna. Längre fram i bronsålder samlades avfallet mera perifert i anslutning till de enskilda husen, i särskilda skärvstensflak. Till varje flak kunde fem till sex hus knytas. Förändringen av deponeringsmönstret har Ullén ansett vara belägg för en övergång från en kollektiv till en mera privat hantering av avfall (Ullén 1995b:69f).

Dessa förändringar i hur husen har disponerats och hur avfallet hanterades har Ullén sett som uttryck för att det kan ha skett sociala förändringar på boplatsen och möjligen i samhället i stort. Under den senare delen av bosättningen synes det som att det skedde en ökad betoning på det enskilda hushållet, som bland annat uttrycks genom mat- och avfallshanteringen. Den ökade privatiseringstanken kan enligt henne även bero på ändrade familje- eller hushållsgrupperingar och kanske t.o.m. en ny syn på jordägande och boskap (Ullén 1995b:73). När bronsåldersbosättningen upphörde i Apalle förefaller det även som att den koncentrerade avfallshanteringen upphörde. Detta förhållande kan bero på att bebyggelsen splittrades upp i ensamliggande gårdar, kanske började man att hantera avfallet på ett annat sätt än tidigare. Men även en produktionsinriktning med gödslade åkrar kan ha inneburit en annan avfallshantering än under tidigare perioder (Ullén i tryck).

På bosättningen i Pryssgården fanns märkligt nog inga bevarade skärvstenshögar eller skärvstensflak. Inom hela Östra Eneby socken finns endast 8 kända skärvstenshögar. I Östergötland och i Mellansverige brukar ofta skärvstenshögar anses indikera större bronsåldersbosättningar (Lundmark 1984:18, Larsson, T.B. 1984:23ff, Wigren 1987 och Jensen, R 1989:133ff). Intill exploateringsområdet fanns ett par högliknande konstruktioner som undersöktes i samband med den stora utgrävningen. Dessa högar visade sig bestå av berg, som i bergskrevorna var igenfyllda med skärvsten, kulturlagerrester, avfall och diverse recent material. Strax söder om den centrala bosättningsytan fanns några större gropar som var igenfyllda med skärvsten och avfall. Dessa gropsystem har delvis kunnat dateras till bronsålder. Inne på själva boplatsytan fanns gott om gropar som var igenfyllda med skärvsten och avfall. Dessa gropar fanns utspridda på hela boplatsen och låg intill de olika bronsåldershusen. Det har emellertid varken i själva rapportarbetet eller i min bearbetning av materialet varit möjligt att närmare analysera hur hanteringen av avfall och deponeringar har gått till på bosättningen.

Bebyggelsen i Pryssgården har troligen haft en fast struktur, bestående av två till tre samtida gårdar. Under yngre bronsålder skedde en förtätning av bebyggelsen som ses som en inre kolonisation. Området kring Pryssgården har förmodligen redan under yngre bronsålder varit fullkoloniserat, där de olika gårdarna har samverkat i någon form. På boplatsen förefaller det ha varit viktigt för människorna att kunna visa på en kontinuitet och platstillhörighet. Kanske har de härigenom kunnat upprätthålla sin status och rättigheter i det lokala samhället.

6.4 Odling och djurhållning

Fosie IV och Pryssgården
Under yngre bronsålder skedde förändringar i föremålsbeståndet på boplatsen och att det uppträdde nya former av anläggningar som bör hänga samman med ekonomiska förändringar i samhället. På boplatsen i Fosie var malstenslöparna mycket vanligare

167

under den senare fasen av yngre bronsålder. Från samma tid förekommer lövknivar som användes vid foderinsamling och silkärl som kan ha använts vid osttillverkning. Införandet av lövkniven har ansetts hänga samman med att man nu hade ett behov av att samla in foder till nötkreaturen, vilket i sin tur kan innebära att djurens rörelsefrihet hade begränsats (Björhem & Säfvestad 1993:356). På boplatsen odlades nu korn, vete, oljedådra samt eventuellt knylhavre och losta. Utifrån åkerogräsens artsammansättning tror man att odlingssystemet innefattade årliga jordbearbetningar, gödselbruk i någon form och att halmen skördades (Björhem & Säfvestad 1993:356). Införandet av lerklinade hus under yngre bronsålder kan ha ett samband med ett mera öppet landskap än under tidigare perioder och att det kanske rådde virkesbrist. De lerklinade husen innebar även att man började gräva gropar för lertäkter. Under den senare delen av yngre bronsålder började andra konstruktioner uppträda på boplatsen som grophus, samt olika förråds- och hantverksgropar. På boplatsen i Fosie kan det under den senare delen av yngre bronsålder ha skett en tydligare uppdelning av olika hustypers funktion. Detta kan vara ett uttryck för att det nu skedde en rumslig specialisering av olika aktiviteter på boplatsen (Björhem & Säfvestad 1993:356).

De vanligaste husdjuren i Fosie var nöt som utgjorde 56% av de viktigaste köttproducerande djuren, därefter kom får/get med 28% och svin med 16%. Under yngre bronsålder synes det som att sammansättningen av djurbeståndet ändrades. Detta innebar att nötdjurens dominans successivt avtog medan svinens betydelse ökade. Förändringen av husdjurens sammansättning, den ökade frekvensen av malstenslöpare, introducerandet av nya jordbruksredskap, som t.ex. lövkniven, nya jordbruksmetoder och grödor har setts som ett uttryck för en större ekonomisk förändring eller omläggning av bronsålderssamhället (Björhem & Säfvestad 1993:356). Möjligen skedde det en reglering av boskapsskötseln samtidigt som sädesodlingen intensifierades. En del av det nya agrara systemet innebar en omstrukturering av åkersystemet och gödsling av åkermarken. Detta skulle kunna vara början till ett mera stationärt odlingssystem av typen

Celtic fields, som man tror har införts i Sydskandinavien under övergången yngre bronsålder–äldre järnålder (Carlsson 1979:83). På boplatsen i Fosie fanns inga belägg för Celtic fields under yngre bronsålder (Björhem & Säfvestad 1993:356).

Förändringarna av husdjurens sammansättning och det nya odlingssystemet kan ha skett i samspel mellan befolkningsökning och försämrade klimatbetingelser under senare delen av yngre bronsålder. Även sociala förhållanden har spelat en viktig roll (Björhem & Säfvestad 1993:81f och 357). Parallellt med skiftet i tamdjurens sammansättning och odlingssystem, skedde det omdaningar i keramikens utformning och i husens proportioner. Dessa förändringar skulle kunna innebära att det under yngre bronsålder skedde genomgripande kulturella förändringar av samhället som inte enbart låter sig förklaras av en intensifierad exploatering av landskapet (Björhem & Säfvestad 1993:357).

På boplatsen i Pryssgården skedde dylika omdaningar vid ungefär samma tid. På boplatsen förändrades utformningen av keramiken som nu blev allt mer mångsidig och individuell till sin karaktär. Denna förändring har förklarats med att det successivt blev allt viktigare för en familj att kunna markera sin identitet i olika sociala sammanhang (Stålbom 1998c:134f). Parallellt med dessa omdaningar skedde en ökad inre kolonisation på boplatsen och gårdarna låg tätare än under tidigare perioder. Husens inre disposition ändrades genom att förrådsgroparna koncentrerades till husens västra del. Enligt min uppfattning kan den nya dispositionen av husen möjligen ha haft ett samband med att jordbruket har fått en allt större dignitet på boplatsen och kanske framväxten av ett mera privat förhållningssätt till en viss plats, till ett stycke mark och utfallet från jorden.

Apalle och Pryssgården
De vanligaste tamdjuren i Apalle var får/get med 43%, nöt 38%, svin 14%, häst 4% och hund 1%. På boplatsen förefaller även sälfångsten och fisket haft en stor betydelse i kosthållningen och svarade för 25%, tamdjuren för 71% medan vilt och fågel svarade för en mindre roll motsvarande 1% respektive 3%

av det totala benmaterialet. På boplatsen synes man i huvudsak ha slaktat unga tamdjur vilket indikerar att köttproduktionen spelade en viktig roll för djurhållningen (Ericson et al. i tryck). Nötkreatur har producerat mjölk och har förmodligen även använts som dragdjur. Får och getter har kunnat uppnå en hög ålder vilket betyder att de kan ha använts för ull- respektive mjölkproduktion. Hästen kan i viss mån ha använts som köttdjur men i mindre omfattning än de andra tamdjuren. Flera djur uppvisar en hög ålder, vilket kan indikera att hästens primära roll var annan än köttproducent (Ericson et al. i tryck). Hästens roll synes förändras på boplatsen: under de äldre skedena ingick den i kosthållet medan den inte gjorde det i de senare skedena. Mot slutet av yngre bronsålder användes hästen som dragdjur och den förefaller knutits närmare till människorna (Ullén 1996). I Apalle har andelen svin varit konstant under hela bronsålder och det finns ingen motsvarande ökning av andel svin som den på boplatsen i Fosie. På boplatsen i Apalle var det dessutom viktigt med jakt på vilda djur för att erhålla skinn (Ericson et al. i tryck).

Liksom på de båda andra boplatserna var löpare den vanligaste stenartefakten på boplatsen i Apalle. Enligt Ullén kan den ojämna proportionen mellan antalet löpare och malstenar, samt att de kan variera i vikt, uppfattas som att löparna hade ett större användningsområde än endast att mala säd (Lindholm i tryck). Liknande tankar var vi inne på när det gällde förhållandena på boplatsen i Pryssgården, där vi bl.a. diskuterade om löparna kunde ha fungerat som ett mångfunktionellt redskap. Löparna anses även ha haft ett starkt symbolvärde i bronsålderssamhället (Stålbom 1998c:144f).

På boplatsen i Apalle har man odlat korn, speltoida vetesorter, havre och lindådra. Under loppet av bronsålder ändrades inriktningen på vad som odlades, till en början dominerade de speltoida vetesorterna för att senare ersättas med korn. Förändringen i odlingen förefaller ha sammanfallit med att det skedde omdaningar av boplatsens struktur till en ökad betoning på det enskilda hushållet (Ullén 1995b:74). Ullén ställer sig frågan om dessa skillnader var resultatet av inre sociala förändringar på boplatsen eller om de var initierade uppifrån (Ullén 1995b:74). Odlingssystemet var vid den tiden rörligt och extensivt, bestående av ett system med s.k. "vandrande åkrar" (Göthberg 2000:147).

På boplatsen i Pryssgården fanns under yngre bronsålder en omfattande och varierad odling. Det odlades korn, brödvete, speltvete, lindådra, losta, samt möjligen även lin och havre. Under äldre bronsålder odlades naket korn som under yngre bronsålder ersattes med skalkorn. Det arkeobotaniska materialet var dock inte så välbevarat på boplatsen att det har gått att se om det skedde några förändringar i odlingssammansättningen under yngre bronsålder. I frågan om tamdjurens sammansättning på boplatsen var det osteologiska materialet för dåligt bevarat för att man skall kunna göra några tillförlitliga uppskattningar av djurbeståndet. De olika bevaringsförhållandena för det osteologiska materialet på de tre boplatserna omöjliggör en jämförelse av näringshushåll och ekonomi. Resultaten från boplatserna visar emellertid det har funnits en varierad och omfattande odling under yngre bronsålder i de tre regionerna.

6.5 Sammanfattande slutdiskussion

Gemensamt för de tre bosättningarna i Apalle, Fosie och Pryssgården är att de har legat intill vattendrag och i en kustnära miljö. Intill bosättningarna i Fosie och Apalle finns kända fornlämningar med dateringar till bronsålder bestående av boplatser, gravfält, högar respektive rösen. Både i Apalle och i Fosie har det således funnits ett nära samband mellan bebyggelse och rösen eller högar. Intill Apalle fanns dessutom ett antal skärvstenshögar, hällristnings- och skålgropslokaler. Dessa hällristningslokaler utgör en utlöpare till det stora hällristningskomplexet vid Enköping. Pryssgården låg liksom bosättningen i Apalle intill flera hällristnings- och skålgropslokaler. Norrköpingsbygden utgör ett av Sveriges största hällristningsområden. Det som är märkligt med boplatsen i Pryssgården var att det intill den inte finns några kända högar, rösen och skärvstenshögar som normalt brukar indikera större bronsåldersbosättningar.

De tre bosättningarna har varit bebodda under lång tid från neolitikum till yngre järnålder, för Pryssgårdens del ända till medeltid. Utmärkande för bosättningarna under bronsålder är att de har haft ett stort antal hus av olika slag, det har funnits flera härdar, kokgropar, ett stort antal gropar och gropsystem. Intill husen har det funnits brunnar. Fyndmaterialet domineras av keramik och malstenslöpare. På de tre platserna har de stolpbyggda husen varit ungefär lika stora även om regionala skillnader funnits. I Apalle och Fosie har husen under yngre bronsålder varit lerklinade och haft lergolv. I Pryssgården har vi inga belägg för lergolv och husen kan möjligen haft en klining bestående av gödselblandad mo (Borna-Ahlkvist et al. 1998:153).

Husen i Fosie och i Pryssgården har förmodligen haft en liknande funktionell indelning, även om de senare var bättre bevarade. Husen var sannolikt uppdelade i åtminstone tre delar, med en bostadsdel, ingångsdel och en ekonomidel. I flera av husen från Pryssgården fanns det förrådsgropar eller källargropar och en majoritet av husen hade en härd i västra delen. Även husen i Apalle hade förvaringsgropar. De flesta husen från de äldre skedena i Apalle hade två rum, ett rum med en härd och ett med lergolv. I det senare rummet fanns även husets ingång. Under senare delen av bronsålder fanns lergolv i hela husen och härden låg mera centralt placerad än tidigare. Förändringen av husens inre disposition under loppet av bronsålder har enligt Ullén berott på sociala förändringar på boplatsen, där det enskilda hushållet successivt betonades på bekostnad av det gemensamma. Hon anser att detta kan ha hängt samman med förändrade familje/hushållssammansättningar eller kanske t.o.m. med en ny syn på jordägande och på boskap.

Förutom boningshus har det på boplatserna funnits andra byggnader i form av olika slags förråds- och hantverkshus. På alla tre boplatserna har det funnits fyrstolpehus. I Fosie och Pryssgården fanns det dessutom några grophus som daterats till bronsålder. I Apalle och Fosie förefaller de mindre byggnaderna i form av uthus bli vanligare mot slutet av yngre bronsålder. Uppkomsten av dessa mindre byggnader har använts som belägg för att man successivt

började separera olika verksamheter från varandra. På boplatsen i Pryssgården var mindre byggnader vanligare under den äldre delen av yngre bronsålder. Frågan är vad dessa skillnader betyder; är det bara en tolkningsfråga, p.g.a. olika bevaringsförhållanden, eller har det i Pryssgården på ett tidigare stadium funnits en mera specialiserad gårdsstruktur än på de båda andra boplatserna? För att få svar på denna fråga krävs ett större jämförelsematerial för att få en bättre kännedom om gårdarnas utformning och om det har funnits regionala skillnader.

En gård under yngre bronsålder har bestått av ett större och ett mindre hus. På boplatsen i Fosie verkade gårdsstrukturen vara reglerad då det mindre huset alltid låg norr om långhuset. I Pryssgården var det yttre rummet för gården annorlunda. Där kunde det mindre huset ligga i lite olika lägen i förhållande till långhuset. På boplatsen har det förmodligen funnits någon form av reglering i gårdarnas placering, eftersom de aldrig överlagrar varandra och de dessutom ligger på regelbundna avstånd, se kap. 4.4.2 och 5. I Apalle har Ullén inte närmare diskuterat gårdsstrukturer. Men eftersom det har funnits fyrstolpehus och andra mindre byggnader på boplatsen kan man antaga att en gård även i Apalle bestod av ett större och ett mindre hus. Gemensamt för de tre boplatserna är att det förefaller ha varit viktigt med kontinuitet och traditioner. På boplatserna i Fosie och Pryssgården har detta tagit sig i uttryck bl.a. genom att man har visat hänsyn till de äldre husen när ett nytt har byggts. I Apalle har man istället återanvänt delar av de äldre husen vid uppförandet av nya hus.

På boplatserna har det under bronsålder skett en befolkningsökning, där antalet gårdar har ökat. På boplatsen i Fosie tror Björhem och Säfvestad att det har funnits en relativt fast bebyggelse med kontinuerligt bebodda boplatsytor under lång tid. Däremot har de inte riktigt tagit ställning till om det kan ha varit frågan om en fast eller rörlig bebyggelsestruktur. På boplatsen anser de att gårdarna har legat utspridda på ett hör- och synavstånd och att dessa samverkade i någon form redan under yngre bronsålder. I Apalle har bebyggelsen bestått av en fast organisation med en stark kontinuitet över tid. Bebyggelsen har inte ingått i ett system med ensamliggande gårdar utan anses snarare kunna jämföras med de mindre jylländska landsbyarna från slutet av bronsålder och äldre järnålder. Den byliknande bebyggelsen i Apalle upphörde i slutet av bronsålder då bebyggelsen splittrades upp i ensamliggande gårdar. Denna förändring i bebyggelsestrukturen kan ha berott på en ändrad produktionsinriktning med gödslade åkrar.

Bebyggelsen i Pryssgården torde ha bestått av en stabil och permanent bebyggelse som inte utgjorts av en kringflyttande gårdsbebyggelse. Under yngre bronsålder har det inom undersökningsområdet funnits åtminstone tre samtida gårdar, som legat på 70–140 m avstånd från varandra. I de centrala delarna av boplatsen fanns två samtida gårdar som bara låg 40 m från varandra, som möjligen skulle kunna vara ett embryo till en by. Det arkeologiska materialet är emellertid otillräckligt för att kunna belägga en bybebyggelse redan under yngre bronsålder. Området kring Pryssgården har förmodligen vid denna tid varit fullkoloniserat, med någon form av reglering av bebyggelsen. De olika gårdarna har samverkat i någon form.

På alla tre boplatserna, i Apalle, Fosie och Pryssgården, kan det ha skett förändringar vid ungefär samma tid, dvs. under yngre bronsålder. Dessa förändringar har tagit sig lite olika uttryck, men det är tydligt att någonting genomgripande har skett på respektive plats. Frågan är enligt Ullén om dessa omdaningar var resultatet av inre sociala förhållanden eller om det var något som initierades utifrån, av en övergripande organisation, eventuellt i kombination med ändrade miljöförhållanden (Ullén 1995b:74). Det som går att iakttaga på de olika boplatserna är fragmenten efter en frusen process där källan till förändringen kan vara svår att identifiera. Förmodligen har skeendet skett i symbios, mellan såväl inre som yttre faktorer, där såväl ideologiska, sociala, ekonomiska som mera klimatmässiga förhållanden har spelat viktig roll. Det som skulle kunna tala för att det främst är frågan om yttre faktorer som initierat förändringarna är att de har skett vid ungefär samma tid på vitt skilda platser. Hur dessa sedan kan ha tagit sig uttryck kan vara mera beroende av inre sociala förhållanden och traditioner på respektive plats. Detta skulle i så fall inne-

bära att vi måste räkna med att det har funnits en mångfald i utformningen av bosättningars struktur och organisation under bronsålder.

Ett gemensamt drag för de tre boplatserna var att det fanns skulpterade figurer av olika slag som ansetts ha en symbolisk innebörd för bronsåldersmänniskorna. I Apalle fann man två små lerfigurer föreställande en liten gris och en älg, som har daterats till ungefär 900-talet f.Kr. I Medelhavsområdet och Centraleuropa var det vanligt med miniatyrer under bronsålder, i nordiskt område har de oftast förekommit på neolitiska bosättningar. Figurerna har förmodligen haft en rituell roll och är funna både intill gravar, husaltare och i gropar (Ullén 1999:63f och där anf.litt.). På näraliggande hällristningar till boplatsen finns även svinen som motiv, vilket innebär att de har haft en mytologisk funktion i bronsålderns samhälle (Ullén 1999:66). Även på hällristningarna i Himmelstalund, i närheten av Pryssgården, är svinen ett vanligt motiv.

Vid utgrävningarna i Fosie påträffades två stenskulpturer, kallade gubben och gumman. Dessa kan ha haft en symbolisk eller ideologisk innebörd för människorna på platsen (Björhem & Säfvestad 1993:60f). I Pryssgården fanns en liten figurin i lera som ansetts vara en gudom från yngre bronsålder. Den även den vara en influens från Centraleuropa eller Medelhavsområdet (Stålbom1998 och Borna-Ahlkvist 2001). Både på boplatsen i Apalle och i Fosie fanns s.k. skålgropsstenar, men sådana saknades i materialet från Pryssgården. Däremot fanns en liknande skålgropssten i det näraliggande gravfältet i Ringeby. Den typen av skålgropsstenar förekommer då och då i gravar från stenålder till romersk järnålder, stenar som kan ha haft en rituell och symbolisk innebörd för dåtidens människor (Kaliff 1995:91ff).

De tre exemplen på bronsåldersboplatser visar att det fanns en stabilitet, med tydliga gårdsstrukturer och att det skedde en sammandragning av bebyggelsen redan under yngre bronsålder. Dessa förändringar i utnyttjandet av det fysiska rummet brukar inom den arkeologiska bebyggelseforskningen oftast föras till äldre järnålder (Hedemark 1996, Olausson 1998, Göthberg 1999, 2000:121, 140 och 165).

Fysisk och rituell kommunikation

kapitel 7

Frågeställningar

- Hur har olika ritualer, kosmologin, ideologiska och sociala värderingar påverkat människornas utformning av boplatsens inre struktur och hur har dessa påverkat människornas förhållningssätt till omvärlden?
- Vilken betydelse hade boplatsens strategiska läge?
- Var begravdes de döda anfäderna?
- Hur förhåller sig hällristningarnas läge i landskapet till bebyggelse och kommunikationer?

7.1 Kommunikation och centralområden

ÖSTERGÖTLAND OCH ÖSTRA MELLANSVERIGE utgör perifera nordliga områden till den Sydskandinaviska bronsålderskulturens kärnområden. Samtidigt har dessa områden fungerat som betydelsefulla mötesplatser för kulturinfluenser från olika håll, där Östersjön har fungerat som en viktig förbindelselänk mellan olika kulturer.

Under senneolitikum har bebyggelsen i Östergötland expanderat. Olika centralbygder började nu successivt träda fram. Landskapet har av flera forskare delats in i tre centralbygder (Nordén 1925, Nerman 1936 och 1956-57, Larsson T.B. 1986 och 1993, Kaliff 1992b och Nilsson 1992), se fig. 43. Bygderna har tagits fram utifrån förekomst och frekvens av fornlämningstyper som; hällristningar, gravhögar, skärvstenshögar, rösen och lösfynd av metall.

Boplatsen i Pryssgården låg i det östra centralområdet och hade ett mycket strategiskt läge för kommunikationer. Söder om den stora bosättningen ligger Motala ström som var en av landskapets viktigaste vattenvägar för transporter, fig. 45. Vid Pryssgården möter strömmen kusten. Området har varit en betydelsefull knutpunkt mellan västliga och östliga kontakter, se fig. 44. Bebyggelsen har under bronsålder legat i ett kustläge vid Motala ströms utlopp. Platsen låg längst ut på ett ca 3 km smalt näs mellan Östersjön och sjön Glan, se fig. 46. I början av bronsåldern bildades genom landhöjningen ett antal forsar i Motala ström, där ett av de största fallen finns i Fiskeby strax söder om Pryssgården. För att komma förbi forsarna var man tvungen att antingen lasta om frakten eller att dra båtarna förbi fallen. Dessa områden med forsar var angelägna att kontrollera och utgjorde betydelsefulla mötesplatser för människor som kom från olika platser och kulturer. Sådana mötesplatser har säkerligen funnits vid hällristningarna i Himmelstalund och Fiskeby. Både söder och norr om Motala ström i Norrköping finns

Foto: Hélène Borna-Ahlkvist, Riksantikvarieämbetet.

ett antal stora hällristningsområden, som sammantaget utgör ett av Sveriges största. I Östergötland har hela detta område fungerat som en av de viktigaste kontaktytorna för externa influenser. Platsen kan fungerat som ett nålsöga för kommunikationer mellan såväl lokala, regionala som långväga kontakter.

Från bronsålder märks olika slag av externa influenser i det arkeologiska materialet från dagens Polen, östra delarna av Tyskland och Baltikum. Den kontinentala Lausitzkulturen var en viktig influens för utformningen av keramiken i södra och östra Skandinavien (Kaliff 1997:30f). I närheten till Pryssgården fanns ett stort gravfält i Klinga i Borgs socken med två av Sveriges äldsta urnebrandgravar (Stålbom 1994:33). Införandet av urnegravskicket har förmodligen varit en del av ett kulturellt utbyte över Östersjön med Lausitz- och urnefältkulturen. I Norrköpingsbygden kan det ha funnits livliga primära kulturella förbindelser med områden på andra sidan av Östersjön (Kaliff 1997:32).

På boplatsen syns dessa kontakter i det arkeologiska materialet, framförallt hos keramiken. I den äldre fasen av yngre bronsålder finns inslag av strimmig keramik som visar på möjliga kontakter österut, mot Avsa-traditionen i Baltikum, Finland och Ryssland (Gustavsson 1997:67ff och Stålbom 1998c:128 och där anf.litt.). I keramikmaterialet finns det även enstaka rabbiga kärl som var fingerdragna och kan vara influerade från Otterbötebosättningen på Åland (Gustavsson 1997). Den nordiska keramiktraditionen kan även ha ingått som en del i ett övergripande kulturområde, i vilket Lausitzkulturen ingick (Larsson, T.B. 1993:126f och Stålbom 1998c:128). Den på boplatsen funna unika figurinen i keramik kan vara en influens från Centraleuropa alternativt östra delarna av Medelhavsområdet (Stålbom 1998b och Borna-Ahlkvist 2001). Även husmaterialet uppvisar likheter i sitt formspråk influerade av kontakter med andra områden i södra delarna av Skandinavien (Borna-Ahlkvist 1998b:53ff).

Norrköpingsbygden kan varit en av Östersjöns många kulturella knutpunkter och mötesplatser. Platsen kan s.a.s. ha fungerat som en port till Östersjön och främmande kulturer. Här kunde man förmodligen under forntiden via Vättern och vattendragen i Västergötland förena Östersjön med Kattegatt och Skagerack. I denna mångkulturella miljö ligger boplatsen i Pryssgården. Boplatsens strategiska läge har haft en avgörande roll för framväxten av den unika bebyggelsebild som finns i området. Människorna i Pryssgården tog på olika sätt del av dessa kulturella kontakter och influenser. Det har varit en betydelsefull plats att kontrollera.

7.2 Hällristningar

Inom hällristningsforskningen finns många frågeställningar och förslag kring dess innebörd, som jag inte går in på närmare i detta sammanhang. Istället förs en diskussion kring hällristningarnas läge i landskapet i relation till bebyggelse och kommunikationsnät.

Inom forskningen har en del forskare analyserat hällristningarna i relation till dåtidens samhälle, som Bertilsson (Bertilsson 1989 och 1994), medan andra har intagit ett mera religiöst förhållningssätt till ristningarna som t.ex. Hultkrantz, Kaliff, Malmer och Görman (Görman1987, Hultkrantz 1994, Malmer 1994 och Kaliff 1999a). I olika sammanhang har Nordbladh ägnat sig åt studium av symbolikens innebörd på hällristningarna. Ett mera strukturalistiskt förhållningssätt har Hedengran i sin analys av skeppen (Hedengran 1990). Hon ser skeppen som symboler, ett medium för bronsåldersmänniskornas syn på liv och död. Gröhn har i sin uppsats lyft fram vikten av att se hällristningarna som ett aktivt och dynamiskt kommunikationsmedel för flera olika slags syften. Hon instämmer med de forskare som anser att hällristningarna bör ses utifrån de agerandes perspektiv istället för ur betraktarens (Gröhn 1995:51 och där anf.litt.).

I Norrköpingsbygden finns Sveriges näst största ansamling med hällristningar, med en av Europas figurrikaste lokaler vid Himmelstalund. Norr om Motala ström finns tre stora hällristningsområdena, Himmelstalund, Ekenberg och Leonardsberg, fig. 47. Dessa lokaler ligger bara 1 km sydöst respektive sydväst om bosättningen i Pryssgården. Flertalet av hällristningarna i Norrköpingstrakten anses traditionellt ha tillkommit under äldre bronsålder omkring period II (Nordén 1925 och Larsson, T.B. 1993). Ristandet i Himmelstalund kan ha förekommit under hela bronsålder.

Bara inom Östra Eneby socken finns ca 1000 skeppsfigurer och närmare 400 djurristningar. Utmärkande för de senare är den stora dominansen av ristningar med svin. Förutom svinristningar finns hjortar, älgar, ett 60-tal hästar och enstaka nötkreatur. Det som är intressant på dessa ristningar är blandningen mellan tamt och vilt, med en dominans för det vilda. Men djurristningarna visar även att de har varit viktiga symbolvärden i bronsålderssamhället. Dessa bilder av svin, hästar, nötkreatur och hjortar kan jämföras, anser Hauptman Wahlgren, med de djurben som finns på boplatser, skärvstenshögar och i gravar (Hauptman Wahlgren 1995). Liknande tankar var jag inne på i samband med beaktandet av djurben i hus, i kap. 3.4.2. På ristningar där hästar förekommer är de antingen ensamma eller i par, ofta förefaller de inte haft någon specifik syssla. I en del fall drar hästarna skepp eller vagnar vilket har föranlett hypotesen att hästarna snarare hörde hemma i ett kultiskt sammanhang än i ett agrart (Selinge 1994:153).

Figursammansättningen skiljer sig mellan de tre hällristningslokalerna vilket man velat förklara med att de har fyllt olika funktioner i bronsålderssamhället (Selinge 1994:154 och Kaliff 1999:69). På samtliga lokaler dominerar skeppsristningarna, men sedan upphör likheterna. Utmärkande för lokalen i Ekenberg är det stora inslaget av mansfigurer som ofta är i processioner eller i andra scener, fig. 48. Speciella är de lurblåsande Adoranterna som går i procession. I Leonardsberg finns den för Östergötland unika stora mansristningen med uppsträckta händer som håller i ett spjut. Denna ristning uppvisar likheter med de förmodade gudafigurerna i norra Bohuslän. Det som är typiskt för Himmelstalundsristningarna förutom omfattningen av ristningarna, är de stora svinhjordarna, men även de märkliga ramfigurerna, fig. 49. Vad de senare symboliserar är ovisst, kanske illustrerar de fångst- eller fiskenät. Skeppen kan enligt

Thomas B. Larsson ses som representanter för verkliga skepp men kan samtidigt vara rituella symboler. Farkosternas praktiska funktion för kommunikationer, allianser och varuutbyten kan på hällristningarna fått en upphöjd och rituell funktion (Larsson, T.B. 1993:111 och 1995:10). Svinen anser han kan symbolisera fester, ceremonier och större sammankomster, som relaterar till en hövdingaelit snarare än till vanliga människor. Svinhållning förklaras ofta som en köttreserv som användes vid större festligheter. Ristningarna vid Himmelstalund som föreställer svin kan relatera till festligheter som ägde rum i samband med större folkansamlingar och varuutbyten (Larsson, T.B. 1993:111 och 134). Ristningarna vid Ekenberg har utifrån sina figursammansättningar uppfattats som en regional kultplats (Selinge 1994:154). Kaliff anser att hällristningslokalerna har fungerat som religiösa centra, där de som centrala kult- och samlingsplatser hade viktig funktioner som kontaktyta för influenser och förändringar. De stora hällristningslokalerna kan ha varit platserna för en sammanhållen offentlig kult, men även haft en viktig roll för ett varu- och idéutbyte (Kaliff 1997:31). De omfattande hällristningsområdena vid Himmelstalund kan ha fungerat som ett överregionalt centrum (Bertilsson 1994:37f och Kaliff 1999:49).

Sambandet mellan hällristningar och transportvägar har diskuterats av flera forskare. Wigren har i Södermanland sett att de största hällristningsområdena ligger i anslutning till stora farleder (Wigren 1987:64). Liknande förhållanden har Weiler påvisat i sitt arbete om Västergötland (Weiler 1994). I Västergötland låg de två största hällristningsområdena i viktiga passager i de äldre distributionsnäten, nämligen Göta älvs första biflöde och första vattenfall samt vid Kinnekulle. De gamla fjärrhandelsvägarna från kusten och in inlandet utgick från de kustområden där det gick att ta sig längst in i landet sjövägen (Weiler 1994:111). Falbygden ser hon som en mellanhandsposition som fungerat som en länk mellan Vänern och Vättern. I Västergötland förefaller det som att de platser som var centrala i kommunikationerna mellan äldre områden under

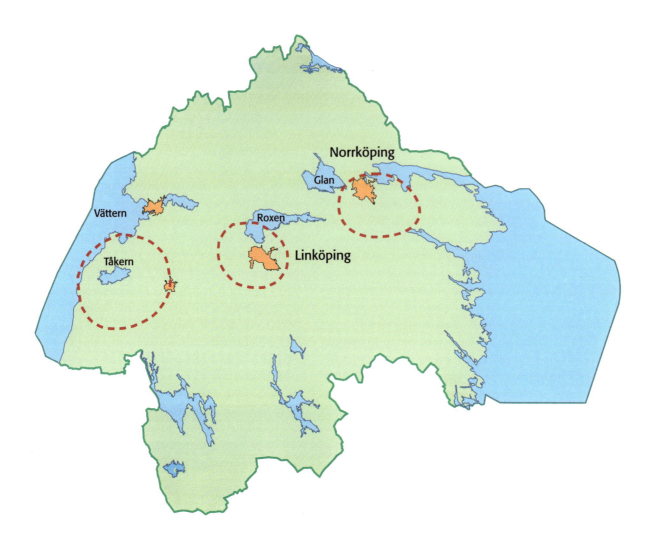

Fig. 43. De tre centralbygderna i Östergötland. Den västra centralbygden låg i de rika jordbruksbygderna kring sjön Tåkern och sträckte sig söderut mot Hästholmen. Den centrala låg i jordbruksbygden söder- och sydväst om sjön Roxen. Den östra låg i västra delen av Vikbolandet samt i områdena mellan Bråviken och sjön Glan (Norrköpingsbygden).

yngre bronsålder fick en ny funktion. Dessa äldre transitområden fylls nu av bebyggelse och odlas upp (Weiler 1994:111). Förändringen av transportvägar och omläggningen av bebyggelsen i Västergötland under äldre och mellersta bronsålder påskyndade förmodligen upplösningen av de gamla kontaktnäten och familjestrukturerna i det äldre samhället. När dessa kontakters betydelse successivt minskade raserades det gamla skyddsnätet och förutsättningar skapades för införandet av nya värderingar och tankesätt. I det arkeologiska materialet syns dessa ideologiska förändringar genom att megalitgravarna försvinner och att jordbegravningar ersätts med kremation. Vid ungefär samma

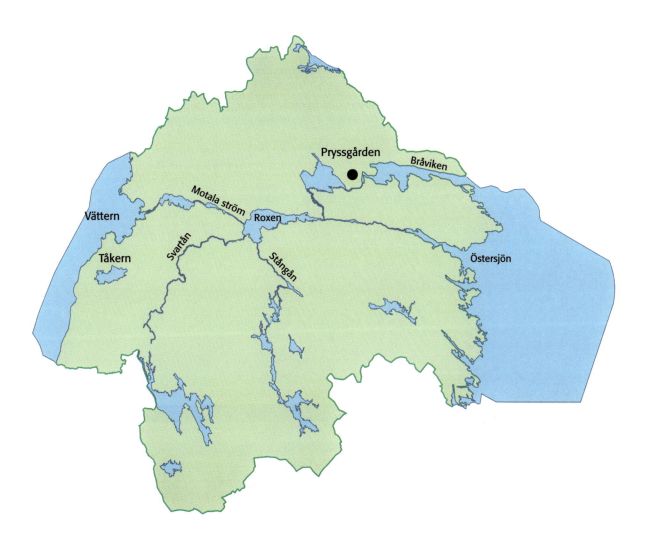

Fig. 44. Motala ström har varit en av landskapets viktigaste vattenled i öst–västlig riktning, som förbinder Vättern med Östersjön. Centralt i Östergötland finns sjön Roxen med Svartån och Stångån som var transportvägar i nord–sydlig riktning genom landskapet.

tid börjar bronsen få en ökad ekonomisk betydelse (Weiler 1994:147). Hällristningarna låg ofta strategiskt placerade i landskapet, längs dåtidens kommunikationsnät och i närheten av områden som röjdes för nyodling. Intill dessa områden finns ofta stora gravar och skärvstensrösen (Weiler 1994:148).

För Bohusläns del är Bertilsson inne på liknande tankar kring relationen mellan bebyggelse och hällristningar, där han ser Bohuslän som ett transitområde i handeln av bronser och prestigevaror mellan de två centralområdena i Danmark och Västergötland. Bohuslän var ett centralområde ur ett kommunikativt strategiskt perspektiv, men var

177

Fig. 45. Översiktsbild över Motala ström i bakgrunden skymtar Bråviken. Bosättningen låg på sydsluttningen av Norrköpingsåsen ned mot Motala ström och markeras med en pil. Foto: Jan Norrman, Riksantikvarieämbetet.

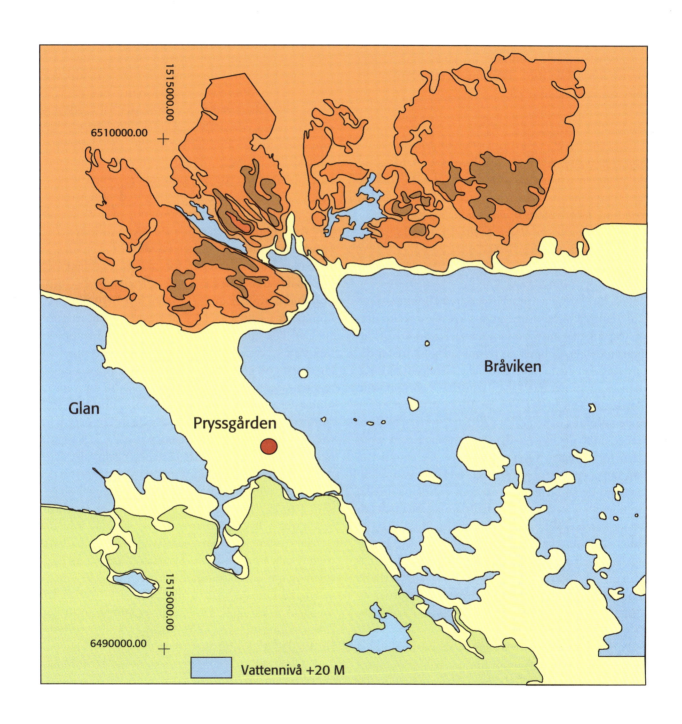

Fig. 46. Bosättningen låg under bronsålder på ett smalt näs, mellan Östersjön och sjön Glan.

samtidigt ett marginalområde beträffande bronserna. På hällristningarna finns avbildningar av olika slags bronsföremål, vapen och redskap, som motsvarar de föremål som passerat genom Bohuslän till Västergötland och eventuellt än längre in i landet (Bertilsson 1989:106). Han anser att motiven på hällristningarna visar på:

"... elements and expressions of great general ideological importance for the local society, i.e. ideas and elements of vital importance for the stability of the social order and the reproduction of the social structure. Expressions of ideas which serves to justify and legitimate the claims to power of the social elite" (Bertilsson 1989:107f).

Denna förklaring av innebörden av hällristningarna skall, enligt honom, vara en mycket mera framkomlig väg än den mera traditionella religiösa förklaringsmodellen. Enligt hans resonemang har ristandet varit mycket mera centraliserat i Östergötland och Skåne än vad det har varit i Uppland och Bohuslän (Bertilsson 1989:104). Frågan är om man kan skilja på den profana och andliga världen? Som jag tidigare berört finns det flera olika uppfattningar om detta inom forskningen, se även kap. 3.4. Ceremonierna som fanns runt om hällristandet har Bertilsson jämfört med de som tidigare förekom vid de neolitiska monumenten. Festandet vid hällristningarna och ristandet kan ha skett vid vissa speciella tillfällen, som årligt återkommande tillställningar. Dessa ceremonier kan ha varit öppna för människorna i det småskaliga samhället som var ett sätt att upprätthålla den sociala ordningen. Själva ritualerna utfördes av specialister som var kontrollerade av lokala ledare (Bertilsson 1989:109).

På ett liknande sätt kan man se Norrköpingsbygden, som ett centralområde ur ett kommunikativt strategiskt perspektiv men samtidigt som ett marginalområde beträffande bronserna. Däremot har man varit väl förtrogen med t.ex. olika bronsvapens former och utseende vilket syns i motiven på hällristningarna. Inom Östergötland finns stora skillnader i spridningen och sammansättningen av bronser (Larsson T.B. 1986). I de västra delarna av landskapet finns under äldre bronsålder de flesta prestigeföremålen varav flera kan vara frågan om rena importvaror. I de östra delarna av landskapet finns det betydligt färre bronsföremål och dessa är oftast olika slags redskap som hörde till vardagens sfär (Larsson, T.B. 1995). Under yngre bronsålder synes den forna dominansen i de västra delarna av landskapet ha avtagit. Nu framträder istället de mera östliga delarna av landskapet. Denna förändring skulle kunna vara av motsvarande slag som har kunnat beläggas för Västergötland, som Weiler anser höra samman med att de äldre kontaktnäten och familjestrukturerna successivt bröt samman. Nu skapades förutsättningar för nya värderingar och tankesätt, där marker som legat längs de forna kommunikationslederna röjdes för nyodling. På boplatsen i Pryssgården kan denna förändring avspeglas i husmaterialet. Under äldsta bronsålder fanns ett stort tvåskeppigt hus som låg i ett manifest läge med god sikt över Motala ström, medan under mellersta och yngsta bronsålder skedde en omfattande expansion av bebyggelsen, samtidigt som jordbruket tenderade att få en allt större betydelse för människorna på boplatsen, se kap. 3.5. Tidigare har man ibland ansett att hällristningslokaler låg i periferin till bosättningar, medan skålgropslokaler och skärvstenshögar indikerade bosättningar (Larsson, T.B. 1993:149). Detta synsätt kan bl.a. utifrån resultaten i Pryssgården ifrågasättas. Här kan det istället finnas ett klart samband mellan hällristningar och bosättningar. Thomas B. Larssons uppfattning om hällristningarna är märklig eftersom de sydskandinaviska hällristningarna ofta kallas för jordbruksristningar. De har ansetts ligga intill den forna odlingsmarken och tillhört en kultur som varit präglad av jordbruket (Bertilsson 1994:91).

I Östergötland synes spridningen av föremål, skärvstenshögarnas och hällristningarnas rumsliga utbredning hänga samman med de gamla kommunikationslederna. Dessa är samtliga nära förknippade med vattenvägen som går från Bråviken i öster via

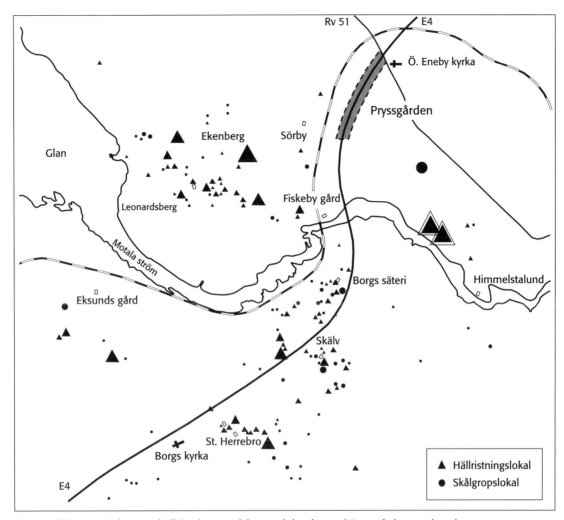

Fig. 47. På kartan är de stora hällristningsområdena och boplatsen i Pryssgården markerade. Kartan är efter Solveig Hambergs karta (Selinge 1994). Skala 1:40 000.

sjöarna Glan, Roxen, Boren och ut i Vättern, den vattenväg som idag kallas för Motala ström. En annan slående likhet mellan Östergötland och Västergötland finns i hällristningarnas placering i landskapet. På båda ställena ligger de största ansamlingarna av hällristningar i anslutning till vattenledernas,

Göta älvs respektive Motala ströms första forsar och större vattenfall. Uppenbarligen har dessa platser varit naturliga samlingspunkter och fyllt en viktig funktion för utbyte av kontakter och varor. En parallell kan även dras till hällristningarna i Nämforsen i Ångermanland.

7.3 Var begravde man sina döda?

"Graves, like other religious and sacred places, receive their forms on the basis of defined symbolic patterns with which people want to achieve or illustrate something. This may be a symbolic picture of life, death, rebirth, or a symbolic cosmology. The grave also has another function, as a place of communication between the dead and the living or between gods and men. The actual grave as a symbol is also closely associated with birth and transformation, and the perception of the grave as a place for initiation and rebirth has an almost archetypal character in human consciousness. The form of the grave and the funeral rituals also reflect collective ideas about what happens to a person after death" (Kaliff 1998:450).

Gravar från äldre bronsålder är idag helt okända i Norrköpingsområdet. Rösen och högar av äldre bronsålderstyp förekommer i trakterna kring Söderköping och på Vikbolandet. I de västra delarna av landskapet finns senneolitiska hällkistor med gavelhål av västsvensk modell och storhögar från äldre bronsålder (Larsson, M. 1998:23f och Stålbom opublicerat manus). Traditionen med att bygga storhögar kan ha sträckt sig norrut längs de västsvenska vattensystemen. Det kan innebära att Östergötland under de äldre delarna av bronsåldern framförallt hade kontakter västerut. Traditionen med de stora stenrösena som är vanligt förekommande på det småländska höglandet och vid Kalmar sund är en relativt ovanlig företeelse i Östergötland (Hyenstrand 1979). De senare har bearbetats i en doktorsavhandling (Widholm 1998).

Från yngre bronsålder är kunskapsläget dock betydligt bättre, inte minst med hänsyn till de senaste årens utförda arkeologiska undersökningar, se fig. 51. I flera av Norrköpingsbygdens järnåldersgravfält finns det en kontinuitet bakåt i tiden till yngre bronsålder. Två av de mest kända är de under 1950-talet undersökta gravfälten vid Fiskeby, som ligger ca 1 km sydväst om bosättningen i Pryssgården. På Fiskebygravfälten har människor begravts ända från yngre bronsålder och upp i vikingatid (Lundström 1970). Gravfälten i Fiskeby ligger förmodligen för långt bort från bosättningen i Pryssgården, för att kunna ha tillhört bosättningen. Dessutom var delar av området mellan boplatsen och gravfälten mycket sanka under bronsålder. Någon kilometer nordväst om Pryssgården vid Tråbrunna gamla tomt ligger ett urnegravfält som varit föremål för mindre undersökningar. Gravfältet har daterats till förromersk järnålder men kan möjligen även innehålla ännu äldre gravar (Elfstrand 1994). Strax söder om Östra Eneby bytomt fanns enligt äldre uppgifter ett höggravfält, Raä 140, som har förstörts under 1900-talet (se fig. 2). Gravfältet blev föremål för en efterundersökning under 1970-talet varvid bygravfältet kunde dateras till yngre järnålder och den äldre bosättningen daterades till äldre järnålder (Nilsson 1974).

Ett stort gravfält fanns vid Klinga ett par km sydväst om Pryssgården. På gravfältet har undersökts ett 100-tal gravar med dateringar från bronsålder till äldre järnålder. I Klinga fanns ett par av Sveriges hittills äldsta urnebrandgravar och ett kult- och dödshus från yngre bronsålder (Stålbom 1994:33). Ringebygravfältet låg under bronsålder på en ö i inre delen av Bråviken. På gravfältet har man funnit ett 60-tal

Fig. 48. Hällristningsmotiv från Ekenberg, män som går i procession. Foto: Annika Toll, Norrköpings stadsmuseum.
Fig. 49. Hällristningsmotiv från Himmelstalund en jaktscen med svinhjord. Foto: Mikael Parr, Norrköpings stadsmuseum.

Fig. 50. Rakkniven med de stiliserade hästhuvudena har förmodligen ett centraleuropeiskt ursprung och är från yngre bronsålder. Den påträffades i en grav på 1950-talet vid Herstaberg i närheten av Ringebygravfältet, inv. nr 26524. (Carlsson 1960). Återigen förekommer hästen i ett symboliskt sammanhang.
Foto: Jan Eve Olsson, Riksantikvarieämbetet, Institutionen för konservering.

bengömmor. Det vanligaste gravskicket bestod av rensade brända ben, nedlagda i en urna, direkt i en grop eller spridda (Kaliff 1996:81f). På gravfältet fanns även ett par förmodade kremeringsplatser och ett kulthus. Den forntida ön vid Ringeby har kanske fungerat som en viktig samlingsplats, där den under yngre bronsålder hade en funktion som en kult- och gravplats för människor som bodde i trakten (Kaliff 1996:84). Söder om Motala ström har under senare tid undersökts gravfält vid Skälv, bestående av ett 60-tal gravar med dateringar till yngre bronsålder–romersk järnålder (Kaliff 1993). I Norrköpingstrakten finns åtminstone fyra större kända urnegravfält (Lundström 1970, Stålbom 1994, Hörfors 1995 och Kaliff 1996). De tidiga urnebrandgravarna i Klinga är, liksom figurinen i Pryssgården och de relativt vanliga förekomsten av keramik av Lausitztyp i gravfälten och på boplatser, indikationer på kontakter med kontinenten (Stålbom 1994, 1998a och 1998c, Kaliff 1996 och Karlenby 1996).

Gravfälten till den stora bosättningen från bronsålder i Pryssgården måste ha funnits på betydligt närmare håll än de tidigare omtalade gravfälten. Förmodligen kan de ligga dolda under åkermarken eller under villabebyggelse. Trots idoga försök i fält gick det inte att finna gravar i anslutning till den stora bronsåldersbebyggelsen i Pryssgården. I Östergötland ligger gravfälten från yngre bronsålder och äldre järnålder på grusåsar och höjdsträckningar intill äldre bosättningar (Nilsson 1987). Kanske innebär detta att bosättningens gravplats låg norr om själva boplatsen uppe på krönet av Norrköpingsåsen? Måhända kan man även ha begravt en del av sina döda ute på Ringebyön. Avsaknaden av kända intilliggande gravar har inneburit att min analys av gårdarna på boplatsen har fått ske utan en rumslig relation till gravfält.

Bakgrunden till det nya gravskicket kan, enligt Weiler, hänga samman med att de äldre kulturella kontaktnäten brutits, nya marker togs i anspråk och att den äldre samhällsordningen successivt luckrades upp. Dessa förändringar innebar för många människor att banden till den äldre kollektiva begravningsplatsen för släkten förlorade sin betydelse och man hade inte längre en "jordisk" koppling till sina förfäder. Upplösningen av det äldre samhället med dess värderingar bör ha underlättat accepterandet av ett nytt gravskick (Weiler 1994:156f). Det nya gravskicket innebar ett nytt synsätt på själens vistelse efter döden. Kanske innebar det nya gravskicket att man trodde att själen istället vistades bland de levande på boplatsen. Den äldre förfäderskulten tog sig nya uttryck. Delar av den flyttade in på boplatserna och in i husen. Kontinuiteten som tidigare hade

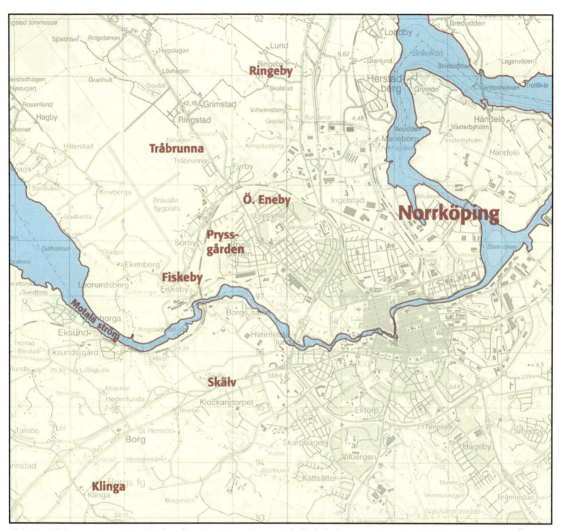

Fig. 51. På kartan över Norrköpingsbygden finns de omtalade lokalerna markerade. Fiskeby, Tråbrunna, Östra Eneby, Klinga, Ringeby, Skälv. Utdrag ur topografiska kartan över Norrköping (här återgiven något förminskad).

upprätthållits vid monumenten var nu angelägen att kunna belägga på boplatserna för att människorna skulle erhålla vissa rättigheter i det småskaliga samhället. Förändringen i gravskicket ser Weiler som en övergång till en mera individcentrerad ideologi än tidigare, samtidigt som man gick över till mera personifierade gudar eller naturfenomen (Wei-

ler 1994:168). Dessa förändringar har givetvis varit en långdragen process som har slagit igenom olika snabbt och tagit sig varierande uttryck på skilda platser. I kap. 6 diskuterades hur dessa förändringar kan synas på boplatser, som kan vara indikationer på ett successivt allt mer individrelaterat samhälle under bronsålder.

185

Slutord

kapitel 8

AVSIKTEN MED MIN AVHANDLING har varit att försöka
förstå bronsålderns samhälle och ideologi utifrån be-
byggelsens inneboende symbolik, utformning och
struktur. I alla samhällen utgör hushållet den minsta
sociala enheten. Huset och hushållen utgör centrum
för människors liv. Hur man har valt att organisera
sin tillvaro har skett i en samverkan med den övergri-
pande kosmologin och ideologin. Hus och boplatser
kan liksom gravar och gravfält användas i tolkning-
en av olika samhällens värderingar, föreställnings-
värld och strukturer. Grunden för mitt arbete baseras
på en mikroanalys av den stora bosättningen i Pryss-
gården.

Bosättningen i Pryssgården utgör en av Sveriges
största kända förhistoriska boplatser. Den upptäck-
tes i samband med ett motorvägsbygge av E4:an i
utkanten av Norrköping. Här har människor bott
och varit verksamma under minst 4000 år, från slutet
av stenålder fram till idag. De arkeologiska resulta-
ten från undersökningen visar att det funnits en om-
fattande bosättning med tyngdpunkt från bronsålder
och äldre järnålder. Fältarbetet skedde under åren

1993 och 1994 och resultaten från undersökningen
finns publicerade i rapporten (Borna-Ahlkvist et al.
1998).

Östergötland utgör ett perifert nordligt område
till den sydskandinaviska bronsålderskulturens kärn-
områden. Samtidigt har Östergötland fungerat som
en betydelsefull mötesplats för kulturinfluenser, där
Östersjön har fungerat som en viktig länk mellan oli-
ka kulturgrupper. De externa influenser som syns i
det arkeologiska materialet kommer framförallt från
dagens Polen, östra delarna av Tyskland och Balti-
kum, men även från Finland och Ryssland. Husen
uppvisar i sitt formspråk influenser från olika delar
av Sydskandinavien.

Bebyggelsen i Pryssgården har under bronsålder le-
gat vid kusten intill Östersjön vid Motala ströms ut-
lopp. Boplatsen låg längst ut på ett 3 km smalt näs
mellan Östersjön och sjön Glan. Söder om bosättning-
en flyter Motala ström som var en av landskapets vik-
tigaste vattenvägar för transporter. I början av brons-
åldern bildades genom landhöjningen ett antal forsar i
Motala ström, där ett av de största fallen ligger strax

Foto: Hélène Borna-Ahlkvist, Riksantikvarieämbetet.

söder om bosättningen. För att komma förbi forsarna var man tvungen att antingen lasta om frakten eller att dra båtarna förbi fallen. Dessa områden var viktiga att kontrollera och blev betydelsefulla mötesplatser för människor som kom från olika platser och kulturer. Norrköpingsbygden har förmodligen varit en av Östersjöns viktigaste kulturella knutpunkter. Här kunde man under forntiden via Motala ström, Vättern och vattendragen i Västergötland binda samman Östersjön med Skagerack och Kattegat. I denna mångkulturella miljö ligger boplatsen i Pryssgården. I närheten av Motala ströms forsar finns Sveriges näst största ansamling av hällristningar. Dessa hällristningsplatser har förmodligen fungerat som centrala kult- och samlingsplatser för en stor grupp människor. De bör därmed ha varit betydelsefulla som kontaktpunkter för influenser och förändringar. Festandet vid hällristningarna och ristandet har skett vid speciella tillfällen, kanske som årligen återkommande tillställningar. Dessa ceremonier var ett sätt att upprätthålla den sociala ordningen i det småskaliga samhället. Själva ritualerna kanske utfördes av specialister som var kontrollerade av lokala ledare. Boplatsens strategiska läge har enligt min uppfattning spelat en avgörande roll för framväxten av den unika bebyggelsebild som finns i Pryssgården. Motala ströms utlopp fungerade som en port till Östersjön och främmande kulturer.

Norrköpingsbygden kan haft en funktion som ett centralområde ur ett kommunikativt strategiskt perspektiv men var samtidigt ett marginalområde beträffande bronserna. Under äldre bronsålder förefaller de flesta prestigeföremålen ha cirkulerat i de västra delarna av landskapet. De östra delarna hade betydligt färre föremål som mera hörde vardagen till. Enligt Thomas B. Larsson kan detta förhållande förklaras med att det fanns en storhövding i en befäst gård i Vistad som ligger nära sjön Tåkern i den västra delen av landskapet. Denne hövding skulle enligt honom ha kontrollerat bronsimporten och stora delar av landskapet (Larsson, T.B. 1986, 1993 och 1995). Under yngre bronsålder synes den forna dominansen i de västra delarna av landskapet ha avtagit och nu framträder istället de mera östliga delarna. Denna förändring skulle kunna vara av ett likartad slag som

Weiler anser hör samman med att de äldre kontaktnäten och familjestrukturerna successivt bröt samman. Nu skapades förutsättningar för nya värderingar och tankesätt, där marker som legat längs de forna kommunikationslederna röjdes för nyodling och bosättningar. I det arkeologiska materialet syns dessa ideologiska förändringar genom att megalitgravarna försvinner och att jordbegravningar ersätts med kremering (Weiler 1994).

Det är vid denna tid som den stora bosättningen i Pryssgården växer fram. Bebyggelsen visar att det har funnits ett klart samband mellan hällristningar och bosättningar. Liksom på andra håll (Wigren 1987:64 och Weiler 1994) synes det i Östergötland finnas ett samband mellan hällristningarnas rumsliga utbredning och de gamla kommunikationslederna. I Norrköpingsbygden finns inga kända gravar från äldre bronsålder. Rösen och högar av äldre bronsålderstyp tycks först ha byggts i trakterna kring Söderköping och på Vikbolandet. I de västra delarna av landskapet är däremot storhögar en relativt vanlig företeelse. Från yngre bronsålder är kunskapsläget betydligt bättre, inte minst genom de senaste årens utförda arkeologiska undersökningar. I flera av Norrköpingsbygdens järnåldersgravfält finns det en kontinuitet bakåt i tiden till yngre bronsålder. I trakten finns åtminstone fyra större kända urnegravfält med dateringar till bronsålder.

Bebyggelsen vid Pryssgården har förmodligen omfattat ett vidsträckt område, åtminstone bestående av större delen Norrköpingsåsens sydsluttning mellan Bråvalla och Himmelstalund, ned till de sankare partierna vid Motala ström. Den undersökta ytan på 90 000 m² utgör endast ett tvärsnitt genom boplatsen och är förmodligen bara ett litet utsnitt av någonting som är mycket större.

Under yngre bronsålder har det på boplatsen funnits en mångfald av hur husen har varit utformade. På bosättningen har vi kunnat identifiera 21 långhus och 12 småhus med dateringar till bronsålder, samt två hyddlämningar som möjligen kan dateras till bronsålder. Förutom långhus fanns det grophus, hyddor, fyrstolpehus och övriga småhus. Det äldsta huset på boplatsen var ett stort tvåskeppigt långhus från 1677–1517 BC cal (Ua-6420). Från äldre bronsålder fanns det även två treskeppiga hus. Det stora flertalet av långhusen hör till yngre bronsålder. De olika långhusen har kunnat vara olika stora där storleken inte förefaller vara kronologiskt betingad utan snarare har berott på sociala förhållanden. Resultaten från undersökningen visar att den traditionella synen på sydskandinaviska bebyggelseutvecklingen kan ifrågasättas (Borna-Ahlkvist 1998a).

En viktig inspirationskälla i mitt avhandlingsarbete är Gerritsens modell *Husens kulturella biografi*. I modellen knyter han samman husens livscykel med ett hushålls livscykel (Gerritsen 1999). Detta synsätt på husen, både som en social enhet, en produktionsenhet och en symbol ger invånarna en identitet och en social ställning i det småskaliga samhället. I flera analyser beskrivs ofta bostadshuset som det centrala för människorna kring vilket allting kretsade. Huset och bostaden kan ses som en *imago mundi*, dvs. som en avbildning av kosmos och den ordnade världen (Eliade 1968). Detta samband mellan hus och kosmos har fascinerat många forskare och anses vara betydelsefullt för insikten om hur äldre kulturer strukturerade sina boplatser och hus. En viktig del i förståelsen är synen de hade på sina anfäder. Förelåg en rädsla för de dödas andar betedde man sig på ett sätt som kunde innebära att man valde att flytta till en ny plats. I andra kulturgrupper var kanske anfäderna viktiga för att visa på en kontinuitet som gav rättigheter, då hade man ett annat förhållningssätt till de döda.

På boplatsen har det under yngre bronsålder funnits en omfattande och varierad odling. I Pryssgården odlades korn, brödvete, speltvete och lindådra, råglosta, men kanske även havre och lin. Under äldre bronsålder odlades naket korn på boplatsen som under yngre bronsålder ersattes med skalkorn (Viklund och Linderholm 1996). Sammansättningen av grödorna visar att bosättningen har tillhört den sydskandinaviska kulturkretsen. Här liksom på många andra ställen har man vid denna tid ägnat sig åt att experimentera med olika grödor. Våra resultat visar att vi på goda grunder kan ifrågasätta den äldre forskningens teorier om ett pastoralt näringssystem i

Östergötland under yngre bronsålder (Larsson, T.B. 1986). I husen från Pryssgården har vi inga arkeologiska belägg för att man hade djuren stallade inne under vintermånaderna. I dessa finns inga lämningar efter båsindelningar. Flera av dem innehöll en stor källargrop i husens östra del vilket troligen innebär att i dessa hus kan inte djuren ha fått plats. En förklaring skulle kunna vara att i alla fall en del av befolkningen på boplatsen valt att inte bo ihop med sina djur; det kanske inte ens behövdes.

Bosättningen i Pryssgården har således bestått av en jordbrukande befolkning. För dem har det varit viktigt att kunna visa på kontinuitet och rätt till en viss plats. På boplatsen har man förmodligen ägnat sig åt en fruktbarhetskult som utgjort en naturlig del i det dagliga livet, där även dyrkan av anfäderna varit en viktig beståndsdel. Om ett sätt att visa på kontinuitet och erhålla rättigheter i samhället var genom anfäderna, var det betydelsefullt för människorna att stå på god fot med de döda. Detta har bl.a. kunnat ske genom olika ceremonier på boplatsen och i byggnaderna. Ett genomgående drag är att husen från bronsålder inte överlagrar varandra. När ett nytt långhus har byggts på boplatsen har detta placerats strax intill det äldre. Detta förhållande har jag velat förklara med att man har känt till och visat vördnad för dem. Ett hus byggdes kanske i samband med att familjens överhuvud dog och man inte längre kunde bo kvar i det gamla. Nu skapades ett nytt hushåll. Ett nytt långhus byggdes upp intill det gamla som fick stå och förfalla. Måhända var det genom dessa byggnader som människorna kunde visa på en kontinuitet och erhålla vissa rättigheter i samhället. Kanske trodde de att anfädernas andar bodde i de gamla övergivna långhusen.

I flera olika kulturer med en stor geografisk och tidsmässig spridning finns en utbredd tradition med att göra husoffer. I dessa kulturer har det funnits ett stort behov av att försöka skydda och markera den plats som man bodde på. Inom nordiskt område finns kända husoffer från neolitikum och långt fram i historisk tid (Paulsson 1993 och Karsten 1994). Tidigare har man ansett att det skedde förändringar i husoffrens sammansättning under järnålder, vilken innebar att man började att offra lerkärl och ben från husdjur. Offrens sammansättning har förknippats med en mer stabil jordbrukande befolkning. På boplatsen i Pryssgården torde denna förändring ha skett tidigare, redan under yngre bronsålder. På platsen finns det husoffer i form av keramikkärl och delar av kranier från tamdjur. Det vanligaste föremålet som var nedlagt i stolphålen i husen var löpare, men det fanns även andra föremål som hörde till jordbrukets och vardagens sfär. Husoffren låg oftast i husens västra del i anslutning till härden. Mellersta och yngsta bronsålder beskrivs ofta som de stora jordbruksexperimentens tid och då är det rimligt att antaga att föremål som varit betydelsefulla inom jordbrukets sfär också har ingått som en rituell rekvisita i olika slags ceremonier.

Inom agrarforskningen har man länge försökt att definiera en förhistorisk gård utan att nå någon egentlig enighet. Inom järnåldersforskningen har man under senare år fört fram ett synsätt där man skall betrakta de förhistoriska människornas föreställningsvärld och värderingar för att kunna förstå en gård. I ett samhälle som mer eller mindre bestod av bofasta jordbrukare är det rimligt att antaga att gården fick en central roll i människornas föreställningsvärld. En del forskare har dragit paralleller mellan järnålderns kosmologi och organisationen på de jordiska gårdarna. Gården bestod inte bara av ett antal huskroppar, utan var ett hushåll, en social enhet som knöt människor samman i landskapsrummet (Zachrisson 1994, Burström 1995 och Kyhlberg 1998). I mitt arbete har jag velat visa att delar av dessa resonemang kan vara minst lika relevanta i synen på gårdar från bronsålder. Under yngre bronsålder fick jordbruket en alltmer betydelsefull roll, det fanns en etablerad gårdsstruktur där gårdarna bör ha intagit en central roll i människornas medvetande. Ofta har man inom den arkeologiska forskningen uppfattat bronsåldersbosättningar bestående av en spridd och mindre fast gårdsstruktur där samma läge bara utnyttjades en gång (Hedemark 1996, Olausson 1998 och Göthberg 1999). Detta synsätt stämmer inte på situationen i Pryssgården där bebyggelsen snarare har bestått av en fast och etablerad gårds-

struktur redan under yngre bronsålder, där det går att följa en gårds utveckling under flera husgenerationer. Liknande resultat har även tagits fram från de stora bronsåldersbosättningarna i Fosie IV och Apalle (Björhem & Säfvestad 1993 och Ullén i tryck).

Om en bebyggelse har utgjorts av en mera stationär eller kringflyttande bebyggelseform hör förmodligen samman med vilket förhållningssätt som man hade till det omgivande landskapet. I ett stationärt samhälle hade man förmodligen en annan känsla för en platstillhörighet. En ofta framförd teori inom forskningen om bakgrunden till en bebyggelsestruktur bestående av en kringflyttande bosättning är att jorden blev utsugen och man därför helt enkelt var tvungen att flytta. Men en annan förklaring kan ha varit att det fanns en rädsla för anfäderna och därför flyttades gården en bit inom territoriet. Det kan även ha hängt samman med rättigheterna till mark, där rätten till mark kan ha hört ihop med respektive hus. När hushållet upplöstes och huset övergavs förlorade man rätten till just den biten av mark (Gerritsen 1999). Gerritsen har velat se ett samband mellan övergången till ett mera stationärt bosättningsmönster med att man upphörde att begrava de döda på stora urnegravfält. De döda lades i mindre gravfält i anslutning till gårdslägena, i övergången mellan yngre bronsålder och äldre järnålder. Genom att begrava de döda i anslutning till gården kunde man visa på kontinuitet och upprätthålla vissa rättigheter i samhället. De förändrande gravritualerna anser han hänger samman med ett nytt synsätt och en ny attityd till mark, där det nu var viktigt att upprätthålla en platskontinuitet. Min syn på materialet från boplatsen i Pryssgården är att det nya synsättet på mark kan ha uppträtt tidigare, redan under yngre bronsålder; det kan ha skett i samband med att det äldre bronsålderssamhället med dess värderingar upplöstes och införandet av nya värderingar och gravskick. Det nya gravskicket med en kremering av de döda innebar ett nytt synsätt på själens vistelse efter döden. Kanske man trodde att själen, istället för att uppehålla sig vid gravhögen, vistades bland de levande på boplatsen. Den äldre förfäderskulten vid gravhögarna tog sig nya uttryck, där delar av den flyttade in på boplatserna och in i husen. Kontinuiteten som tidigare varit viktig att upprätthålla vid monumenten upprätthölls nu istället på boplatserna. Här kan de gamla övergivna boningshusen på boplatsen ha varit ett sätt att upprätthålla kontinuiteten och härigenom erhöll man vissa rättigheter i det småskaliga samhället. Förändringen i gravskicket ser Weiler som en övergång till en mera individcentrerad ideologi än vad som varit fallet tidigare (Weiler 1994). I kapitel 6 visar jag hur dessa förändringar kan synas på boplatser, som kan vara indikationer på ett successivt alltmer individfokuserat samhälle under bronsålder.

På boplatsen i Pryssgården har gården fungerat som en social enhet och en produktionsenhet, där de olika delarna inte kan särskiljas i en analys. Människorna identifierade sig med sina gårdar och dessa gav dem en viss social ställning. Hos en agrarbefolkning har det varit viktigt att kunna visa på en platstillhörighet och kontinuitet, varigenom man har fått vissa rättigheter i samhället. Samhället bör ha varit traditionsbundet, där fruktbarhetsdyrkan och dyrkan av anfäderna var en naturlig del i människornas vardag, allt för att säkra utkomsten från markerna och gårdens framtid.

En gård från bronsålder bestod på boplatsen av ett långhus och ett mindre hus, ofta ett fyrstolpehus. I anslutning till gårdslägena fanns en ansamling med härdar, kokgropar, förråds- och avfallsgropar. Dessa förekom vanligen norr eller öster om husen, medan det södra området ofta var relativt tomt på anläggningar. I anslutning till långhuset fanns det ofta ytterligare långhus. De olika långhusen låg på 10–30 m avstånd från varandra och har utifrån sina likheter ansetts vara husgenerationer på en gård. Långhusen som låg inom en hus- och anläggningstät yta, uppvisade likheter i sin konstruktion, utformning och inre disposition. Dessa likheter i utformningen och den inre dispositionen ses som uttryck för en traditionsbundenhet inom en familj, som var ett sätt att visa på sin identitet i samhället. Längden och bredden stämde väl överens mellan dessa hus, men likheter fanns även i timmerdimensionen i konstruktionen. Hus som låg intill varandra hade ofta ungefär lika stor

bostadsdel och detsamma gällde för ekonomidelen. Även fyndmaterialet uppvisar likheter inom en hus- och anläggningstät yta som har ansetts vara en gårds behov av att visa sin identitet och särställning inom samhället (Stålbom 1998c).

Bebyggelsen i Pryssgården har under yngre bronsålder, enligt min uppfattning, bestått av en stabil och permanent bebyggelse som inte har utgjorts av en kringflyttande gårdsbebyggelse. Under yngre bronsålder har det inom undersökningsområdet funnits åtminstone tre samtida gårdar, som legat på 70–140 m avstånd från varandra. Vid denna tid skedde det en förtätning av bosättningen som jag uppfattar som belägg för en inre kolonisation. I de centrala delarna av boplatsen fanns två samtida gårdar som bara låg 40 m från varandra; detta skulle kunna vara ett embryo till en by. Tyvärr är det arkeologiska materialet otillräckligt för att kunna belägga en bybebyggelse redan under yngre bronsålder. Området kring Pryssgården har förmodligen vid denna tid varit fullkoloniserat, där det har funnits någon form av reglering av bebyggelsen och de olika gårdarna har samverkat i någon form.

I min jämförande analys med boplatserna i Apalle och Fosie framgår det att det under bronsålder fanns en stabilitet, med tydliga gårdsstrukturer och att det skedde en sammandragning av bebyggelsen redan under yngre bronsålder. Dessa förändringar i utnyttjandet av det fysiska rummet brukar annars inom den arkeologiska bebyggelseforskningen föras till äldre järnålder (Hedemark 1996, Olausson 1998 och Göthberg 1999 och 2000).

I bronsålderns landskap levde människorna och deras djur, där fanns den uppodlade åkermarken, förfäderna och det övernaturliga intimt sammanflätat i en komplex kosmologi. Detta kan exemplifieras utifrån förhållandena på boplatsen i Pryssgården. Under yngre bronsålder har det funnits en samlad och fast gårdsbebyggelse. Förfäderskulten och fruktbarhetsdyrkan var en naturlig del av vardagens sfär och ett sätt skapa en platstillhörighet och kontinuitet. Under loppet av bronsålder sattes individen i centrum och kanske fick de ett mera privat förhållningssätt till jorden som brukades.

English summary

THE PURPOSE OF THIS THESIS is an attempt to comprehend the society and the ideology of the Bronze Age from the inherent symbolism, shape and structure of buildings. In every society, the smallest social unit is the household. The house and the household are central in the lives of people. They made their choices to organize their existence in a symbiotic cooperation with the general cosmology and ideology. Houses and settlements can, just as graves and cemeteries, be used in the interpretation of values, imaginary worlds and structures of different societies. My work is founded on a microanalysis of the large settlement at Pryssgården.

The settlement at Pryssgården is one of the largest prehistoric settlements known in Sweden. It was discovered during the rerouting of the E4 as a motorway outside Norrköping. Here people have lived and worked for at least 4,000 years; from the end of the Stone Age until today. The archaeological results of this excavation show an extensive settlement, centered on the Late Bronze Age and Early Iron Age. The excavation took place in 1993 and 1994. The results of the excavation are published in *Pryssgården från stenålder till medeltid* (Borna-Ahlkvist et al. 1998).

Östergötland is an area peripheral to the central areas of the south Scandinavian Bronze Age culture. Östergötland was a significant meeting place of cultural influence during this period. The Baltic was an important link between different cultures. The external influences, visible in the archaeological material, come mainly from todays Poland, eastern parts of Germany and the Baltic countries, as well as from Finland and Russia. The house shape show influences from different parts of southern Scandinavia.

During the Bronze Age, Pryssgården was situated at the coast of the Baltic, near the estuary of Motala Ström. It lay at the tip of a 3 kilometer long headland between the Baltic and Lake Glan. South of the settlement, Motala Ström was one of the most important transportational waterways. In the beginning of the Bronze Age, the landrise

Foto: Tom Carlsson, Riksantikvarieämbetet.

formed a number of rapids in Motala Ström. One of the largest lies directly south of the settelement. In order to pass these rapids, people were forced to either transfer their cargoes or pull their boats past. Control of these was vital. Consequently they became important meeting points for people of different places and cultures. The Norrköping area was probably one of the most important cultural crossroads around the Baltic. Here it was possible during prehistoric times to join the Baltic with the Kattegat and the North Sea through Motala Ström, Lake Vättern and the waterways of Västergötland. At this cultural meeting point we find the Pryssgården settlement. Close to the rapids of Motala Ström lies Swedens second largest area of rock carvings. It is possible that these rock carvings had a function as central places of assembly and rituals for a large group of people. They may have been a significant area of contact with changes and influences. The feasting at the rock carvings and the carving themselves may have taken place at special occasions, perhaps recuring annually. These ceremonies were ways to uphold a social order in a small-scale society. The rituals may have been performed by specialists, controlled by local leaders. In my opinion, the strategic location of the settlement at Pryssgården played a vital role for the growth of a unique settlement structure. In this the Motala Ström estuary may have functioned as a gateway to the Baltic and to foreign cultures.

In a communicative and strategic perspective the Norrköping area may have been central. At the same time it is marginal regarding bronzes. During the Early Bronze Age most of the prestigous objects seem to have circulated in the western parts of Östergötland. Significantly fewer objects of everyday life are found in the eastern parts. According to Thomas B. Larsson, this can be explained by the existence of a chieftain at a fortified estate, in the western part of Östergötland at Vistad, near Lake Tåkern. This chieftain was in control of large parts of Östergötland and of the import of bronze (Larsson, T.B. 1986, 1993 and 1995). During the Late Bronze Age the former

dominance of the western parts seems to have abated, in favor of the eastern parts. This change could have been similar to that which Weiler considers related to the successive breakdown of older contacts and family structures. As land along former lines of communications was cleared for cultivation and settlement, the conditions for new values and ways of thought were created. In the archaeological material, these changes of ideology are shown through the disappearance of megalithic graves and the replacement of inhumation burials by cremations (Weiler 1994).

At this time, the large settlement at Pryssgården expands. The buildings show a clear connection between rock carvings and settlements. As at other places (Wigren 1987:64 and Weiler 1994), the lines of communication and the location of rock carvings seem to be connected in Östergötland. In the Norrköping area no graves from the Early Bronze Age are known. Cairns and mounds from these times seem to have been constructed first around Söderköping and on Vikbolandet. In the western parts of Östergötland large mounds are frequent. We know more about the Late Bronze Age, not least due to the excavations of later years. In several of the Iron Age cemeteries of the Norrköping area we find a continuity back to the Late Bronze Age. At least four large cemeteries for urn burials, dated to the Bronze Age, are known.

The settlement at Pryssgården presumably embraced a vast area, at least consisting of the greater part of the southern slope of Norrköping Ridge between Bråvalla and Himmelstalund down to Motala Ström. The excavated area, 90,000 square metres, is nothing more than a cross-section of the settlement, a minor part of something much larger.

The shape of houses in the settlement has varied considerably during the Bronze Age. We have been able to identify 21 long-houses and 12 smaller houses, as well as two remains of huts, dated to the Bronze Age. In addition to these, we found sunken-floor huts, huts, four-post houses and other smaller buildings. The oldest house was a large two-aisled longhouse, dated to period I. We also found two three-aisled longhouses dated to the Early Bronze Age. The majority of longhouses belong to the Late Bronze Age, of which seventeen are dated to periods IV–V and a further two to the final part of the Bronze Age. The long-houses have varied in size, a variation that seems to be socially conditioned rather than cronological. The results make it possible to question the traditional view of the evolution of the south Scandinavian settlement.

An important source of inspiration for my thesis is Gerritsen´s model *The cultural biography of houses*. In this model he connects the life-cycle of houses to that of households (Gerritsen 1999). This view of houses as social units and as units of production, makes them a symbol giving the inhabitants an identity and a social position in the small-scale society. In several analyses of these societies the house is often described as a center around which everything turned. The house and the abode can thus be seen as an *imago mundi*, e.g. as a depiction of cosmos and a world in order (Eliade 1968). This connection between house and cosmos has fascinated many scholars. It is thought to have great significance in the comprehension of how older cultures structured their settlements and houses. How they viewed their ancestors is an important part of understanding older societies. Where the spirits were feared, people may have behaved in a way that meant moving to another location. A different relation to the dead can be found in cultures where ancestors were important as a basis for a continuity granting rights.

During the Late Bronze age, cultivation at the settlement was extensive and variated. At Pryssgården, barley (*Hordeum vulgare*), breadwheat (*Triticum vulgare*), spelt *(Triticum spelta)*, gold of pleasure (*Camelina sativa* ssp. *alyssum*), rye brome (*Bromus secalinus*), perhaps also oats (*Avena* sp.) and flax (*Linum usitatissimum*) was cultivated. In the Early Bronze age, naked barley (*Hordeum vulgare* var. *nudum*) was cultivated, replaced in the Late Bronze age by hulled barley (*Hordeum vulgare* var. *vulgare*). The composition of crops indicates a settlement belonging to the south Scandinavian culture. Here, as at many other locations at this time, experiments with different crops were carried out. Our results points to good reasons for questioning the theories of older research concerning a pastoral system in Östergötland during the Late Bronze age (Larsson, T.B. 1986). No archaeological evidence suggests the stabling of domestic animals during winter. In these buildings, no relics of partitioning for boxes were found. Several of the houses had a large cellar-pit in the eastern part, not leaving enough room for animals. One explanation is that at least parts of the population have chosen not to live with their animals – it may not even have been necessary.

The Pryssgården settlement consisted mainly of a farming population. These people considered showing continuity and the rights to a certain locality important. Presumably, a fertility cult was natural in the everyday life, with the worship of ancestors an important part. If ancestors were a way of showing continuity and obtaining rights, it was equally important to have amicable relations with the deceased. This was made possible by different ceremonies and rituals at the settlement and in the buildings. The houses of the Bronze Age do not overlie others from the same time. When a new longhouse was constructed, it was built adjacent to an older one. I venture to explain this as the knowledge of and respect for older houses. A house may have been built when the head of a family died and it no longer was possible to stay in the old house. A new household was created with the raising of a new house next to the old one, which was left to a slow decay. Through these constructions, people may have been able to show continuity and obtain certain rights. They may have believed that the spirits of the ancestors still lived in old abandoned houses.

In several cultures with a large spread in time and space, the tradition of house offerings is well known. In these cultures, people had great need to mark and protect the locality were they lived. In Nordic areas, house offerings are known from the

Neolithic and up to historic times (Paulsson 1993 and Karsten 1994). Earlier, it was thought that changes in the composition of house offerings, to offering clay vessels and bones of domestic animals were made during the Iron Age. This composition has been related to a more stable farming population. At Pryssgården this change was initiated earlier, in the Late Bronze Age. House offerings of ceramic vessels and cranial parts of domestic animals were found at the settlement. Querns are the most common objects deposited in post-holes. Also found were other objects from farming and everyday life. House offerings were mostly found in the western part of houses, adjacent to the hearth. The Middle and Late Bronze Age are often described as times of great agricultural experiments. Objects important in farming can reasonably be supposed to be ritual props in different kinds of ceremonies.

For a longer period, attempts within agrarian research to define a prehistoric farm have not been successful. One should consider the world-view and values of prehistoric people in order to understand a farm, according to one viewpoint in Iron Age research. In a society more or less consisting of resident farmers it is reasonable to suppose that the farm itself played a central part in people's world-view. Some researchers have drawn parallels between Iron Age cosmology and the organization of earthly farms. The farm did not consist solely of a number of houses. It was also a household, a social unit connecting people in the landscape (Zachrisson 1994, Burström 1995 and Kyhlberg 1998). With my work, I want to show that parts of this reasoning are equally relevant in viewing the Bronze Age farm. In Late Bronze age farming gradually became of greater importance. A structure of farms was established with the farms central in people's minds. Archaeological research has often seen Bronze Age settlements as mobile, where the same location was used only once (Hedmark 1996, Olausson 1998 and Göthberg 1999). This view is not applicable to Pryssgården. The structure of farms here has been firm and

established already during Late Bronze age, where it is possible to follow the developement of a farm through a number of house generations at the same location. Similar results have been shown at the large Bronze Age settlements at Fosie IV and Apalle (Björhem & Sävestad 1993 and Ullén in print).

Whether a settlement has been more stationary or more itinerant is probably due to how people related to the surrounding landscape. The sense of belonging to a certain location or structure may be different in a stationary settlement. An often presented theory of the reasons for an intinerant settlement is that decreasing soil fertility necessitated moving. Another explanation is that a fear of ancestors led to the farm being moved to another location within the area. The relocation can also be due to a connection between the house and the rights to the land. When a household was dissolved, the rights to that certain piece of land were lost (Gerritsen 1999). Gerritsen sees a connection between the change to a more stationary settlement and the cessation of burials in large urn-cemeteries. In the transition between the Late Bronze Age and Early Iron Age, the dead were now buried in smaller cemeteries near the farm. By burying the dead near farms, continuity was shown and rights in the society upheld. Gerritsen sees changes in burials as related to new views and attitudes towards the land. Continuity on a certain part of land was now considered important. My view of the findings at Pryssgården is that these new views may have developed earlier, during the Late Bronze Age. They may have occurred when the values of the older Bronze Age society were dissolved, replaced by new values and grave-traditions. The new form of burial by cremation showed a new view on the soul's sojourn. It may now have been thought to wander among the living at the farm, not residing at the burial mound. Older ancestor-cults at burial mounds found a new expression, where it in part moved to the settlement and to the house. The continuity shown earlier at the monuments now expressed itself in the settlements. The old abandoned dwellings can be seen as a means of upholding continuity and obtaining certain rights in a small-scale society. Weiler sees changes in burial traditions as a change to an ideology more centred on individuals than before (Weiler 1994). In chapter 6, I point to these changes at settlements during the Bronze Age as indications of a society successively more focused on the individual.

At Pryssgården, the farm has been both a social unit and a unit for production, where the different parts cannot be discerned in an analysis. The people identified with their farm, which gave them a certain social position. With an agrarian population, it has been of importance to show your belonging and continuity to a certain area. In this way you obtained different rights in the society. Traditions would be important, with fertility cults and worship of ancestors integral parts in the everday life of people, in order to secure a subsistence from the land and the future of the farm.

A Bronze Age farm at the settlement consisted of a longhouse and a smaller house, often a four-post house. An assembly of hearths, cooking, storage and refuse pits was found in adhesion to the farms, mainly north and east of houses. The southern area was relatively free from constructions. Near a longhouse, other longhouses were often found. They lay at a distance of 10–30 meters from one another. From their similarities, they are considered to be different house generations on the same farm. The longhouses within an area rich in houses and constructions show many similarities in construction, shape and interior disposition.

These similarities are seen as expressions of a tradition-tied family, a way of showing your identity in a society. The length and width of these houses agreed with one another. Similarities were also found in the dimensioning of timbers. In adjacent houses living areas and economy areas were often of roughly the same size. In addition, findings are similar within these areas, thought to

be expressions of a need to show your identity and place in the society (Stålbom 1998c).

In my interpretation, the buildings at Pryssgården in the Late Bronze Age consisted of stable and permanent constructions, not intinerant farm constructions. During the Late Bronze Age at least three farms existed within the excavation area, at a distance of 70–140 meters from one another. At this time the settlement was condensed, in my opinion proof of an inner colonization. In the central parts of the settlement, two farms were within a distance of only 40 meters. This could be the embryo of a village. Unfortunately, the archeological material is insufficient to prove a village already in the Late Bronze Age. At this time, Pryssgården presumably was closely populated. There existed some kind of regulation of the constructions at the settlement. The different farms cooperated in some way.

In my comparative analysis with the settlements in Apalle and Fosie, the existence of stability with apparent farm structures is clearly shown. The agglomeration of houses took place already during the Late Bronze Age. In settlement archaeology, these changes in the use of the physical space are otherwise referred to the Early Iron Age (Hedemark 1996, Olausson 1998, Göthberg 1999 och 2000).

People and domestic animals lived in the Bronze Age landscape. The farming of the land, the ancestors and the supernatural were closely knitted in a complex cosmology. This can be exemplified by the conditions at Pryssgården. During the Late Bronze Age a collected and stable farm construction existed. The ancestral cult and the fertility cult were integral parts of everyday life, a way of creating a sense of belonging and continuity to a certain area. During the Bronze Age the individual was placed in the centre – it may well be that people had a more private relationship with the land they farmed.

Translation by Lars Ahlkvist

Referenser

Adamsen, C. & Rasmussen, M. 1993. Settlement. (eds) Hvass, S. & Storgaard, B. *Digging into the Past. 25 Years of Archaeology in Denmark.* Højbjerg.

Andersson, G. 1999. Varför sko med runda stenar? Om reproduktionsritual i Arlandastad. (red) Andersson, K., Lagerlöf, A. & Åkerlund, A. *Forskaren i fält. En vänbok till Kristina Lamm.* Riksantikvarieämbetet. Avdelningen för arkeologiska undersökningar, Skrifter nr 27. Stockholm.

Artelius, T. 1998. Silent and Loud Traditions. Ship Symbolism in Scandinavian Bronze Age Graves. (eds) Andersson, A-C., Gillberg, Å., Jensen, O.W., Karlsson, H. och Rolöf, M.V. *The Kaleidoscopic Past.* Proceedings of the 5th Nordic TAG Conference Göteborg, 2–5 April 1997. Gotarc serie C, Arkeologiska skrifter No. 16. Göteborg university Department of Archaeology. Göteborg.

Bailey, D.W. 1990. The Living House: Signifying Continuity. (ed) Samson, R. *The Social Archaeology of Houses.* Edinburgh.

Barker, G. 1999. Cattle-keeping in ancient Europe: to live together or apart? (eds) Fabech, C. & Ringtved, J. *Settlement and landscape.* Proceeding of a a conference in Århus, Denmark, May 4–7 1998. Jutland Archaeological Society. Højbjerg.

Bertilsson, U. 1989. Rock-carvings, ideology and society in the Bronze Age of western Sweden. (eds) Nordström, H.Å. & Knape, A. *Bronze Age Studies.* Transactions of the British-Scandinavian Colloquium in Stockholm, May 10–11, 1985. Statens Historiska Museum. Stockholm.

Bertilsson, U. 1994. Hällristningar och bygder. (red) Jansson, S. Lundberg, E.B. & Bertilsson, U. *Hällristningar och hällmålningar i Sverige.* Bokförlaget Forum. Helsingborg.

Björhem, N. och Säfvestad, U. 1989. *Fosie IV. Byggnadstradition och bosättningsmönster under senneolitikum.* Malmöfynd 5. Malmö Museer.

Björhem, N. och Säfvestad, U. 1993. *Fosie IV. Bebyggelsen under brons- och järnålder.* Malmöfynd 6. Malmö Museer.

Bloch, M. 1995. The resurrection of the house amongst the Zafimaniry of Madagascar. (eds) Carsten, J. and Hugh-Jones, S. *About the house. Lévi-Strauss and beyond.* Cambridge.

Borna-Ahlkvist, H. 1998a. Gruppering av olika hustyper i Pryssgården. Pryssgården från stenålder till medeltid. Arkeologisk slutundersökning RAÄ 166 och 167 Östra Eneby socken, Norrköpings kommun, Östergötland. Riksantikvarieämbetet, Avdelningen för arkeologiska undersökningar, *Rapport UV Linköping* 1998:13. Linköping.

Borna-Ahlkvist, H. 1998b. Komparativa och kronologiska studier av husen. Pryssgården från stenålder till medeltid. Arkeologisk slutundersökning RAÄ 166 och 167 Östra Eneby socken, Norrköpings kommun, Östergötland. Riksantikvarieämbetet, Avdelningen för arkeologiska undersökningar, *Rapport UV Linköping* 1998:13. Linköping.

Borna-Ahlkvist, H. 1998c. Huskatalog. Pryssgården från stenålder till medeltid. Arkeologisk slutundersökning RAÄ 166 och 167 Östra Eneby socken, Norrköpings kommun, Östergötland. Riksantikvarieämbetet, Avdelningen för arkeologiska undersökningar, *Rapport UV Linköping* 1998:13. Linköping.

Borna-Ahlkvist, H. 2001. Den gäckande figurinen. (red) Lindeblad, K. *ÖstgötaFynd. Från stenålder till stormaktstid.* Riksantikvarieämbetet Avdelningen för arkeologiska undersökningar. Linköping.

Borna-Ahlkvist, H., Lindgren-Hertz, L. och Stålbom, U. 1998. Pryssgården från stenålder till medeltid. Arkeologisk slutundersökning RAÄ 166 och 167 Östra Eneby socken, Norrköpings kommun, Östergötland. Riksantikvarieämbetet, Avdelningen för arkeologiska undersökningar, *Rapport UV Linköping* 1998:13. Linköping.

Bradley, R. 1998. *The Significance of Monuments. On shaping of human experience in Neolithic and Bronze Age Europe.* London and New York.

Bredholt Christensen, L. 1998. Archaeology and Concepts of Religion. (eds) Andersson, A-C., Gillberg, Å., Jensen, O.W., Karlsson, H. och Rolöf, M.V. *The Kaleidoscopic Past.* Proceedings of the 5th Nordic TAG Conference Göteborg, 2–5 April 1997. Gotarc serie C, Arkeologiska skrifter No. 16. Göteborg university Department of Archaeology. Göteborg.

Burström, M. 1995. Gårdstankar. Kognitiva och sociala perspektiv på forntidens gårdar. (red) Göthberg, H., Kyhlberg, O. & Vinberg, A. *Hus & Gård i det förurbana samhället – Rapport från ett sektorsforskningsprojekt vid Riksantikvarieämbetet, artikeldel.* Riksantikvarieämbetet. Arkeologiska undersökningar, Skrifter nr 13. Stockholm.

Carelli, P. 1997. Thunder and Lightning, Magical Miracles. On the Popular Myth of Thunderbolts and the Presence of Stone Age Artefacts in Medieval Deposits. (eds) Andersson, H., Carelli, P. och Ersgård, L. *Visions of the Past. Trends and Traditions in Swedish Medieval Archaeology.* Lund Studies in Medieval Archaeology 19. Riksantikvarieämbetet Arkeologiska undersökningar, Skrifter nr 24. Riksantikvarieämbetet. Stockholm.

Carlie, L. 1992. *Brogård – ett brons- och järnålderskomplex i södra Halland. Dess kronologi och struktur.* Hallands Länsmuseers Skriftserie No 6. Halmstad.

Carlie, L. 1999. *Bebyggelsens mångfald. En studie av södra Hallands järnåldersgårdar baserad på arkeologiska och historiska källor.* Hallands Länsmuseers Skriftserie No 10. Acta Archaeologica Lundensia seriers in 8°. No 29.

Carlsson, D. 1979. *Kulturlandskapets utveckling på Gotland.* Visby.

Carlsson, E. S. 1960. En östgötsk bronsålderskniv. *Tor* 6.

Carlsson, T. 2000. Rituell rekvisita – materiell kultur och religiösa ritualer under yngre bronsålder. (red) Ersgård, L. *Människors platser – tretton arkeologiska studier från UV.* Riksantikvarieämbetet Arkeologiska undersökningar, Skrifter nr 31. Stockholm

Claréus, C. 1993. Antikvarisk kontroll. Fiskeby, Östra Eneby sn, Norrköpings kommun, Östergötland. Riksantikvarieämbetet, *Rapport UV Linköping.* Linköping.

Cunliffe, B. 1992. Pits, preconceptions and propitiation in the British Iron Age. *Oxford Journal of Archaeology* 11.

Cunliffe, B. 1997. *The Ancient Celts.* Oxford and New York.

Damm, C. 1998. Rituals: Symbols or Action? (eds) Andersson, A-C., Gillberg, Å., Jensen, O.W., Karlsson, H. och Rolöf, M.V. *The Kaleidoscopic Past.* Proceedings of the 5th Nordic TAG Conference

Göteborg, 2–5 April 1997. Gotarc serie C, Arkeologiska skrifter No. 16. Göteborg university Department of Archaeology. Göteborg.

Draiby, B. 1985. Fragterup, Boplads fra yngre bronzealder i Vesthimmerland. *Aarbøger for nordisk Oldkyndighed og Historie.*

Elfstrand, B. 1994. Opto-kabel, Norrköping–Svärtinge. Arkeologisk utredning och Antikvarisk kontroll. Riksantikvarieämbetet, *UV Linköping. Rapport* 1994:14.

Eliade, M. 1968. *Heligt och profant.* Stockholm.

Engelmark, R., Gustafsson, S. och Linderholm, J. 1995. Rapport. Miljöarkeologiska analyser från Pryssgården, Östra Eneby socken i Östergötland. Arkeologiska Institutionen vid Umeå universitet Miljöarkeologiska laboratoriet. (otryckt).

Engdahl, K. och Kaliff, A. 1996 (red) *Religion från stenålder till medeltid.* Artiklar baserade på Religionsarkeologiska nätverksgruppens konferens på Lövstadbruk den 1–3 december 1995. Riksantikvarieämbetet Arkeologiska undersökningar, Skrifter nr 19. Stockholm.

Ericson, P., Kjellberg, A-S., Åkermark, A. och Wigh, B. Osteologisk analys av djurbensmaterialet. Bronsåldersboplatsen vid Apalle i Uppland. Rapport från Riksantikvarieämbetet Avdelningen för Arkeologiska undersökningar, UV Stockholm. (i tryck)

Fallgren, J-H. 1993. The Concept of the Village in Swedish Archaeology. A. *Current Swedish Archaeology* Vol. 1 1993.

Fendin, T. 1994. Att vara närvarande i bilden – malning och identitet. D-uppsats, Arkeologiska institutionen, Lunds universitet (otryckt).

Fokkens, H. 1999. Cattle and martiality: changing relations between man and landscape in the Late Neolithic and the Bronze Age. (eds) Fabech, C. & Ringtved, J. *Settlement and landscape.* Proceeding of a conference in Århus, Denmark, May 4-7 1998. Jutland Archaeological Society. Højbjerg.

Gejvall, N-G. 1961. Anthropological and osteological analysis of the skeletal material and cremated bones from Simris 2[3], Simris parish. Appendix II. *Simris II Bronze Age problems in the light of the Simris excavation.* Acta Archaeologica Lundensia. Papers of the Lunds universitets historiska museum. Series in 4°. No 5. Lund.

Gerritsen, F. 1999. The cultural biography of Iron Age houses and the long-term transformation of settlement patterns in the southern Netherlands. (eds) Fabech, C. & Ringtved, J. *Settlement and landscape.* Proceeding of a a conference in Århus, Denmark, May 4–7 1998. Jutland Archaeological Society. Højbjerg.

Gruber, G. 2001. Arkeologisk förundersökning. Kabelschakt vid kv Källan och i ytterkanten av boplatsen vid Pryssgården. Norrköpings stad och Östra Eneby socken, Norrköpings kommun, Östergötland. *Rapport UV Öst 2001:34.* Linköping.

Gruber, G. Rapport från slutundersökning – Flottiljvägen (i tryck). Rapport UV Öst, Linköping.

Gröhn, A. 1995. Hällristningar & religion. En kritisk granskning av teorier och metoder. D-Uppsats ARK 004. Arkeologiska institutionen vid Lunds universitet. (otryckt) Lund.

Gustavsson, K. 1997. *Otterböte. New Light on a Bronze Age Site in the Baltic.* Theses and Papers in Archaeology B:4. Doctoral Dissertation 1998. Published by the Archaeological Research Laboratory Stockholm University. Stockholm.

Görman, M. 1987. *Nordiskt och keltiskt. Sydskandinavisk religion under yngre bronsålder och keltisk järnålder.* Lund.

Göthberg, H. 1995. Huskronologi i Mälarområdet, på Gotland och Öland under sten-, brons- och järnålder. (red) Göthberg, H., Kyhlberg, O. & Winberg, A. *Hus & Gård i det förurbana samhället – Rapport från ett sektorsforskningsprojekt vid Riksantikvarieämbetet.* Riksantikvarieämbetet. Arkeologiska undersökningar, Skrifter nr 14. Stockholm

Göthberg, H. 1998. En översikt av bebyggelseutvecklingen i Mälarområdet under brons- och järnålder. *Bebyggelsehistorisk tidskrift nr 33.*

Göthberg, H. 1999. Bosättningar och agrar utveckling i norra Mälarområdet under äldre järnålder. (red) Andersson, K., Lagerlöf, A. & Åkerlund, A. *Forskaren i fält. En vänbok till Kristina Lamm.* Riksantikvarieämbetet. Avdelningen för arkeologiska undersökningar, Skrifter nr 27. Stockholm.

Göthberg, H. 2000. *Bebyggelse i Förändring. Uppland från slutet av yngre bronsålder till tidig medeltid.* Institutionen för arkeologi och antik historia, Uppsala universitet. Occasional Papers in Archaeology 25. Uppsala.

Hauptman Wahlgren, K. 1995. Om hällristningar och tolkningsperspektiv. (red) Larsson, M. & Toll, A. *Samhällsstruktur och förändring under bronsålder.* Rapport från ett bronsåldersseminarium på Norrköpings Stadsmuseum i samarbete med Riksantikvarieämbetet UV Linköping. Riksantikvarieämbetet Arkeologiska undersökningar, Skrifter nr 11. Stockholm.

Hayden, B. 1999. Fabulous Feasts: A prolegomenon to the importance of feasting. Archaeology Department, Simon Fraser University, Fall Equinox. (otryckt)

Hedeager, L. 1988. Oldtid o. 4000 f.Kr.–1000 e.Kr. (ed) Björn, C. *Det danske landbrugs historie 4000 f.Kr.– 1536.* Odense.

Hedemark, Å. 1996. *Gårdsstrukturer i Mälardalen under järnåldern.* CD-uppsats. Uppsala universitet Arkeologiska institutionen.

Hedengran, I. 1990. Skeppet i kretsen. Kring en symbolstruktur i Mälardalens förhistoria. *Fornvännen 85.*

Helander, A., Kaliff, A. och Stålbom, U. 1990. Östergötland, Borg, Östra Eneby och Kvillinge socknar. Planerad E4, förbifart Norrköping. Riksantikvarieämbetet, Byrån för arkeologiska undersökningar. *Rapport, UV Mitt,* Stockholm.

Herschend, F. 1993. The origin af the hall in southern Scandinavia. *Tor 25.*

Hill, J.D. 1995. *Ritual and Rubbish in the Iron Age of Wessex. A study on the formation of a specific archaeological record.* BAR British Series 242. Oxford.

Hodder, I. 1982. *Symbols in action. Ethnoarchaeological studies of material culture.* Cambridge University Press.

Hodder, I. 1990. *The Domestication of Europe.* Oxford.

Hodder, I. 1994. Architecture and meaning: the example of neolithic houses and tombs.(eds) Parker Pearson,

M. och Richards, S. *Architecture and order. Approaches to Social Space.* Routledge. London and New York.

Hodder, I. 1998. The Domus: Some problems reconsidered. (eds) Edmonds, M & Richards, C. *Understanding the Neolithic of North-western Europe.* Cruithne Press, Glasgow.

Hultkrantz, Å. 1994. Hällristningsreligion. (red) Jansson, S. Lundberg, E.B. & Bertilsson, U. *Hällristningar och hällmålningar i Sverige.* Helsingborg.

Hvass, S. 1985. *Hodde. En vestjysk landsbysamfund fra ældre jernalder.* Arkæologiske Studier Volume VII. København.

Hyenstrand, Å. 1977. Hällristningar och bronsålderssamhälle i sydvästra Uppland. *Upplands Fornminnesförenings Tidskrift* 49.

Hyenstrand, Å. 1979. *Arkeologisk regionindelning av Sverige.* Riksantikvarieämbetet. Stockholm.

Hyenstrand, Å. 1984. *Fasta fornlämningar och arkeologiska regioner.* Riksantikvarieämbetet. Rapport 7. Stockholm.

Hörfors, O. 1995. Åskviggar, vikingar och bronsåldersgravar. Kring en arkeologisk undersökning vid Tåby skola på Vikbolandet 1994. *Östergötlands länsmuseums utställningskatalog* nr 58. Linköping.

Jensen, J. 1982. *The Prehistory of Denmark.* London.

Jensen, J. 1987. Bronze Age Research in Denmark 1970–1985. *Journal of Danish Archaeology.* vol 6.

Jensen, R. 1989. Bronze Age settlement patterns in the Mälaren basin – eccological and social relationships. (red) Nordström, H-Å. och Knape, A. *Bronze Age Studies.* Transactions of the British Scandinavian Colloquium in Stockholm, May 10–11, 1985. Statens Historiska Museum. Studies 6. Stockholm.

Johnsson, K. 1995. Arkeologisk utredning och förundersökning. Flottiljvägen, Pryssgården 1:1, Östra Eneby sn, Norrköpings kommun, Östergötland. Riksantikvarieämbetet, *Rapport UV Linköping.* 1995:14. Linköping.

Jonsson, L. 1996. Rester av djurben från Pryssgården, Östra Eneby socken, Östergötland. Rapport från Arkeologisk Naturvetenskapligt Laboratorium Institutionen för arkeologi Göteborgs universitet. (otryckt)

Kaliff, A. 1992a. Kulturlandskapet och människan under 9000 år. (red) Kaliff, A. och Larsson, M. *En väg med historia. Forntidens östgötar i ett nytt ljus.* Riksantikvarieämbetet, Byrån för Arkeologiska undersökningar. Stockholm.

Kaliff, A. 1992b. Östergötland – ett landskap växer fram. *Tor* 24.

Kaliff, A. 1993. Skälv – en gård och ett gårdsgravfält från äldre järnålder. *Riksantikvarieämbetet Rapport* 1992:9. Stockholm.

Kaliff, A., Sköldebrand, M., Carlsson, T. och Björkhager, V. 1995. *Skenet från det förflutna. Arkeologi och myter i en bronsåldersbygd.* Riksantikvarieämbetet, Byrån för arkeologiska undersökningar. Linköping.

Kaliff, A. 1996. Ringeby. En kult- och gravplats från yngre bronsålder. Riksantikvarieämbetet, *Rapport UV Linköping* 1995:51.

Kaliff, A. 1997. *Grav och kultplats. Eskatologiska föreställningar under yngre bronsålder och äldre järnålder i Östergötland.* Aun 24. Uppsala

Kaliff, A. 1998. Grave Structures and Eschatological Concepts. (eds) Andersson, A-C., Gillberg, Å., Jensen, O.W., Karlsson, H. och Rolöf, M.V. *The Kaleidoscopic Past.* Proceedings of the 5th Nordic TAG Conference Göteborg, 2–5 April 1997. Gotarc serie C, Arkeologiska skrifter No. 16. Göteborg university Department of Archaeology. Göteborg.

Kaliff, A. 1999a. Arkeologi i Östergötland scener ur ett landskaps förhistoria. (ed) Gräslund, B. *Occasional Papers in Archaeology* 20. Institutionen för arkeologi och antik historia, Uppsala universitet. Uppsala.

Kaliff, A. 1999b. Objekt och tanke – speglingar av bronsålderns föreställningsvärld. (red) Olausson, M. *Spiralens öga.* Riksantikvarieämbetet. Avdelningen för arkeologiska undersökningar, Skrifter nr 25. Stockholm.

Kaliff, A. och Nielsen, A-L. 1993. Arkeologisk utredning. Östergötland, Östra Eneby sn, stadsäga 2050 och 2074. Riksantikvarieämbetet, *Rapport UV Linköping.* Linköping.

Karlenby, L., Knape, A. & Klockhoff, M. 1991. En grav och två bronsfynd från Linköping. *Tor* 23.

Karlenby, L. 1994. The Bronze Age house in central Sweden: An evaluation of two recent excavations. *Tor* 26.

Karlenby, L. 1996. En bosättning under 4 000 år. Ullevi, kvarteret Glasrutan 2. Arkeologisk undersökningar,

RAÄ 161 och RAÄ 322, kvarteret Glasrutan 2, Linköpings kommun, Östergötland. Riksantikvarieämbetet, *UV Uppsala Rapport* 1996:53. Uppsala.

Karsten, P. 1994. *Att kasta yxan i sjön. En studie över rituell tradition och förändring utifrån skånska neolitiska offerfynd.* Acta Archaeologica Lundensia Series in 8°, No 23. Stockholm.

Knox, R. (1681) 1981. *An historical relation of Ceylon.* Dehiwala: Tisara Prakasakayo.

Kristiansen, K. 1988. Landet åbnes. (ed) Björn, C. *Det danske landsbrugs historie I, Oldtid og middelalder.* Odense.

Kyhlberg, O. 1998. Gård och hus. Boningsrum och landskapsrum. *Bebyggelsehistorisk tidskrift* nr 33.

Lagerås, P. & Regnell, M. 1999. Agrar förändring under sydsvensk bronsålder. En diskussion om skenbara samband och olösta gåtor. (red) Olausson, M. *Spiralens öga. Tjugo artiklar kring aktuell bronsåldersforskning.* Riksantikvarieämbetet, Avdelningen för Arkeologiska undersökningar, Skrifter Nr 25. Stockholm.

Larsson, M. 1998. Från senneolitikum till yngre järnålder i Östergötland. Pryssgården från stenålder till medeltid. Arkeologisk slutundersökning RAÄ 166 och 167 Östra Eneby socken, Norrköpings kommun, Östergötland. Riksantikvarieämbetet, Avdelningen för arkeologiska undersökningar, *Rapport UV Linköping* 1998:13.

Larsson, T.B. 1984. The Structure and Function of Prehistoric Social Institutions – A social Anthropological Approach. (ed) Baudou, E. *Papers in Northern Archaeology.* Archaeology and Environment 2. University of Umeå Department of Archaeology. Umeå.

Larsson, T.B. 1986. *The Bronze Age Metalwork in Southern Sweden. Aspects of social and spatial organisation 1800–500 BC.* Archaeology and Environment 6. Department of Archaeology. University of Umeå. Umeå.

Larsson, T.B. 1993. *Vistad. Kring en befäst gård i Östergötland och Östersjökontakter under yngre bronsålder.* Studia archaeologica universitatis Umensis 4. Umeå.

Larsson, T.B. 1995. Maktstrukturer och allianssystem i Östgötsk bronsålder. (red) Larsson, M. & Toll, A.

Samhällsstruktur och förändring under bronsålder. Rapport från ett bronsåldersseminarium på Norrköpings Stadsmuseum i samarbete med Riksantikvarieämbetet UV Linköping. Riksantikvarieämbetet Arkeologiska undersökningar, Skrifter nr 11. Norrköping.

Lindgren-Hertz, L. 1998. Gropar på Pryssgården. Pryssgården från stenålder till medeltid. Arkeologisk slutundersökning RAÄ 166 och 167 Östra Eneby socken, Norrköpings kommun, Östergötland. Riksantikvarieämbetet, Avdelningen för arkeologiska undersökningar, *Rapport UV Linköping* 1998:13. Linköping.

Lindgren-Hertz, L. och Stålbom, U. 1998a. Pryssgården. Pryssgården från stenålder till medeltid. Arkeologisk slutundersökning RAÄ 166 och 167 Östra Eneby socken, Norrköpings kommun, Östergötland. Riksantikvarieämbetet, Avdelningen för arkeologiska undersökningar, *Rapport UV Linköping* 1998:13. Linköping.

Lindgren-Hertz, L. och Stålbom, U. 1998b. Kommentarer till de naturvetenskapliga analyser. Pryssgården från stenålder till medeltid. Arkeologisk slutundersökning RAÄ 166 och 167 Östra Eneby socken, Norrköpings kommun, Östergötland. Riksantikvarieämbetet, Avdelningen för arkeologiska undersökningar, *Rapport UV Linköping* 1998:13. Linköping.

Lindholm, P. Löpare. Bronsåldersboplatsen vid Apalle i Uppland. Rapport från Riksantikvarieämbetet Avdelningen för Arkeologiska undersökningar, UV Stockholm. (i tryck)

Lindström Holmberg, C. 1998. Prehistoric Grinding Tools as Metaphorical Traces of the Past. *Current Swedish Archaeology* Vol. 6. 1998.

Lundmark, H. 1984. A Method of Analyzing Hierarchical Organization in Settlement Patterns. (ed) Baudou, E. *Papers in Northern Archaeology.* Archaeology and Environment 2. University of Umeå Department of Archaeology. Umeå.

Lundström, P. 1970. *Gravfälten vid Fiskeby i Norrköping I. Studier kring ett totalundersökt komplex.* Kungliga Vitterhets Historie och Antikvitets Akademien. Stockholm.

Lökken, T. 1989 Rogalands bronsealderboplasser – sett i lys av områdets kulturella kontakter. (red) Poulsen, J. *Regionale förhold i Nordisk Bronzealder.* 5 Nordiske Symposium for Bronzealderforskning på Sanbjerg Slot 1987. Jysk Arkæologisk Selskabs Skrifter XXIV. Aarhus.

Malmer, M. P. 1994. Bergskonstens mening och innehåll. (red) Jansson, S. Lundberg, E.B. & Bertilsson, U. *Hällristningar och hällmålningar i Sverige.* Bokförlaget Forum. Helsingborg.

Merrifield, R. 1987. *The Archaeology of Ritual and Magic.* London.

Mikkelsen, D. K. 1999. Single farm or village? Reflections on the settlement structure of the Iron Age and the Viking Period. (ed) Fabech, C. & Ringtved, J. *Settlement and landscape.* Proceeding of a conference in Århus, Denmark, May 4–7 1998. Jutland Archaeological Society. Højbjerg.

Myhre, B. 1999. Together or apart – the problem of nucleation and dispersal of settlements.(ed) Fabech, C. & Ringtved, J. *Settlement and landscape.* Proceeding of a a conference in Århus, Denmark, May 4–7 1998. Jutland Archaeological Society. Højbjerg.

Myrdal, J. 1996. Fähusens utbredning på 1800-talet. Inlägg på seminariet Utegångsdrift och fähusdrift från bronsålder till idag. KSLA 7 november 1996.

Nationalencyklopedin. 1995. Uppslagsordet "taklagsöl". Band 18. Bra Böckers Bokförlag AB, Höganäs.

Nerman, B. 1936. En bronsåldersbygd med storhögar i Östergötland. *Fornvännen* 31.

Nerman, B. 1956–57. När blev Linköpingstrakten Östergötlands centrum? *Meddelanden från Östergötlands och Linköpings länsmuseum.* Linköping.

Nielsen, A-L. 1993. Arkeologisk utredning. Fiskebyvägen. Väg 5502, samt brobygge. Östra Eneby sn, Norrköpings kommun, Östergötland. Riksantikvarieämbetet, *Rapport UV Linköping.* Linköping.

Nielsen, A-L. 1995. Arkeologisk förundersökning. Kyrkvägen, Pryssgården 1:1, Östra Eneby sn, Norrköpings kommun, Östergötland. Riksantikvarieämbetet, *Rapport UV Linköping.* 1995:2.

Nilsson, C. 1974. Fornlämning 140, nyupptäckt stensättning jämte boplatslämningar. *Riksantikvarieämbetet rapport* 1974 B 16. Stockholm.

Nilsson, C. 1987. Gravundersökningar i Östergötland åren 1967–84. (red) Andræ, T., Hasselmo, M. & Lamm, K. *7000 år på 20 år, Arkeologiska undersökningar i Mellansverige.* Riksantikvarieämbetet UV. Stockholm.

Nilsson, C. 1989. Rapport. Specialinventering av planerad väg E4, förbifart Norrköping. *Riksantikvarieämbetet, UV Stockholm.* Stockholm.

Nilsson, N. 1992. *Centralområden i Östergötland under perioden bronsålder–äldre järnålder.* CD uppsats i arkeologi, Uppsala universitet. Uppsala.

Nilsson, P. 1996. Fiskeby 1:1 m fl, Norra Bråvallaområdet. Östra Eneby sn, Norrköpings kommun, Östergötland. Riksantikvarieämbetet, *Rapport UV Linköping* 1996:30.

Nisbeth, Å. 1962. Östra Eneby kyrka. *Linköpings stifts kyrkor. Korta vägledningar.* Linköping.

Nordén, A. 1925. *Östergötlands bronsålder.* Linköping.

Olsson, J. 1997. Zoonoser. Husdjurens roll som smittspridare – under äldre järnålder. C-uppsats i arkeologi. Lunds universitet. (otryckt) Lund.

Olausson, M. 1995. *Det inneslutna rummet – om kultiska hägnader, fornborgar och befästa gårdar i Uppland från 1300 f.Kr. till Kristi födelse.* Riksantikvarieämbetet Arkeologiska undersökningar, Skrifter nr 9. Stockholm.

Olausson, M. 1998. Hus och tomt i Uppland och Södermanland under yngre bronsålder och äldre järnålder. *Bebyggelsehistorisk tidskrift* nr 33.

Olausson, M. 1999. Herding and stalling in Bronze Age Sweden. (eds) Fabech, C. & Ringtved, J. *Settlement and landscape.* Proceeding of a a conference in Århus, Denmark, May 4–7 1998. Jutland Archaeological Society. Højbjerg.

Parker Pearson, M. och Richards, S. 1994. Ordering The World: Perceptions of Architecture, Space and Time och Approaches to Social Space. (eds) Parker Pearson, M. och Richards, S. *Architecture and order. Approaches to Social Space.* Routledge. London and New York.

Paulsson, T. 1993. Huset och lyckan. En studie i husoffer från nordisk järnålder och medeltid. C-uppsats vt -93 Arkeologiska institutionen Lunds universitet. (otryckt). Lund.

Rasmussen, M. 1993. Gravhøje og Bopladser. En Fore-løbig Undersøgelse af Lokalisering og Sammenhænge. (red) Larsson, L. *Bronsålderns gravhögar*. Rapport från ett symposium i Lund 15.XI–16.XI 1991. University of Lund. Institute of Archaeology Report Series No. 48. Lund.

Rasmussen, M. 1999. Livestock without bones. The long-house as contributor to the interpretation of livestock management in the Southern Scandinavian Early Bronze Age. (eds) Fabech, C.& Ringtved, J. *Settlement and landscape*. Proceeding of a a con-ference in Århus, Denmark, May 4–7 1998. Jutland Archaeological Society. Højbjerg.

Rasmussen, M. och Adamsen, C. 1993: 136ff. Be-byggelsen. (red) Hvass, S. og Storgaard, B. *Da klinger i muld. 25 års arkæologi i Danmark*. Højbjerg.

Riddersporre, M. 1999. Village and single farm. Settle-ment structure or landscape organization.(eds) Fabech, C.& Ringtved, J. *Settlement and landscape*. Proceeding of a a conference in Århus, Denmark, May 4–7 1998. Jutland Archaeological Society. Højbjerg.

Rindel, P. O. 1999. Development of the village community 500 BC–100 AD in west Jutland, Denmark. (ed) Fa-bech, C. & Ringtved, J. *Settlement and landscape*. Proceeding of a a conference in Århus, Denmark, May 4–7 1998. Jutland Archaeological Society. Højbjerg.

Selinge, K.G. 1994. Östergötland. (red) Jansson, S. Lundberg, E.B. & Bertilsson, U. *Hällristningar och hällmålningar i Sverige*. Bokförlaget Forum. Helsingborg.

Skoglund, P. 1998. Familjen och kosthållet – ett försök till att beskriva bronsålderns jordbruk utifrån hus-hållets perspektiv. D-uppsats i arkeologi, Lunds universitet. (otryckt) Lund.

Stjernquist, B. 1961. *Simris II Bronze Age problems in the light of the Simris excavation*. Acta Archaeologica Lundensia. Papers of the Lunds universitets historiska museum. Series in 4°. No 5. Lund.

Strandmark, F. 2000. Aspekter på avfall och avfalls-hantering – en undersökning av djurben och gropar från Kastanjegården. Landskap, djur & avfall från Kastanjegården under förromersk järnålder.

C-uppsats i historisk osteologi HOS 404. Arkeologiska institutionen, Lunds universitet. (otryckt). Lund.

Streiffert, J. 2001. *På gården. Rumslig organisation inom bosättningsytor och byggnader under bronsålder och äldre järnålder*. Riksantikvarieämbetet Arkeologiska undersökningar, Skrifter 35, Gotarc. Serie C. Arkeologiska skrifter 37. Riksantikvarie-ämbetet och Göteborgs universitet Institutionen för arkeologi. Stockholm och Göteborg.

Strömberg, M. 1983. Bebyggelseintensiteten under bronsålder i sydöstra Skåne. (red) Stjernquist, B. *Struktur och förändring i Bronsålderns Samhälle*. University of Lund Institute of Archaeology Report Series No 17. Lund.

Stuvier, M. & Reimer, P.J. 1993. Extended ^{14}C database and revised CALIB radion carbon calibration pro-gram. *Radiocarbon 35*. New York.

Stålbom, U. 1994. Klinga. Ett gravfält. Slutunder-sökning av ett gravfält och bebyggelselämningar från bronsålder och äldre järnålder. Östergötland, Norrköpings kommun, Borgs socken, Klinga STÄ 6352, Fornlämning 210. *Riksantikvarieämbetet, Byrån för arkeologiska undersökningar UV Linköping*. Linköping.

Stålbom, U. 1998a. Waste or What? Rubbish Pits or Cermonial Deposits at the Pryssgården site in the Late Bronze Age. *Lund Archaeological Review* 1997.

Stålbom, U. 1998b. Figurinen från Pryssgården. *Fornvännen* 1997/3–4.

Stålbom, U. 1998c. Fynden från Pryssgården. Pryssgården från stenålder till medeltid. Arkeologisk slutunder-sökning RAÄ 166 och 167, Östra Eneby socken, Norr-köpings kommun, Östergötland. Riksantikvarieämbetet, Avdelningen för arkeologiska undersökningar, *Rapport UV Linköping* 1998:13. Linköping.

Stålbom, U. 1998d. Inledning. Pryssgården från stenålder till medeltid. Arkeologisk slutundersökning RAÄ 166 och 167, Östra Eneby socken, Norrköpings kommun, Östergötland. Riksantikvarieämbetet, Avdelningen för arkeologiska undersökningar, *Rapport UV Linköping* 1998:13. Linköping.

Stålbom, U. 2001. Att sopa fynden under mattan. (red) Feldt, A-C. *Östergötland år 2001*. Östergötlands länsmuseums årsbok 2001. Linköping.

Stålbom, U. Pryssgården – "the Setting". Opublicerat manus.

Sveen, S. B. 1998. The Concepts of Religion and Ideology in Relation to Archaeology. (Eds) Andersson, A-C., Gillberg, Å., Jensen, O.W., Karlsson, H. och Rolöf, M.V. *The Kaleidoscopic Past.* Proceedings of the 5th Nordic TAG Conference Göteborg, 2–5 April 1997. Gotarc Serie C, Arkeologiska skrifter No. 16. Göteborg university Department of Archaeology. Göteborg.

Tesch, S. 1993. *Houses, Farmsteads, and Long-term Change. A Regional Study of Prehistoric Settlements in the Köping Area, in Scania, Southern Sweden.* Doctoral thesis at Uppsala University. Uppsala.

Ullén, I. 1995a. The power of case studies. Interpretation of a Late-Bronze-Age settlement in central Sweden. *Journal of European Archaeology* 1994 2:2.

Ullén, I. 1995b. Det goda exemplets makt. Närstudie av en bronsåldersbosättning i Uppland. (red) Larsson, M. och Toll, A. *Samhällsstruktur och förändring under bronsåldern.* Rapport från ett bronsåldersseminarium på Norrköpings Stadsmuseum i samarbete med Riksantikvarieämbetet UV Linköping. Riksantikvarieämbetet Arkeologiska undersökningar Skrifter nr 11. Norrköping.

Ullén; I. 1996. Food, Ethics, Domestication and Togetherness. A Close-up Study of the Relation of Horse and Dog to Man in the Bronze Age Settlement of Apalle. *Current Swedish Archaeology.* Vol. 4. The Swedish Archaeological Society.

Ullén, I. 1997. Om skålgroparnas tradition. (red) Åkerlund, A., Bergh, S., Nordbladh, J. och Taffinder, J. *Till Gunborg Arkeologiska samtal.* SAR Stockholm, Archaeological Reports Nr 33. Stockholms universitet. Stockholm.

Ullén, I. 1999. Två lerminiatyrer från bronsåldern. (red) Andersson, K., Lagerlöf, A. och Åkerlund, A. *Forskaren i fält, en vänbok till Kristina Lamm.* Riksantikvarieämbetet, Avdelningen för arkeologiska undersökningar, Skrifter nr 27. Stockholm

Ullén, I. Bronsåldersboplatsen vid Apalle i Uppland. Rapport från Riksantikvarieämbetet Avdelningen för Arkeologiska undersökningar, UV Stockholm. (i tryck)

Wait, G. 1985. *Ritual and Religion in Iron Age Britain,* British Archaeological Reports (British Series) 149.

Weiler, E. 1994. *Innovationsmiljöer i Bronsålderns samhälle och idévärld. Kring ny teknologi och begravningsritual i Västergötland.* Studia Archaeologica Universitatis Umensis 5. Arkeologiska Institutionen Umeå Universitet. Umeå.

Welinder, S. 1998. Jordbrukets första femtusen år. (red) Myrdal, J *Det svenska jordbrukets historia.* Del 1. Natur och Kultur/LTs förlag. I samarbete med Nordiska museet och Stiftelsen Lagersberg. Stockholm.

Widholm, D. 1998. *Rösen, ristningar och riter.* Acta Archaeologica Lundensia Series Prima in 4° Nr 23. Lund.

Wigren, S. 1987. Sörmländsk bronsåldersbygd. En studie av tidiga centrumbildningar daterade med termoluminiscens. *Theses and Papers in North European Archaeology* 16. University of Stockholm. Stockholm.

Viklund, K. och Linderholm, J. 1996. Rapport Pryssgården, Ö. Eneby sn, Östergötland. Miljöarkeologiska undersökningar 2. Makrofossilanalys mm, av jordprover från hus och gropar. Arkeologiska institutionen vid Umeå universitet, Miljöarkeologiska laboratoriet. (otryckt) Umeå.

Winbladh, M-L. 1995. *Den skäggiga gudinnan. Forntida kulturer på Cypern.* Stockholm.

Zachrisson, T. 1994. The Odal and its Manifestation in the landscape. *Current Swedish Archaeology* vol 2.

Zimmermann, W. H. 1999. Why was cattle-stalling introduced in prehistory? The significance of byre and stable and of outwintering. (ed) Fabech, C. & Ringtved, J. *Settlement and landscape.* Proceeding of a a conference in Århus, Denmark, May 4–7 1998. Jutland Archaeological Society. Højbjerg.

Årlin, C. 1999. Under samma tak. Om "husstallets" uppkomst och betydelse under bronsåldern ur ett sydskandinaviskt perspektiv. (red) Olausson, M. *Spiralens öga. Tjugo artiklar kring aktuell bronsåldersforskning.* Riksantikvarieämbetet, Avdelningen för Arkeologiska undersökningar, Skrifter Nr 25. Stockholm.

Den före detta prästgården i Pryssgården.
Huset fungerade som huvudkvarter under fältarbetet.
Foto: Bosse Borna.